인천섬 연구총서

교 동 도

필자(게재순)

최중기 인하대 해양학과 교수, 해양학

이영호 인하대 사학과 교수, 사학

배성수 인천시립박물관, 전시교육부장

김귀옥 한성대학교 교양학부 사회학 교수, 한국구술사학회 부회장

이영태 인천개항장연구소 대표

최인숙 인하대 교양교육원 강사, 한국문학

구본선 교동교회 목사

김대환 인천야생조류회 회장

송홍선 민속식물연구소 소장

한기출 교동도 향토사학자

이세기 시인, 인천섬연구모임

김현석 시민과대안연구소 연구원

인천섬 연구총서 ①
교동도

초판1쇄 발행 2015년 4월 30일

지은이 최중기 외
사진 민운기·박경화·이수용·장정구
펴낸이 홍기원
편집주간 박호원   **총괄** 홍종화
디자인 오경희·조정화·오성현·신나래
　　　　 정고은·김선아·이효진·오진욱
관리 박정대·최기엽
펴낸곳 민속원   **출판등록** 제18-1호
주소 서울 마포구 대흥동 337-25   **전화** 02) 804-3320, 805-3320, 806-3320(代)   **팩스** 02) 802-3346
이메일 minsok1@chollian.net, minsokwon@naver.com
홈페이지 www.minsokwon.com

ISBN 978-89-285-0722-1 94380
ISBN 978-89-285-0721-4 Set

인천섬 연구총서 ①

교동도喬桐島

최중기 외

민속원

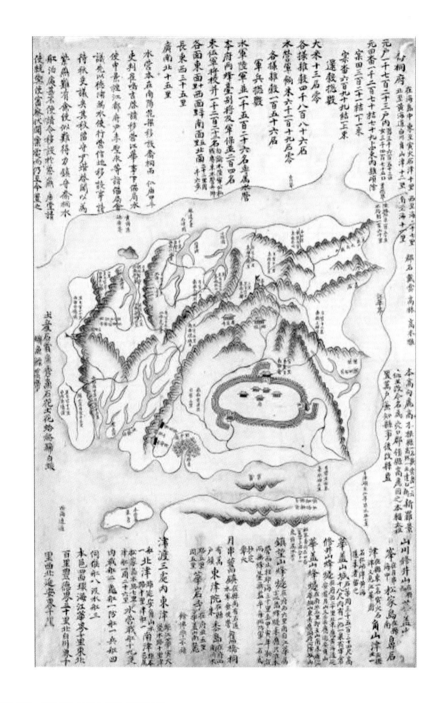

교동부 지도 해동지도 18세기 중엽 규장각소장

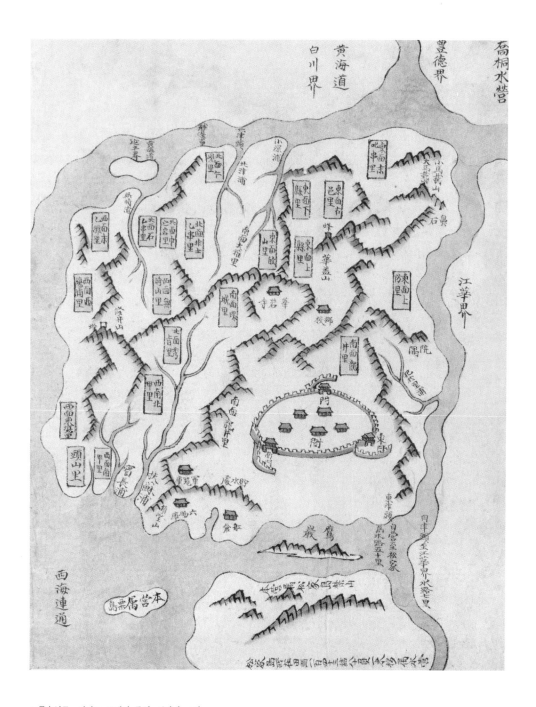

교동수영도 여지도 18세기 중엽, 규장각 소장

1	2
3	4

1 강화도 인사리에서 본 교동대교   2 남산포
3 죽산포   4 월선포

1	2
3	4

1 교동향교

3, 4 비석거리

2 교동향교 대성전

1	2
3	4

1 교동읍성 남문
3 교동읍성내 황룡우물

2 교동읍성
4 안해루 석축

1	2
3	4

1, 2 교동부지 위에 남아있는 일본식 폐가
3 읍내리 연산군 적거지 위치에 대하여 논란이 많음   4 읍내리 느티나무

1	2
3	4

1 동진나루   2 동진나루 안내판
3 철탑이 세워진 응암(상어바위)   4 부근당

1	2
3	4

1 남산포 사신당　　　　　　　　　　2 남산포의 새우젓과 건 농어
3 남산포 터의 옛 돌　　　　　　　　4 남산포 계류석

1	2
3	4

1 멀리서 본 화개산(정면)　　　　　　　2 화개산 정상
3 화개산성 흔적　　　　　　　　　　　4 화개사

1	2
3	4

1 고구저수지와 화개산   2 고구리 형옥터
3 복원된 한증막   4 방치된 석물들

	1	
2	3·4	

1 교동도 위성사진 호영출판사 제공
2 교동도의 철책선   3 난정저수지

1	2
3	4

1 무학리 은행나무 2 양갑리 느티나무

3, 4 대룡시장

1	2
3	4

1 화개산 봉수대 답사
3 교동읍성 남문 답사

2 고구리 구 현터 답사
4 무학리 은행나무에서 인천섬연구모임

　교동도는 강화도에서 불과 4~5km 떨어진 우리나라에서 14번째로 큰 섬이다. 그러나 남, 북 분단으로 1955년부터 민통선 북쪽에 위치하게 되면서, 그 지정학적 중요성이나 역사적 의미, 해양학적 중요성을 상실한 채 잊혀진 섬, 바다를 빼앗긴 섬으로 오랫동안 외면받아 왔다. 교동도는 서해에서 내륙으로 들어가는 한강하구의 입구에 위치하여 한강의 관문 역할을 해왔다. 북으로 황해도와 연결되고 남으로는 강화도 남단과 인천을 거쳐 경기만으로 나아 갈 수 있으며, 동쪽으로는 한강하류를 통하여 서울과 경기 내륙으로 들어 갈 수 있고, 서쪽으로는 바로 중국으로 건너 갈 수 있는 해상교통의 요지에 자리잡고 있다.

　이러한 지리적 이점으로 삼국시대부터 교동도는 한강하구를 장악하기 위한 요충지로 인식되었고, 개성과 한양을 도읍지로 하였던 고려와 조선에서도 그 경제적, 군사적 중요성이 높이 평가되었다. 고려 초기에는 조운선의 기착지였고, 강화도로 수도를 옮기면서부터는 그 전위로서 교동도의 전략적 중요성이 증대되어 매립이 시작되었다. 조선시대에는 경기, 황해, 충청 삼도수군통어영이 들어서는 등 군사적 역할이 증대되었다. 일제강점기에도 황해도와 서울, 인천을 연결하는 항로의 중간 기착지로서 역할을 하였다. 한국전쟁 중에는 황해도의 피난민들이 대거 유입되어 한때는 만 명이 넘는 주민이 거주하였고, 좌우 이념 분쟁으로 많은 희생자가 발생한 아픈 역사를 가지고 있다.

　교동도는 역사적 중요성만큼 많은 유적을 간직하고 있다. 삼국시대에 축조하였을 것으로 추정되는 화개산성을 비롯하여 고려시대에 설립한 향교가 있으며, 연산군 적거지, 고구리 읍성터, 삼도수군통어영 터, 교동읍성, 화개산 봉수대, 경원전터, 남산포의 수군 선착장과 계류석, 중국 사신들이 머물렀던 사신관터, 교동도의 가장 큰 나루터였던 동진나루 등 많은 역사적 유적이 있다. 그러나 교동향교 외에는 거의 관리가 되지 않아 성문은 부서지고, 성벽과 관청의 돌들은 민가의 주춧돌이 된 지가 오래이다. 관청 축대 위에는 일제강점기에 지은 일본식 폐가가 아직도 남아 있지만 훈맹정음의 창시자인 박두성 선생의 생가는 흔적조차 남아 있지 않다. 교동대교 건설로 이와 같은 유적지와 유물의 훼손이 앞으로 더욱 많아질까 우려된다.

교동도 주변 바다는 한강과 예성강, 임진강 하구에 위치한 관계로 갯벌과 사주가 잘 발달하여 다양한 지형적 특색을 보이고, 서식 생물 또한 다양하여 해양생물들의 산란지나 어류의 회유 경로로 양호한 조건을 갖추고 있어 생태적 가치가 높은 바다이다. 이러한 조건으로 예전부터 새우, 숭어 등의 해산물이 전국적으로 유명하였으나 어로한계선이 설정된 후 어업은 쇠퇴하고, 농업이 주가 되어 교동쌀은 전국 최상품의 하나로 인정받고 있다.

문화재청, 인천광역시, 강화군 등의 적극적인 지원으로 교동도가 역사관광과 생태관광의 아름다운 섬으로 자리매김 되기 바란다. 이를 위해서는 체계적인 유적지 복원과 유물보존 정책이 절실하며, 통일 후를 대비한 정책 또한 필요하다.

끝으로 교동도 답사와 교동총서 집필에 적극 참여해주신 인천섬연구모임 회원들과 이영호, 김귀옥 두 분 교수님, 현지 안내와 많은 도움을 주신 교동도의 한기출 위원장과 구본선 목사님, 그리고 이 책의 발간을 지원해주신 인하대학교 경기씨그랜트센터의 우승범 단장과 출판을 지원하신 민속원의 홍종화 대표님께 깊은 감사를 드린다.

2015. 2. 10
필자 대표 최중기

제2부 교동도의 문학과 종교

제3부 교동도의 해양, 식물, 조류, 지리

제4부 교동도의 생활문화와 현재성

교동도의 역사유적_ 김현석 282

교동도 좌담회 290

교동도의 현재를 말한다

제1부

교동도의 역사적 의미

교동도(喬桐島)에 대한 소개

최중기
인하대 해양학과 교수, 해양학

喬桐島

1. 일반현황

　교동도는 경기만의 북단에 위치한 강화도의 서북쪽 10km 지점에 위치하여 동북쪽으로 한강수가 유입되고 북쪽으로부터 예성강수가 유입되는 하구역에 위치한다. 전체 면적은 47.161km²의 면적으로 우리나라에서 14번째로 큰섬이다. 현재는 강화군의 부속 도서로 1개면이 위치하고 있으나 과거에는 교동군으로 교통과 군사상 중요한 위치를 차지하기도 하였다. 현재도 민통선 북방에 있어 국방상 최전방에 위치하고 있다. 전에는 선박을 이용하여 제한적으로 이동하였으나 2014년 8월에 강화도 인화리와 교동도 호두포를 연결하는 교동대교가 개통되어 차량으로 이동할 수 있다.

　교동면은 교동본도 1개와 무인도인 응암(상여바위) 1개로 구성되어 있다. 전체인구는 2014년 1월 1,409가구, 3,047명으로 17개리에 거주하고 있다. 17개리는 대룡1리 · 2리, 읍내리, 상룡리, 봉소리, 고구1리 · 2리, 삼선1리 · 2리, 인사리, 지석리, 무학리, 난정1리 · 2리, 서촌리, 동산리, 양갑리 등이다. 전체 경지면적은 강화군 전체 면적의 22%인 3,113ha로 넓은 농지를 가지고 대부분 벼농사(92.8%)지대이다. 교동도 전체면적의 35.5%에 해당하는 농경지에서 생산되는 연간 16만톤의 교동쌀은 품질이 우수하여 전국적으로 알려져 있고 고가에 판매되고 있다.

　교동도가 이와 같이 넓은 농지를 갖게 된 것은 대규모 간척사업을 통해서이다. 원래 교동도는 동쪽의 화개산(260m)을 중심으로 남서쪽의 수정산(100m), 서

북쪽의 율두산(89m)을 중심으로 하는 세 개의 섬으로 나뉘어진 섬이었으나, 고려시대 몽골군에 대항하기 위하여 강화도로 천도했을 때부터 매립하기 시작하여, 고려 말 조선 시대에 걸쳐 군량미 확보차원에서 많은 매립이 이루어졌고 일제 시대에 대규모 간척이 이루어져 현재와 같은 농지와 농수로를 확보하게 되었다. 이들 농지에 농수를 공급하기 위하여 고구리저수지와 난정저수지가 있어 수자원을 확보하게 되었다.

2. 해안지형의 특성

교동도의 해안선 둘레는 37.5km로 1997년부터 해안 25.5km에 철책선이 쳐져 있어 일부 지역을 제외하고는 출입이 제한되고 있다.

교동도의 해안지형은 대부분 고도가 낮은 충적평야로 되어 있으며 일부에 저산성 구릉지가 노출되어 있다. 저산성 구릉지는 해발고도 100m미만의 노년기 지형으로 10m내외의 표토가 암석을 덮고 있고, 일부지역은 단애로 노출되어 있다.[1] 동쪽의 화개산 동쪽 끝은 호두곶虎頭串 단애를 이루고 있다. 서북쪽 율두산 끝단은 율두산곶栗頭山串을 이루고, 서쪽끝에는 말탄각末灘角이 있다. 해안쪽으로는 한강, 임진강, 예성강에서 유입된 세사와 점토로 구성된 갯벌이 해안을 끼고 형성되어 있으나 서남쪽을 제외하고는 크게 발달되어 있지 않다. 아마 이러한 이유는 과거에 세 개의 큰 섬으로 분리되어 있을 때 대규모로 갯벌이 발달되어 있었을 것이나 간척으로 소실된 것으로 보인다. 현재 화개산 일대 하부지역에서 토탄이 발견되는 것으로 보아 이들 갯벌의 상부에 대규모 염습지salt marsh가 잘 발달되었던 것으로 추정된다. 교동도의 동쪽해안은 석모수로의 빠른 물살로 일부 바위가 노출되고, 자갈갯벌, 모래갯벌이 좁게 형성되어 있다. 강화도와 교동도 사이 수로는 수심이 얕고 물살이 빨라 간조시에는 선박운항을 못하고 있는 실정이다. 교동 대교 공사이후에는 해저사퇴지역의 이동이 일어나 배의 운항이 더욱 제한되고 있다.

남쪽해안은 석모도와 사이에 비교적 수로가 발달하여 갯벌 발달이 미약하나 서남쪽 해안은 펄 갯벌이 넓게 발달되어 있다. 서쪽해안은 경사가 급해 갯벌 발달이 미약하나

---

1   인하대학교 한국한연구소, 『교동향교지』, 교동향교, 2012, 858쪽.

바깥쪽으로 대규모 사주가 발달되어 있다. 교동도 북쪽과 연백평야 사이는 폭 3.2km, 깊이 4m의 수로(조강)를 이루고 있으나 일부지역은 수심 2.5m로 낮은 수심을 보인다. 현재는 북쪽 해안선에 북쪽으로 수제봉을 쌓아 갯벌이 침식되는 것을 막고 있다. 이는 북한쪽에서 해안선에 인공시설물을 설치하면서 물의 흐름이 남쪽으로 강해져 교동도 북단 해안을 침식시키기 때문인 것으로 알려지고 있다. 예성강 하구에서 교동도 북단에 이르는 수로상에 청주뻘을 비롯한 7~8개의 모래풀등이 보이고 있어, 이들이 한강과 예성강 및 조류의 흐름에 따라 면적변화, 위치 변화 등이 일어날 것으로 보인다. 과거에 예성강 하구의 벽란도의 항구가 그 역할을 못한 것은 개성 주변의 산지에서 내려온 대규모 토사가 이런 사주를 이루어 배의 통행을 원활하지 못하게 한데 기인된 것으로 보인다.

3. 교동도 포구와 항로

교동도는 군사작전지역으로 월선포 일대만 민간인들에게 개방되어 강화도 창후리로부터 선박이 물때에 맞추어 운항되고 있다. 간조시에는 배의 운항이 거의 중단된다.

과거 교동도의 포구는 남산포, 월선포, 호두포, 낙두포, 율두포, 말탄포, 죽산포, 빈장포가 있었고,[2] 남산포와 월선포사이에 동진나루가 있었고, 북쪽에 북진나루가 있어 황해도를 가는 주요 길목이었다. 동산리의 죽산포는 연평도의 조깃배들이 죽산포에 들어와서 자고 한강으로 들어가는 중간기착지였다. 동진나루는 송가도(석모도)와 강화도를 건너다니던 주요 나루터로 지금도 아름다운 옛모습을 간직하고 있다. 남산포는 읍내리 남쪽에 위치하는 포구로 교동도에 삼도수군통어영이 있을 때 수군들이 남산포에서 응암에 이르는 수역에서 훈련을 하였다. 현재도 그때 사용하였던 계류석이 남아있다.

교동도의 항로는 현재는 월선포 – 강화도 창후리로 제한되었지만, 과거에는 동진나루에서 인화리, 창후리, 송가도 등을 왕래하였고, 일제강점기 정기 여객선은 인천항에서 출발하여 북진나루를 거쳐 연백군 백석포를 가는 정기항로가 있었다. 서울 마포에서

---

2   김귀옥, 「건국전쟁에 의한 지역공간의 지정학적 변화 해방전후 1950년대 인천시 강화군 교동의 사례」, 『정신문화연구』 31권 3호, 2008, 71~102쪽.

출발하여 영등포(선이봉)를 들러 염창을 거쳐 개풍군 영정포와 당애리, 고미포를 거쳐 교동 인사리 북진나루까지 하루에 한 번씩 오는 한강선이 있었다고 한다.[3]

4. 교동문화 보존 위원회 한기출 위원장과의 대담

교동도의 토탄층에서 구석기 시대, 철기시대의 유물이 나오고 있어 교동도에 대한 본격적인 고고학적 연구의 필요성이 있다. 이 토탄층은 6·25때 피난민들이 토탄을 파서 팔 정도로 두터웠고, 1960년대까지도 계속 나왔다. 즉 교동도에 토탄을 만들만큼의 염습지나 울창한 숲이 있었거나 육지로부터 대규모로 쓸려 왔을 수 있다.

교동도는 과거에 강화도보다도 황해도 연백과 더 잦은 왕래가 있었다고 한다. 그 증거로 교동도 어투에는 강화도 어투와는 다른 황해도 말투가 많이 남아있다.

한위원장은 삼국사기 백제본기와 고구려 본기에 나오는 관미성이 교동도임이 틀림없다고 한다. 한위원장에 의하면 그 이유는 광개토대왕이 군사 4만을 이끌고 한수이북을 공격 후 3개월 후 관미성을 공격한 것으로 되어 있는데, 한수이북이라 함은 황해도 일대를 의미하여 황해도 일대의 백제 땅을 평정한 후 한강을 통하여 한성으로 들어가기 위하여 한강 입구에 있는 관미성을 공격한 것으로 본다. 기록에 의하면 관미성은 해수가 통하고 사면이 절벽인 것으로 되어 있어, 그 당시의 교동도 화개산 일대가 그랬을 가능성이 높다. 당시에는 교동도가 섬들로 나뉘어져 있고, 매립되기 전이라 화개산 일대가 경사가 급하여 천혜의 요새였을 것으로 본다. 관미성의 위치에 대하여 이병도 선생은 교동도, 윤명철 교수는 강화도 봉천산 일대, 기타 파주의 오두산 설이 있다. 그러나 화개산 일대에서 백제유물이나 고구려 유물이 안 나오고, 고려후기의 토기 등이 발견되고 있어 좀 더 고고학적 증거가 있어야 할 것으로 본다. 관미성은 석성이 아니고 토성 또는 목책성이었을 가능성이 있다. 이 토성이 매립지역에 있을 가능성이 높아 발굴조사를 할 필요가 있다. 교동의 고구려 지명은 고목근현으로 울창한 숲으로 이루어 졌을 수 있고, 지명에 빗장의 의미가 있어 관미성의 관關자와 의미가 같다.

---

3 김귀옥, 앞의 논문.

경원전지 일대는 고려왕건의 영안성(고려최초의 궁)일 가능성이 있다. 왕건은 교동도를 기반으로 성장하여 예성강 일대를 잘 알아 개경에 수도를 정했을 수 있다.

5. 교동도의 유적과 관리상태

교동도는 삼강의 합수지역에 위치하고 수심이 얕은 바다에 위치하고 있어 선사시대부터 육지와 왕래가 많았을 것으로 본다. 고로 선사시대 유물로부터, 삼국시대, 고려시대, 조선시대의 유물이 많이 남아 있을 것으로 사료된다. 그러나 현재까지 제대로 보전 관리되는 곳은 교동향교 외에는 거의 없다. 예를 들면 화개산의 산성도 일부만 남아 있고, 거의 훼손된 상태이며, 화개산 일대에 있었다던 48개 절터도 모두 소실되고, 지석리의 화양사지도 흔적만 남아 있다. 왕건이 세웠다던 영안성도 흔적 없이 사라져 위치조차 정확히 알수 없으며, 광해군이 유배되었을 때 있었던 곳으로 알려진 경원전 터도 의문이 가는 위치에 있다. 더구나 연산군 적거지는 읍내리에 표시되어 있으나 화개산 밑 연산골에 있었을 가능성이 높다고 주민이 말하고 있다. 구읍성이 있던 고구리 일대의 유적지는 대부분 훼손되고, 옥터만 일부남아 있는 상황이다.

조선시대의 중요 유적인 교동읍성은 남문에 옹성만 일부 남아있고 성을 쌓았던 석축은 마을 개인 집의 담으로 이용되고 있으며, 관아와 수군들이 중요 식수원이었던 우물은 보존가치가 높으나 방치되어 있고, 관아 위치에 일본식 폐가가 위치하여 있다. 또한 수군들의 훈련장이었던 남산포 일대도 옛 흔적은 거의 사라지고 군선의 계류석은 민가 담 밑에 방치되어 있는 실정이다.

6. 교동도 방문 후기

이미 알려진대로 교동도는 중요한 유적지가 많이 남아 있으나 제대로 보전과 관리가 안되고, 발굴이 안되어 교동도의 역사적 중요성이 알려지지 않고 있다. 교동문화보존위원회가 있어 나름대로 열심히 과거의 흔적을 찾고 있으나 중앙정부와 지자체의 지원이 거의 없는 상태에서 보존활동에 한계가 있는 것으로 보인다.

대교 개통 후 연결도로 건설이나 경지정리 등으로 일부 유적지가 훼손될 가능성이 높아 유적지 조사단 및 유물 발굴단이 구성되어 중요지점에 대한 보전조치가 필요한 것으로 보인다. 일부 주민 중에는 문화재가 될 만한 석물들을 외부에 반출할 목적으로 마당에 쌓아 놓는 현장도 발견되고 있어 지자체의 시급한 활동이 필요하다. 교동교회 구본선 목사를 위시한 지역 중심으로 훈맹정음의 창시자인 박두성 선생의 상룡리 생가 터를 복원하여 공원화하려는 움직임이 있어 대교 실행될 수 있기를 기대하며 교동문화 보존위원회의 활동이 더욱 활발하게 전개되어 교동도의 바람직한 발전상이 이루어지기를 기대한다. 앞의 내용의 상당 부분은 구본선 목사와 한기출 위원장과의 대담을 통하여 정리된 것임을 밝힌다.

끝으로 교동군수 서상교(1838~)가 편찬한 교동군 읍지에 실린 교동 팔경시八景詩 한수를 소개하고자 한다.[4]

동진나루에서 손님을 보내는	동진송객東津送客
북문에서 농사짓는 풍경을 보는	북문관가北門觀稼
응암(상여바위)에서 달빛을 감상하는	응암상월鷹岩賞月
화개산 자락의 용정에서 꽃을 찾아가는	용정탐화龍井探花
먼 포구에서 돛을 내리는	원포세범遠浦稅帆
외로운 암자에서 들려오는 종소리가 일품인	고암선종孤菴禪鐘
서도에서 물고기 잡기 위해 밝혀놓은 등불이 아름다운	서도어등黍島漁燈
진산에 올라오는 저녁 무렵 봉화	진산석봉鎭山夕烽

---

4 이민희, 『강화고전문학사의 세계』, 인천대학교 인천학연구원, 2012.

참고문헌

김귀옥, 「건국전쟁에 의한 지역공간의 지정학적 변화 해방전후 1950년대 인천시 강화군 교동의 사례」, 『정
        신문화 연구』 31권 3호, 2008.
이민희, 『강화고전문학사의 세계』, 인천대학교 인천학연구원, 2012.
인하대학교 한국한연구소, 『교동향교지』, 교동향교, 2012.

교동도의 역사적 특성

이영호
인하대 사학과 교수, 사학

1. 머리말

교동도는 동남부의 화개산(260m), 서남부의 수정산(100m), 북부의 율두산(89m), 이 세 섬을 꼭지점으로 삼아 그 사이를 간척한 섬이다. 한강 및 임진강, 그리고 예성강에서 흘러내려온 퇴적물이 조수출입의 작용으로 이 세 섬 사이에 퇴적을 거듭하였고, 섬과 섬 사이의 가까운 곳에서부터 방조제를 쌓아 간척한 역사가 아주 오래되었다. 남쪽의 송가도와 석모도도 유사한 방식으로 연결되어 한 섬이 되었다.

교동도는 한강과 예성강이 합류하는 강화도 서북부쪽에 위치한 섬이다. 북쪽으로 연안·배천을 건너다보며 예성강을 거슬러올라 개성에 도달할 수 있고, 동쪽으로 강화도 북변을 거쳐 한강으로 진입하며, 남쪽으로 석모도를 거쳐 경기만에 이르고, 서쪽으로 해주만 및 옹진반도 등 황해도 남부 해안으로 항해할 수 있다. 한반도의 서해 연안을 아래 위로 이동할 적에 교동도는 항해상 교통의 요지에 있었다. 고려가 개성에 도읍을 정한 이후에는 수도의 인후에 위치하게 됨으로써 지정학적 위상이 높아졌으며, 조선시대에도 국가적 위기를 맞았을 때 조정과 왕실의 피난처인 보장지保障地를 강화도로 정함으로써 그 배후에 있는 교동도의 군사적 중요성이 증대하였다. 조선후기에는 경기도·황해도·충청도를 관할하는 삼도수군통어영이 설치되어 서해안 중부에서 최고의 해군기지로 기능하였다. 오늘날에도 교동은 분단의 최전선에 위치하여 군사적 역할에서 해방되지 못하고 있다.

교동의 역사는 다른 지역과 마찬가지로 전통시대의 지리지에 잘 소개되어 있다. 일관된 체제하에 편찬된 전국지리지인『신증동국여지승람新增東國輿地勝覽』『여지도서輿地圖書』를 통해 다른 지역과 비교하여 교동의 객관적 지위를 가늠할 수 있다. 여러 종류의『교동군읍지』를 통해서는 교동에 대한 좀더 구체적 정보를 얻을 수 있다. 교동의 역사와 문화를 이해하는데 있어서 전통 지리지는 가장 기본적인 자료가 된다.

현대에 이르러서는 교동주민이 편찬한 교동의 역사책을 만날 수 있다. 1957년 간행한『(신판) 교동지』는 전통 지리지를 현대적인 체제에 맞게 고쳐 지은 것인데, 1976년 개정판이 나왔다. 그리고 이들을 계승하여 자료를 보완하고 체제를 한글세대에 걸맞게 재편하고 새로운 문헌이나 구전을 활용하여 1995년『교동향토지』가 간행되었다.[1] 한편 전통 지리지의 체제를 충실히 따르면서 자료를 보완하여 편찬한『교동사』도 1995년 간행되었다. 전통 지리지의 내용을 충실히 복원함으로써 교동의 역사적 전통을 강조하려 한 것이다.[2] 교동주민에 의해 집필된 교동의 역사책은 한편 전통 지리지의 현대화 노선을 취한 반면 다른 한편 전통 지리지의 계승과 발전을 꾀하는 등 집필관점에 차이가 없지 않고, 또 면민 전체의 총의에 의한 집필 및 개정, 증보의 과정으로 편찬되기보다는 집필자가 각기 다르다는 특징을 지닌다. 이것은 교동에 세거한 씨족 사이에 역사 이해의 다양성과 역동성을 드러내는 것이라고 해석할 수 있겠다. 이들 저술에 의하여 전통 지리지의 수준을 넘어 현장의 목소리가 담긴 교동의 역사와 문화에 대한 윤곽이 그려졌다.[3]

교동의 역사와 문화에 대한 종합적인 연구와 정리는 인하대학교 한국학연구소에서 2012년 편찬한『교동향교지』에 담겨 있다.[4] 이 책은 제1편 '교동향교의 어제와 오늘' 외에 제2편으로 '교동의 역사와 문화'를 설정하여 교동의 연혁과 지리, 교동의 역사 전반, 교동주민의 생활과 문화, 기타 문화유적 등 교동의 역사와 문화 전반에 대한 체계를 잡고 기초적인 정리를 해놓았다. 그렇지만 개론적 정리에 그쳐 깊이 있는 학술적 연구로

---

1   한기복, 『(신판) 교동지』, 대명출판사, 1957; 김득초·한도현, 『교동지』, 교동 48회 상록회, 1976; 황인병, 『교동향토지』, 재인교동면민회, 1995.

2   황규열, 『교동사』, 교동문화연구원, 1995.

3   이외에 기관사로서는『교동향교지』, 교동향교, 1987; 최규환·최태육·구본선, 『교동선교 100년사』, 교동지역 교회연합회, 1999; 『교동초등학교백년사 1906~2006』, 교동초등학교, 2006 등이 있다.

4   인하대학교 한국학연구소 편, 『교동향교지』, 교동향교, 2012.

는 충분하지 못하다. 이러한 통사적 정리가 구체적인 연구의 진전에 기초가 될 것으로 기대된다. 그 동안의 학술적 연구논문으로는 교동의 군사적 기능,[5] 교동의 개간과 교동 사회의 형성에[6] 대한 것이 약간 있을 뿐이지만 교동이 학술적 연구대상으로서 어떤 의미를 지니는지는 충분히 확인되었다.

　교동에 대한 기왕의 연구성과를 바탕으로 이 글에서 정리하려는 것은, 첫째로 교동의 지정학적 특성이 무엇인가이다. 고려에서는 수도의 인후이자 관문으로서의 역할을 하였고 조선에서는 보장지 강화도를 지키는 수군의 핵심기지였다. 두 번째는 교동 향촌사회의 형성이다. 조선후기 200여년간 평화가 유지되어 교동의 군사적 기능이 약화되는 반면 간척을 통한 경제적 향상을 토대로 교동주민이 중심이 된 향촌사회가 발전하고 그 속에서 교동주민의 생활세계가 펼쳐졌던 것이다. 세 번째는 근대적 전환과정에서 보이는 교동지역의 특성이다. 교동은 서해안 해양방어의 중심지일 뿐 아니라 섬지역이기 때문에 근대문명과 접촉할 기회가 적었지만 근대문명과 접촉한 뒤에는 그 수용속도가 아주 빨랐다. 교동의 역사적 특성을 이해하기 위한 이상의 과제를 보편성과 특수성의 양 측면을 고려하면서 검토해 보기로 한다.

2. 교동도의 지리와 연혁

　교동도는 서쪽으로 동경 126도 13분의 말탄포에서 동쪽으로 동경 126도 21분의 호두포까지 약 12km, 남쪽으로 북위 37도 45분의 남산포에서 북쪽으로 북위 37도 48분의 율두포까지 약 8km의 범위에 위치하고 있다. 해안선 약 38km에 면적은 약 44제곱킬로미터에 이른다.[7] 조선시대의 거리 계산으로는 동쪽으로 강화도까지 40리, 한양까지 160리, 북쪽으로 연안 50리, 배천 60리, 풍덕 50리, 개성까지 80리, 서쪽으로 해주 260리에

---

[5]　임용한, 「14~15세기 교동의 군사적 기능과 그 변화」, 『인천학연구』 3, 2003; 배성수, 「교동의 관방체제와 유적」, 『박물관지』 10, 인하대학교 박물관, 2007.
[6]　최영준・홍금수, 「강화 교동도의 해안저습지 개간과 수리사업」, 『대한지리학회지』 38-4, 2003; 김경옥, 「조선시대 교동사람들의 입도와 축동・제언을 통한 토지개간」, 『도서문화』 32, 목포대학교 도서문화연구소, 2008; 차인배, 「조선후기 교동의 향안입록 전통과 향권주도 성씨의 추이」, 『역사민속학』 37, 2011.
[7]　교동국민학교, 『교동향토지』(필사본), 1961년경, 81쪽.

〈지도 1〉 교동의 지정학적 위상
* 출전 : 임용한, 「14~15세기 교동의 군사적 기능과 그 변화」, 『인천학연구』 3, 2003, 3쪽

이르고 남쪽으로는 많은 섬들이 위치하고 있다.[8] 강화, 연안이 40~50리 권역이라면 개성은 80리, 서울은 160리의 거리에 있다.

교동은 오늘날 강화군에 속한 일개 면에 불과하지만 역사상으로 많은 변천을 겪어왔다. 1530년 편찬된 『신증동국여지승람』에서는 교동의 연혁을 다음과 같이 소개하고 있다.

　　본래 고구려 高木根縣(일명 戴雲島라 하며 高林, 達乙新이라고도 한다)이며 신라 경덕왕 때 이름을 고치고 穴口郡의 領縣으로 삼았다. 고려에서도 계속되다가 명종 때 監務를 두었다. 조선 태조 4년에 萬戶 겸 知縣事를 두었다가 후에 縣監으로 고쳤다.[9]

8　『교동군읍지』, '道路', 1899.
9　『신증동국여지승람』, 교동현, '建置沿革'.

삼국시대의 경기만과 한강유역은 고구려와 백제, 그리고 신라 사이에 치열한 영토획득 전쟁이 일어난 곳이다. 백제가 나라를 세운 곳을 고구려와 신라가 전쟁을 통해 차지했다. 고구려 장수왕이 475년 한성과 한강유역을 점령했을 때 교동도도 수중에 넣어거기에 고목근현을 설치했다. 고구려가 점령지 교동에 현의 행정구역을 둔 것은 아마도 세 개의 작은 섬들 사이에 갯벌이 펼쳐져 있었을 열악한 생활환경에 비해 교동의 가치를 높게 평가한 것이라고 하지 않을 수 없다.

통일신라 경덕왕이 중국식 지방제도를 받아들이면서 경덕왕 16년(757) 전국의 고유지명을 중국식 한자명으로 바꾸었다. 인천은 소성현邵城縣, 강화는 해구군海口郡의 이름을 얻을 때 처음으로 교동현喬桐縣의 이름이 역사상 등장하였다. 교동현은 강음현 및 수진현과 함께 해구군의 영현領縣이 되었다. 이로써 교동현은 해구군에 속해 있기는 해도 처음으로 독자적인 지방행정기구로서의 면모를 갖추었다. 고구려에서 붙인 고목근현高木根縣의 이름을 한문식 표기로 이해한다면, 키가 큰 높은 나무를 가리키는 '고목高木'과 '교목喬木', 뿌리 '근根'과 오동나무 '동桐'은 개념상 상통의 가능성이 높은 듯하다.

통일신라는 당나라와의 국경지대인 서해안에 4개의 군진을 설치하였다. 북쪽으로부터 황해도 장산곶에 장구진, 황해도 평산에 패강진, 해구군에 혈구진, 그리고 경기도 남양의 당은군에 당성진을 설치하였다. 교동현은 강화도에 있는 혈구진에 속하여 중부서해안 해상 방어체제의 일각을 이루게 되었다.

이렇게 교동도는 삼국과 통일신라의 국경 부근에 위치하여 영토확장의 대상 또는 국방상의 요충지로 일찍부터 주목되어 왔다. 그러나 교동도 자체에 군사기지나 군진이 설치된 것은 아니고 당시에는 강화도 권역에 포함되어 있었다.

고려는 교동도를 포함한 예성강과 개성 일대의 해상을 장악한 왕건 세력에 의해 건국되었다. 후술하듯이 교동은 왕씨 왕조의 고향과도 같은 곳이었지만 고려초기의 교동도는 행정적인 측면에서 통일신라시대와 달라진 점은 없었다. 교동현은 여전히 강화현의 영현으로서 독립성이 취약했다. 고려시대에는 중앙정부에서 지방관이 파견되는 주현보다는 파견되지 않는 속현이 더 많았고 교동현도 그러한 처지였다. 12세기 초부터 지방관으로 감무를 파견하기 시작하는데 명종 2년(1172) 교동에도 처음으로 감무가 파견되어 영현·속현의 처지에서 벗어나 다소나마 읍격을 상승시킬 수 있었다.

조선시대에는 교동의 군사적 중요성이 증대되어 군사기지로서의 역할이 확장되었다.

그래서 군사책임자가 교동의 행정책임까지 겸임하게 되었다. 오늘날 교동 읍내리에 있는 송덕비에 대부분 '겸부사兼府使'로 되어 있는 것은 이 때문이다. 교동의 군사적 위상은 다음의 기록에서 확인할 수 있다.

> 황해도 경기도 충청도의 요충지이며 고려의 개경과 조선의 한양 두 수도의 인후에 해당한다(三道要衝兩京咽喉). 서쪽으로 옹진을 끌어당기고 동쪽으로 강도와 맞닿아 있으니 경기도와 황해도 양도의 藩屛이다.[10]

개경과 한양의 인후에 해당하므로 고려시대로부터 조선시대를 관통하여 교동이 정치적, 군사적으로 매우 중요한 지정학적 위치에 놓여 있었던 것이다. 강화도가 고려시대에는 몽골의 침략을 피하여 임시수도가 되었고, 조선시대에는 외침으로 국가가 위기에 빠질 때 정부와 왕실이 피난할 수 있는 보장지로 요새화됨으로써 강화도의 서쪽에 위치한 교동의 번병으로서의 의미는 부각되지 않을 수 없었다. 황해도·경기도·충청도의 요충지에 있는 교동에 군사기지를 두는 것은 당연하였다.

3. 교동도의 정치·군사적 기능

1) 고려 수도 개성의 관문

고려 왕가의 세계는 왕건의 4대조 강충이 교동 영안촌의 여인을 부인으로 삼으면서 시작되어 왕건의 조부 작제건, 부친 용건으로 이어졌다. 왕건의 고조 할머니가 바로 교동도의 여인이라는 것이다. 예성강 하구를 중심으로 해상활동을 주도한 왕건의 조부 작제건은 교동에 영안성이라는 궁실을 쌓았다고 한다. 왕건의 부친 용건 역시 부인을 교동 영안성에서 만났고 이들 사이에서 태조 왕건이 출생하였다고 하니 교동은 고려왕조 왕씨의 발상지라고 할만하다. 교동도를 포함하여 예성강과 개성 일대가 왕건세력의

---

10 김정호, 『大東地志』, '形勝', 1863년경.

정치적 근거지였다.[11] 그렇지만 조선 이씨 왕조의 발상지인 영흥과 전주만큼 왕실의 성지로 대우받았던 것은 아니었다.

교동도는 수도 개성의 인후라는 교통의 요지에 위치함으로써 국내외적으로 교류의 중심지 중의 하나가 되었다. 수도에서 해양으로 나가는 통로는 연안항로든 국제항로든 교동도를 통하지 않음이 없었다. 서해안의 남부로 내려가든지, 북부로 올라가든지 교동도의 좌우 해류를 이용해야 한다. 고려전기 남송과의 통교는 황해남부 사단斜斷항로를 활용했다.[12] 사단항로는 연안항로를 따라 남쪽으로 내려가다가 흑산도에서 해류를 타고 황해를 잘라 내려가 중국 강남의 닝보寧波로 들어간 뒤 거기서 하천을 따라 송의 수도 항저우杭州로 가는 코스이다. 출발지는 예성강의 벽란도이며 교동의 남산포에 머물며 일기를 살펴 남쪽으로 출항했다고 한다.

> 鎭望山 아래 큰 건물이 하나 있었는데 使臣館이라 이름하였고 그 곁에 神堂이 있어 使臣堂이라 칭하였다. 바닷가 바위 위에는 정으로 쪼아 만든 계단이 있는데 使臣登船之路라 이름하였다. 이곳은 고려 때 중국의 南京으로 오고가는 사신의 통행로였고 조선에서는 사신관에 군기를 저장하였다.[13]

교동도 진망산 아래의 남산포로 알려진 포구에 고려와 송의 사신이 머물던 사신관이 있고 항해의 안전을 기원하는 사신당이 있었다. 조선전기에는 이곳에 수군첨절제사진으로서 월곶진이 설치되었고 조선후기에는 월곶진을 강화도로 옮기고 삼도통어영을 설치하였다.

사신관과 사신당이 설치된 곳에는 마땅히 많은 주민들이 모여 거주지를 형성했을 것이다. 정치·외교적으로 수도의 관문이 되었고 송나라에 오고가는 사신들의 교통상 기착지라고 한다면 경제적으로도 번성했을 가능성이 높다.

---

11 이강한, 「고려시대의 교동」, 인하대학교 한국학연구소 편, 『교동향교지』, 교동향교, 2012, 507~508쪽.
12 중국으로 향하는 고대의 항로는 황해북부 연안항로, 황해중부 횡단항로, 황해남부 사단(斜斷)항로로 구분된다. 권덕영, 『신라의 바다 황해』, 일조각, 2012, 80~92쪽.
13 『교동군읍지』, '古蹟', 1899.

고려 때 본군은 개성 가까운 하류에 있어 수륙의 운수가 모여 편리함이 있었다. 여러 방향에서 조세선, 상인, 어염이 아울러 폭주하여 나라의 外府가 되었다. 그러므로 朝士나 富戶가 많이 이곳에 거처하였다.[14]

개성이 예성강을 거슬러 올라간 지점에 있기 때문에 하천을 이용한 수도 개성의 상품 유통은 예성강의 벽란도碧瀾渡와 함께 교동도가 중심이 되었다. 남쪽으로는 삼남지방에서, 동쪽에서는 한강으로부터, 서쪽으로는 황해도의 연안에서, 그리고 예성강의 수도 개성에서, 이렇게 여러 방향에서 조세선과 어염선이 드나들고, 상인들이 모여들어 상품을 교역하였다. 인용문의 '외부外府'라는 개념을 명확히 하기 어렵지만 교동이 경제적으로 풍족하여 정부의 재정기반이 될 정도라는 뜻으로 읽어 무방할 것 같다. 교통상으로, 외교상으로, 그리고 경제상으로 나라의 중심지로 발돋움 하니 조정의 관리나 부호들이 교동에 정착하여 권력과 부를 나누고 누리는 상황이었다.

교동의 번성은 벽란도의 사정을 통해 간접적으로 짐작할 수도 있다. 개성에서 30리 떨어진 예성강변의 벽란도는 송나라 사신과 상인 뿐 아니라 일본상인, 아라비아 상인까지 드나들던 국제무역항으로 명성을 떨쳤다. 지방의 조세와 공물도 이곳에서 하역하였고, 어선과 상선도 이곳에서 무역하였다. 송나라 상인은 고려전기 260년 동안 120차례, 연인원 5천명이 드나들며 비단과 차를 무역했다고 한다.[15] 벽란도의 번영은 교동의 번영과 연결될 수밖에 없을 것이다. 벽란도를 출입하는 배들이 쉬고 가는 곳이 교동이었기 때문이다.

교동의 이러한 번성은 몽골의 침략에 의해 무너진다. 고려정부는 강화도로 피신하여 강도江都생활을 무려 40년간이나 계속했다. 강화도의 해안을 대대적으로 간척하여 경제적 자급을 꾀하는 한편 육지의 세금도 강도로 받아들이고자 했다. 군사를 조련하여 몽골의 침략에도 대처해야 했다. 그동안 유통중심지로서 번성하던 교동의 영화는 빛이 바래면서 임시수도 강도의 배후지 역할을 떠맡게 되었다. 교동의 넓은 갯벌을 간척하여 강도 정부에 경제적 지원을 하지 않을 수 없었다. 군사적으로도 교동은 강도의 번병이 되었다. 이렇게 하여 교동은 강도의 경제적·군사적 배후지의 역할을 담당하였다.

14 『교동군읍지』, '古蹟', 1899.
15 한국역사연구회, 『개경의 생활사』, 휴머니스트, 2007, 64~75쪽.

고려가 환도한 뒤 특기할 것은 교동향교와 관련된 일이다. 교동향교의 건립시기는 명확하게 알 수 없으나 12세기 전반 고려 인종 시기로 추정되고 있다. 최초 설립된 향교 그룹에 교동향교도 포함되었을 것으로 보인다.[16] 그렇지만 그 이후 현지 구전 외에는 교동향교에 관한 기록을 찾기는 어렵다.

고려 때 文宣王 및 弟子 畵像을 원나라에서 陪從할 때 바다를 통해 본읍에 이르러 처음으로 문묘를 세웠다. 봉안 후 개성과 각읍에서 廟를 설치하니 東史地誌에 특별히 기록하기를 교동 화개산 아래 송림 사이에 있는 공자묘가 바로 이것이다. 본 향교는 동방의 首校됨이 분명하다.[17]

충렬왕 12년(1286)에 당시 고려 유학 提擧로 있었던 安裕는 왕을 따라서 원에 갔을 때 공자와 주자의 像을 최초로 그려왔다. 안유는 또한 金文鼎 등을 중원에 보내어 선현과 70子의 상을 그리고 또 제기·악기·육경과 諸子·史를 구해 사오게 하였다. 김문정 등이 서해로 귀환하면서 교동에 기착하여 교동향교에 임시 봉안하였다가 후에 松京으로 移安하였음을 확신함에 본도의 향교는 孔子廟로서 首位되는 廟殿이라고 전해옴은 무리가 아니다.[18]

안유가 중국에서 공자상과 제기·도서 등을 구입해 오도록 했다는 위의 기록은 『고려사』에서 확인할 수 있다. 『고려사』의 관련 기록은 다음과 같다.

國學 學正 김문정이 宣聖十哲像과 文廟祭器를 가지고 원에서 돌아왔다.
世家, 충렬왕 29년 윤5월 戊寅
(충렬왕 30년 5월) 안향이 남은 돈으로 강남에 보내어 六經·諸子·역사책을 사오도록 하였다.
志-選擧-學校-國學
안향이 남은 돈으로 박사 김문정 등을 중원에 보내어 선성 및 70자의 상을 그려오고

---

16 이강한, 「고려시대의 향교의 창건과 교동향교」, 인하대학교 한국학연구소 편, 『교동향교지』, 14쪽.
17 김득초·한도현, 『교동지』, 교동 48회 상록회, 1976; 황규열, 『교동사』, 교동문화연구원, 1995, 83쪽에서 재인용.
18 교동향교, 『교동향교지』, 1987, 65쪽.

제기 · 악기 · 六經諸子 그리고 역사책을 구해 오도록 하였다.　　列傳 - 諸臣 - 安珦

『고려사』의 기록을 통해서 볼 때 고려에 처음으로 주자성리학을 도입한 안유가 김문정으로 하여금 문묘에 봉안할 공자를 비롯한 그 제자들의 상, 제사 지낼 때 필요한 제기와 악기, 그리고 유학관련 서적 등을 구입해 오도록 지시했다. 원나라 치하였지만 유학과 주자학이 발달한 남송지역에서 구입할 수밖에 없었으므로 김문정 등을 중국의 강남지방에 보냈다.[19] 그러므로 강남에서 귀국하려면 황해 사단항로를 이용할 수밖에 없으므로 서해안을 거쳐 개경으로 항해해 왔는데 교동의 향토지에서 보듯이 교동에 일시 봉안된 뒤 개경으로 옮겨 갔다는 것이다. 교동의 구전이 귀국 항로로 보아 타당하다고 할 수 있다. 교동의 향토지에서는 이러한 역사적 사실에다가 김문정이 해로를 통해 교동에 최초로 도착하여 일시 공자상을 봉안했다는 구전을 덧붙이고 있다. "동방의 수교首校", "공자묘孔子廟로서 수위首位되는 묘전廟殿"이라고 하여 교동향교가 향교 중의 으뜸이라고 높은 자부심을 표현한 것은 교동에서 최초로 공자상을 봉안했다는 구전에 근거한 것이다.

　고려말기에 이르면 서해안의 많은 지역과 함께 교동도 왜구의 침탈에 놓이게 된다. 교동은 수도 개성의 관문이므로 왜구의 침략이 훨씬 심각했다. 1352년부터 1377년까지 12회에 걸쳐 왜구의 노략질을 당했다.[20] 왜구는 교동을 수도 개경을 압박할 수 있는 전진기지로 보아 집요하게 공격했다. 교동을 점령하면 개경으로 향하는 모든 선박을 통제할 수 있었다. 교동 좌우의 해로를 통하지 않고서는 예성강 입구로 향할 수 없었기 때문이다. 당시 강화도의 염하 쪽으로는 항로가 험하여 이용되지 않았으니 교동도를 통할 수밖에 없었다. 왜구가 교동도를 점령하게 되면 개경 등 수도권까지 모두 계엄 상태가 되었다. 왜구의 침투에 대한 대책으로 고려는 수군양성과 전함건조를 시작했다. 이때 교동의 수군을 지휘할 부대장으로 처음 만호萬戶를 두었다. 이렇게 왜구의 침략은 교동을 군사적 요충지로 부각시키는 계기가 되었다.[21]

19　이강한, 「고려시대의 향교의 창건과 교동향교」, 『교동향교지』, 16쪽.
20　황인병, 『교동향토지』, 98~100쪽; 유창호, 「고지도와 지리지로 본 교동」, 인하대학교 한국학연구소 편, 『교동향교지』, 427쪽.
21　임용한, 「14~15세기 교동의 군사적 기능과 그 변화」, 『인천학연구』 3, 2003, 5~10쪽 참조.

2) 조선의 관방과 삼군통어영

조선의 수도 한양에서 교동도까지는 고려 때보다 더욱 멀어졌다. 한강과 임진강이 합류하여 내려가는 바다의 초입에는 강화도가 버티고 있고 조세선은 강화도와 김포 사이 염하를 통해 한강으로 올라갔다. 교동은 강화도 서북쪽에 위치했으므로 교통로에 있어서 중요도가 고려시대보다 떨어졌다. 그렇지만 수도로 통하는 길목에 속하므로 군사적 중요성은 여전하였다. 여말 선초 왜구의 침략으로 교동 해양방어의 중요성은 더욱 부각되었다.

그래서 태조 4년(1395) 만호萬戶가 지현사知縣事를 겸하도록 했다. 무반인 종3품 만호가 문반 종6품 지현사를 겸하게 한 것은 왜구의 위협이 남아 있던 당시 교동의 군사적 중요성을 고려한 조치였다. 태종 9년(1409)에는 교동현에 경기우도 도만호를 두어 군사적 지위를 강화하면서 교동의 행정책임도 겸하도록 하였다. 당시 강화도에는 수군절제사가 임명되어 명목상 교동을 휘하에 두었지만 교동의 군사적 위상도 매우 높아진 것은 물론이다. 태종 14년(1414)에는 교동에 경기우도수군첨절제사영을 두어 강화도 남부의 정포井浦와 강화도와 교동 사이 교동량喬桐梁을 관장하도록 하였다. 그리고 교동량영喬桐梁營의 수군만호는 교동현감이 겸하도록 하였다.

조선초기 경기만의 해양방어체제를 종합해보면, 우선 교동현감은 행정과 함께 교동량영의 수군만호를 겸하여 교동의 방어 책임을 지게 되었고, 경기우수영은 교동현 응암량에 자리를 잡고 교동과 강화의 정포만호를 지휘하여 외양으로부터 수도권으로 침입하는 외적에 대해서 방어 또는 공격하는 임무를 맡았다. 반면 경기좌수영은 남양부 화지량에 자리를 잡고 남양부의 영종포만호, 안산의 초지량만호, 인천부의 제물량만호를 지휘함으로써 남양만에서 한강에 이르는 연안항로를 통제하였다. 교동의 우수영에서 대양의 적, 남양의 좌수영에서 연안의 적이 수도권으로 침투해 들어오는 길목을 통제하고 방어하는 체제였다. 황해가 해금에 놓여 있다 하더라도 왜구의 위협이 남아 있는 상황에서 대양에서 침투하는 적에 대한 해양방어를 경시할 수 없었다. 『세종실록지리지』에 의하면 경기좌수영의 병선은 50척에 수군이 3,301명이고, 경기우수영은 병선 47척에 2,483명이었다.[22] 교동 우수영의 군사력이 좌수영에 맞먹는다. 외양방어에 상당한 비중을 두고 있고 그 중심에 교동이 있음을 알 수 있다.

이처럼 조선초기 교동은 경기만 해양방어체제의 중심이었다. 고려시대 경제적으로도 번성하여 많은 사람들이 정착했지만 고려말 왜구의 침략으로 노약자를 육지로 이주시킬 정도로 위험지구에 놓이면서 오히려 인구는 크게 줄어들었을 것이다. 조선초기 교동의 인구는 221호, 562명인데 비해 군사는 시위군 6명, 선군 195명, 장번수군長番水軍 349명으로 기록되어 있다.[23] 주목되는 것은 장번군인데 이들은 교동에 정착하여 농사짓고 살면서 군사방어에 종사하도록 한 일종의 병농일치제 하의 군사를 의미할 것으로 생각된다. 현지주민을 군사에 충당한 것이 아니라 다른 지역 소속의 훈련된 군사를 이주시킨 것이다.[24] 앞서 언급한 『세종실록지리지』에 의하면 좌수영의 장번군은 3,301명의 군사 중 69명에 불과했지만 우수영은 2,483명 중 교동에 295명, 정포에 246명으로 아주 많다. 교동의 경기우수영에서 관장하는 교동과 강화의 정포에만 장번군이 압도적으로 많은데 이곳의 간척·개간과 관련될 것으로 보인다.

그런데 세조 때 진관鎭管체제가 정비되면서 경기수군은 남양부의 화지량을 중심으로 통합되었다. 교동의 경기우수영은 폐지되고 대신 정3품의 수군첨절제사를 두어 통합된 경기수영 산하에 배속하였다. 그리고 교동에는 종4품의 수군만호가 현감을 겸하도록 하였다. 응암량은 교동도의 남쪽 바다인데 그곳 포구인 남산포, 즉 고려의 사신관이 있던 곳에 수군첨절제사가 지휘하는 월곶진이 설치되었다. 당시 현감을 겸한 교동만호는 고구리의 고읍성에 주둔하였다. 교동만호는 교동을 방어하고 월곶첨사는 경기수사의 휘하에서 경기만의 담당구역을 방어하는 체제였다.[25]

그런데 임진왜란을 겪으면서 상황은 크게 달라졌다. 강화도는 정부와 왕실의 피난처인 보장지로 주목되기 시작했고 정묘호란을 겪으면서 더욱 확실해졌다. 1627년 정묘호란 때 강화도로 피신하여 국가의 위기를 벗어난 인조는 강화를 유수부로 승격시켰다. 그리고 1629년 남양부에 있던 경기수영을 교동으로 옮기고 교동현을 교동부로 승격시켰다. 1633년에는 교동에 신설한 경기수영을 삼도수군통어영으로 확대하여 경기도·황해도·충청도의 3도 수군을 총괄 지휘하게 하는 파격적인 조치를 단행하였다. 그만큼 한

22 임용한, 위의 논문, 11~16쪽.
23 『세종실록지리지』, 경기, 부평도호부, 교동현.
24 임용한, 앞의 논문, 19~23쪽.
25 배성수, 「교동의 관방체제와 유적」, 『박물관지』 10, 인하대학교 박물관, 2007, 27쪽.

반도의 남북으로부터 침략해 들어오는 외적에 대한 방어 및 피난처 강화도의 군사적 보호에 교동만한 곳이 없었다고 본 것이다.[26] 조선전기 월곶첨사와 교동만호의 이원적 방어체제가 조선후기에는 종2품 수군절도사겸 삼도통어사가 교동도호부사를 겸하는 체제로 군사적 지위가 크게 높아졌다.[27]

그렇지만 병자호란에서 강화도는 청나라 군대에 의해 완전히 쑥대밭이 되고 말았다. 강화도가 피난처의 역할을 다하지 못한 것이다. 그럼에도 불구하고 강화도만한 피난처를 발견할 수 없어 이후 17세기 내내 강화도 보장지의 방어체제 구축에 온 힘을 쏟았다. 강화도의 서쪽 바다는 교동의 삼도수군통어영에서 지키니 문제 없다고 보고, 김포를 향한 염하 쪽에 진보鎭堡와 돈대·참호를 대대적으로 수축했다. 교동의 월곶진을 비롯하여 남양의 초지진, 인천의 제물진을 강화도로 이설하고, 그리고 진무영을 창설하여 강화도 방어를 위한 독자적인 지휘체제를 구축하였다.[28] 이로써 교동부의 삼도수군통어영을 중심으로 해양방어체제를 확립하고 강화유수부의 진무영을 중심으로 육상방어체제를 구축하여 강화도의 앞뒤를 방어함으로써 강화도가 명실공히 보장지로 기능할 수 있도록 하였다. 나아가 보장지 강화로 피신할 수 있는 어가의 통로를 확보하기 위해 인천도호부와 월미도에 행궁을 건립하고, 월미도에서 영종도를 거쳐 강화도로 이동할 때 어가의 안전을 보호할 수 있도록 안산의 영종진을 자연도(영종도)로 옮기고 방어영으로 승격시켜 독진獨鎭으로 삼았다. 이러한 일들이 인조 이후 숙종대에 걸쳐 진행되었다.[29]

이렇게 하여 강화도의 육상방어체제와 그 외곽 교동의 해양방어체제가 어울려져 보장지 강화유수부를 보호할 수 있는 체제를 갖추었다. 그렇지만 강화도가 과연 보장지의 기능을 할 수 있겠는지 특히 병자호란에서 크게 짓밟힌 경험도 있어서 많은 회의가 제기되었다. 그리하여 도성방어를 위한 북한산성의 축조가 이루어지기도 했다. 영조대에 들어가서는 도성방위론도 제기되어[30] 강화도의 위상은 그만큼 위축되고 덩달아 교동의 중요성도 낮아지는 상황이 되었다. 그래서 교동부의 삼도통어영체제에 기복이 생기

---

26 김경옥, 「조선시대 교동사람들의 입도와 축동·제언을 통한 토지개간」, 『도서문화』 32, 목포대학교 도서문화연구소, 2008, 247쪽.
27 유창호, 「고지도와 지리지로 본 교동」, 인하대학교 한국학연구소 편, 『교동향교지』, 432~434쪽.
28 송양섭, 「17세기 강화도 방어체제의 확립과 진무영의 창설」, 『한국사학보』 13, 고려사학회, 2002.
29 배성수, 앞의 논문, 33쪽.
30 이민웅, 「18세기 강화도 수비체제의 강화」, 『한국사론』 34, 서울대학교 국사학과, 1995.

지만 기본적으로는 이러한 체제가 근대에 이르기까지 유지된다.

그런데 1760년경 편찬된『여지도서』에는 교동부에 대한 다음과 같은 기록이 있다.

교동부는 서쪽과 남쪽 두 바다의 인후에 위치하여 서울을 방어하는 관문이 된다. 적이 쳐들어오는 경로의 첫 길에 군영을 설치하고 전선을 배치함으로써 적을 방어하기 위해 준비하는 것이다.　　　　　　　　　　　　　　　　　『輿地圖書』, 喬桐府－關阨

교동은 사면이 바다로 둘러싸인 섬으로 서북쪽 큰 바다를 가로막아 강과 모랫벌을 차지하고 굳게 버티고 있는 요해지로서 江都와 脣齒의 관계에 있다. 때문에 삼도통어영을 설치하여 황해도 · 충청도의 수군을 아울러 관장하게 하였다. 그리고 연해 각진에서 荒唐船의 왕래를 살펴서 급히 본영에 보고하도록 하였다.　　　　　『여지도서』, 교동부－건치연혁

대양으로부터 침략해 들어오는 적의 첫 경로에 교동이 위치하고 있다고 지적한 점이 주목된다. 왜구가 침략해온 이후 바다로부터 침략해 들어온 적은 없었으며, 황해는 명청에 의해 해금海禁지역으로 지정되어 항해가 금지되어 있었다. 교동의 삼도수군통어영도 실제로는 해양으로 접근하는 외적에 대처하는 의미보다는 강화도 보장지를 보호하는 의미가 더 컸다. 그런데 이 시기에 이르러는 교동의 삼도통어영으로 하여금 각진을 지휘하여 해적과 같은 동아시아 해역의 황당선에 대해 경계를 늦추지 말도록 조치하고 있다. 덕적진 · 대부진의 설치, 철곶진의 주문도 이설, 정포진의 장봉도 이설 등도 교동의 해양방어가 보장지 강화도 보호에 그치지 않고 해양방어로 전환한 것을 의미할 것이다.[31]『여지도서』의 해양방어개념은 왜구 침략시의 인식이 부활한 느낌을 준다. 19세기 서양배 이양선異樣船의 출몰, 프랑스와 미국 함대의 침략을 감안하면 선견지명과 같은 것이다.

18세기말부터 시작된 서양의 한반도 주변 탐색은 급기야 수도의 관문으로 향하게 된다. 서해안으로 외국인이 들어온 것은 1816년 영국함선이 소청도에 상륙하여 조선인과 접촉한 것이 처음이었다. 1832년 독일선교사 귀슬라프는 황해도 장연의 녹도와 충청

31　유창호, 「고지도와 지리지로 본 교동」, 『교동향교지』, 435쪽.

도 홍주의 고대도에 상륙하여 주민과 접촉했다. 프랑스는 1839년 천주교 신부의 박해 이후 조선에 대한 관심을 가지게 되었는데 1846년 프랑스 해군 세실호가 제주도·소흑산도를 거쳐 충청도 홍주의 원산도와 외연도까지 진출하여 해로를 측량했다. 조선을 식민지화하기 위한 조사를 실시하라는 명령을 받은 프랑스 해군 게랭 제독은 1856년 영흥만에서 남해안을 거쳐 서해안의 덕적군도에 이르기까지 2개월간 조선의 연해를 탐사했다.

그러나 이때까지 프랑스를 비롯한 서양제국은 조선의 수도로 통하는 해로를 찾지 못했다. 1866년 천주교박해에 대한 보복원정을 시작한 프랑스 로즈함대는 게랭 제독의 해도를 활용하여 남양만으로 들어온 후 리델 신부와 조선인 천주교 신자를 앞세워 수도로 향하는 수로의 탐색에 나섰다. 프랑스 함대는 월미도와 작약도를 지나 염하를 찾아내고 이를 통해 한강으로 진입하는데 성공했다.

로즈함대의 침략 직전에 독일상인 오페르트는 1866년 봄과 여름 두 차례 서해안을 탐사하고 두 번째 탐사에서 한강 입구를 찾아냈었다. 오페르트는 덕적도에서 출발하여 볼음도·석모도·교동도를 거쳐 강화도 북동부의 월곶진에 도달하는 우회로를 확인했고, 여기서 서울로 올라가는 한강 입구와 염하 북쪽 입구를 찾아냈다.[32] 그러니까 교동도를 경유하여 한강으로 올라가는 해로가 먼저 서양인에게 알려진 것이다. 오페르트는 강화도 서부지방 이외에는 전체 그림을 그리지 못했다. 로즈함대는 오페르트가 작성한 해도를 가지고 리델 및 조선인 안내자의 안내를 받아 월미도와 염하를 통해 한강과 수도에 이르는 길을 수월하게 찾을 수 있었다. 이렇게 하여 강화도를 비롯한 교동 등 경기만은 프랑스 함대의 침략에 완전히 노출되었고, 강화도와 교동도를 중심으로 한 방어체제도 붕괴하고 말았다.

---

[32] E. J. 오페르트 지음, 신복룡·장우영 역주, 1879, 『금단의 나라 조선』, 집문당, 2000, 171~228쪽 및 부록 지도 'Western of Main Entrance of the River Han-Kiang'. 강화도와 교동도 일대에는 갯벌이 펼쳐져 있어 육지와 바다 사이 갯벌과 사구를 명확하게 측량하는 것이 쉽지 않았다. 이 지도에는 강화도 북부는 확인되었지만 강화도 남부와 염하의 남쪽 입구는 표시되지 않았다. 강화도와 풍덕 사이에도 많은 砂丘가 있는 것이 확인되었고 강화도와 교동 주변의 갯벌도 표시하고 있지만 정확하지는 않다.

4. 교동도 사회의 형성과 근대적 전환

1) 교동도 간척과 향촌사회의 형성

교동도는 간석지를 간척지로, 간척지를 농경지로 만들어온 대표적인 섬에 속한다.[33] 간석지는 만조에 잠기고 간조에 수면 위로 드러나는 해안의 갯벌을 가리키는데, 교동은 대조大潮와 소조小潮의 평균 만조위가 각각 8.4m, 6.4m로 소조 때에도 만조위에서는 간석지가 모두 잠기는 지역이었다. 그렇지만 조수간만의 활동을 통해 한강과 예성강에서 내려오는 퇴적물이 세 섬 사이에 쌓이게 되고 역사적으로 간척활동이 필요해지면서 긴 세월 동안 조금씩 간척되어 농경지가 확장되었다.

고구려가 고목근현을 설치하거나 고려 때 감무를 파견했을 때 주민의 거주 가능성이 높아지고 그때 자급기반을 마련하기 위해 농경지를 확보하려는 노력을 기울였을 것으로 보인다. 처음에는 세 개 섬의 산록과 갯벌 위쪽의 염습지가 간척되고 이어서 세 섬 사이의 가까운 곳을 연결하는 방조제를 쌓아 간척이 진행되었을 것이라 한다. 그렇게 하여 세 섬을 연결한 가장 안쪽의 삼각형 간척지가 형성되었을 것이고, 그로부터 점차 확장되어 나갔다.

몽골의 침략으로 정부가 강도로 이전하여 강화도에 대대적인 간척이 시작될 때[34] 강화도의 배후지에 있는 교동에서도 적극적으로 간척에 나섰을 것으로 예상된다. 강도 시절부터 교동을 대대적으로 간척한 결과 세 개의 섬은 제법 큰 섬을 이룰 정도로 연결되었고 내부에 상당한 평야지대를 형성한 것으로 추정된다.

간척과 개간은 원주민 외에 이주민·군사 등에 의해 추진된 것으로 판단된다. 고려말 왜구가 침범했을 때 간척과 관련하여 최영이 제안한 내용을 살펴보자.

> 최영이 말하기를 교동과 강화는 실로 要害之地인데 豪强한 자들이 다투어 土田을 점유하여 軍需가 이어지지 못하고 있습니다. 私田을 혁파하여 군량에 충당함이 옳습니다 하였

---

33 교동의 간척 및 개간과정에 대해서는 최영준·홍금수의 「강화 교동도의 해안저습지 개간과 수리사업」(『대한지리학회지』 38-4, 2003)을 참고한다.
34 최영준, 「강화지역의 해안저습지 간척과 경관의 변화」, 『국토와 민족생활사』, 한길사, 1997.

다. 우왕이 옳게 여겼다. 이에 교동의 老幼를 內地로 옮기고 건장한 자들을 남겨 농사짓고 뽕나무를 기르도록 했다.[35]

인용문은 교동도와 강화도의 토지를 호강한 자들이 사전으로 사유화하여, 왜구를 막기 위해 배치한 수군의 군량을 대지 못하는 상황이 초래되고 있다고 지적한다. 노약자들은 육지로 옮겨 왜구의 침략을 피하도록 하는 한편 힘센 청년들을 남겨 군량 조달을 위한 농사를 짓게 하였다고 하니 이들에 의해 간척활동도 이루어졌던 것으로 볼 수 있겠다.

조선초기 교동과 강화 정포에 배치된 장번군도 간척에 나선 집단으로 추정된다.

경기도 관찰사가 左右道水軍節制使 呈文에 의거하여 左右邊에 속해 있는 前 萬戶 金世甫 등의 호소를 보고하기를, "우리들은 본시 전라도 바닷가 여러 고을에 있었사온데, 경인년 이후로 왜적이 일어나기 시작하매 나라에서 우리들을 나누어 파견하여, 兵船을 만들어 가지고 州郡의 군사들과 함께 왜적을 막도록 하였습니다. 그리하여 경신년에 鎭浦의 적과 계해년에 長浦의 적을 맞아 피를 밟고 힘껏 싸워, 그 왜적의 예봉을 꺾었으므로, 연해의 백성들이 비로소 다시 생업을 편안히 할 수 있었으나, 그러나 그뒤로 적은 더욱 성하게 날뛰어 교동과 강화가 그들의 점거한 바 되니, 나라에서는 藩籬가 견고하지 못하면 京都의 안위가 걱정이 된다 하여, 우리들을 교동과 강화로 이동시켜 左·右邊이라 일컬어, 한 사람마다에게 口分田 1結 50負를 주어 생계의 자료로 삼게 하였삽더니, 지난해에는 다만 代田 50부만을 주고, 그 나머지는 모두 관에서 거두어 들였으므로, 물위에서 고생을 겪어가며 長番으로 방비를 하노라니, 살아나갈 길이 없사온즉, 청하옵건대 그 田地를 도로 주시든지, 만일 그러실 수가 없으면, 다른 수군의 예에 따라 左·右領으로 나누어 서로 체번하여 휴식할 수 있도록 하여 주시옵소서" 하니, 상왕이 명하여 좌·우령으로 나누어 방어하게 하였다.[36]

전라도의 수군이 일찍부터 왜구에 맞서 싸워왔는데, 왜구의 위험에 노출된 수도권의

---

35 『고려사』 열전 26, '崔瑩'.
36 『세종실록』 세종 즉위년(1418) 9월 28일.

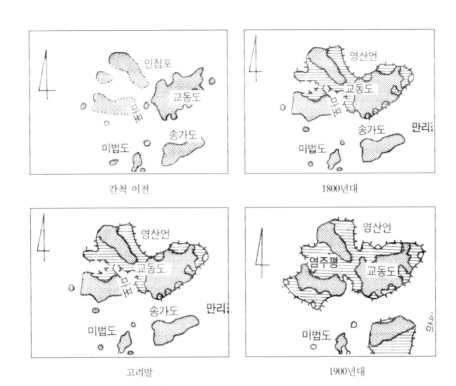

〈지도 2〉 교동도의 간척 상황
* 출전 : 최영준, 『국토와 민족생활사』, 한길사, 1997, 186~187쪽; 이희인, 「교동의 고고유적」, 『박물관지』 10, 인하대학교 박물관, 2007, 7쪽

교동과 강화의 방어를 위해 그들을 이동시켜 장번군으로 삼고 구분전 1결50부를 지급하여 그 수익으로 생활할 수 있도록 했다는 것이다. 그런데 왜구의 침략이 뜸해지자 전지를 1/3로 줄여 문제가 되었다. 조정에서는 다른 수군에게도 이처럼 전지를 나누어 줄 수 없으므로 이를 줄이거나 폐지하고자 했는데,[37] 장번군이 반발하므로 우선 다른 수군처럼 장번을 교대근무로 바꾸는 조치를 취하였던 것이다. 그렇게 되면 장번군은 줄어든 수입을 보충하기 위해 농업에 종사할 수밖에 없었을 것이고 토지확보를 위해 교동과 강화의 넓은 간석지의 간척에 종사했을 가능성이 높았을 것으로 보는 것이다.[38] 앞서 언급한 『세종실록지리지』의 교동 장번군 295명, 강화 정포 장번군 246명이 바로 이들일 것이다.

37 『세종실록』 세종 27년(1445) 7월 11일.
38 임용한, 앞의 논문; 최영준·홍금수, 앞의 논문, 2003 참조.

조선후기에 이르면 간척은 더욱 활성화된다. 이 점은 강화도를 보면 명백해진다.[39] 섬지역 간척은 정부가 공도空島정책을 쓰거나 섬에 목마장을 설치하던 조선전기의 정책을 바꾸어 입도入島를 허용하거나 목장을 옮기고 대신 모민입경募民入耕을 허용함으로써 더욱 활성화되었다.

앞에서 보았듯이 교동도의 간척은 강화도와 연동되고 있는데 그렇다고 교동도 간척의 동기가 강화도와 반드시 일치하는 것은 아니다. 강화도에서 목장을 폐지하거나 옮기면서 그곳을 간척하여 그 경지의 수입을 보장지 강화의 국방재정에 충당했다면,[40] 교동도에는 목장이 없고 오랫동안 군사기지로서 기능했으므로 원래부터 군사재정의 충당이 과제였을 것이다. 교동부에 소속되어 있던 송가도의 간척에서 그러한 예를 발견할 수 있다. 송가도와 석모도 사이에 퇴적물이 계속 쌓이면서 여기에 방조제를 쌓아 경작지를 확보하게 되자 이를 군사재정에 충당한 것이다.

松家島는 교동부 남쪽 바다 건너 5리 되는 곳에 있으며 200여호가 살고 있다. (전답이) 예전에는 상주산 기슭에만 있었는데 중간에 바다가 변해 육지를 이루자 읍에서 築垌하여 官垌으로 삼고 민간인과 함께 쌓은 것은 私垌으로 삼았다. 도조를 거둔지 수년 후 기경지를 조사하여 승총하고 조정에 계를 올려 둔전으로 삼아 재정에 충당하였다. 산 아래 원래 있던 답은 호조답으로 삼아 지세를 납부하도록 하였다. 정유년(1897)에 宣禧宮에 부속시켜 前水營屯租例에 따라 시행하도록 하였다.[41]

송가도에 200여호가 살고 있다는 것은 그만큼 경제생활을 영위할 수 있는 경지가 적지 않다는 것을 의미할 것이다. 인용문에 의하면 예전에는 산록에만 경지가 있었지만 송가도와 석모도 사이에 퇴적물이 쌓이자 여기에 방조제를 쌓고 경지를 만들었다. 교동부에서 직접 간척한 것은 관동으로, 민간인이 쌓은 것은 사동으로 삼고, 이를 교동에 있는 경기수영의 둔전으로 삼아 재정에 충당했다는 것이다. 갑오개혁 이후 둔토정리과정에서 1897년 선희궁에 이속되었다.[42] 송가도의 사례는 교동도의 간척·개간과 수세과

39 최영준, 「강화지역의 해안저습지 간척과 경관의 변화」, 『국토와 민족생활사』, 186~187쪽.
40 이영호, 「강화도 船頭浦築堰始末碑의 내용과 가치」, 『박물관지』 3, 인하대학교 박물관, 2000.
41 『교동군읍지』, '島嶼', 1899.

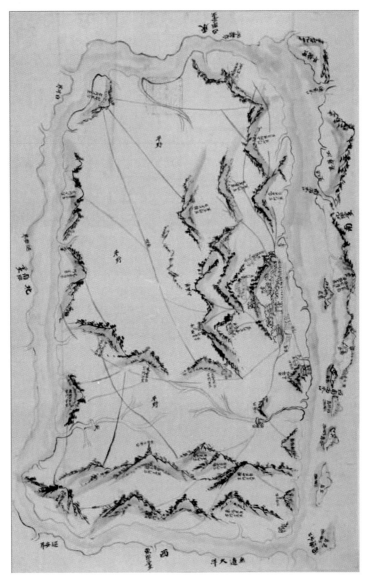

〈지도 3〉 교동도의 평야지대
 * 출전 : 〈교동부지도〉, 1872. 서울대학교 규장각

42 일제가 조사한 『국유지조사서』(수영둔-경기수영둔)에 의하면 경기수영둔으로 교동의 '송가도둔'이 등장한다. 그
리고 선희궁에 이속된 이후 1904년 민원이 제기되어 관유(아마도 官垌)는 도조를 징수하고, 민유(아마도 私垌)는
송가도의 주민에게 환급하였다고 한다.

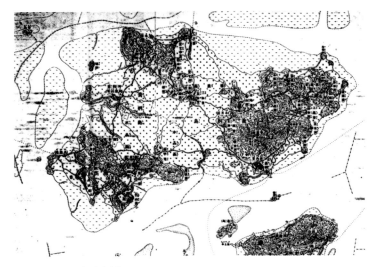

〈지도 4〉 교동도의 개간상황
* 출전 : 1917년 교동 지형도; 이희인, 「교동의 고고유적」, 『박물관지』 10, 8쪽

정에도 적용되었을 가능성이 없지 않다.

간척의 결과 곧바로 농경지가 되는 것은 아니었다. 소금기를 제거하고 토양에 양분을 공급해야 하고 특히 제때 농업용수가 필요했다. 작은 섬 셋을 연결하여 간척했으므로 교동에는 물이 매우 부족했다. 교동의 논 대부분이 천수답이었다. 18세기 중엽의 『여지도서』에 의하면 교동에는 영산제언과 염주동제언 등 두 개의 제언이 있는 것으로 소개되고 있지만,[43] 해방후 현대에 이르기까지 수리문제의 해결이 교동 농업생산의 큰 과제였다.

땅이 척박하여 주민들이 가난하니 살아갈 도리가 막막하다. 산이 민둥하고 땅이 좁아 풀과 나무가 희귀하다. 業武와 出身이 간혹 있지만 글로 이름을 날리거나 학문이 뛰어난 사람이 근래에는 거의 없다. 文科와 進士는 배출되지 않은지 이미 오래되었다.[44]

43 『여지도서』, 교동부, '堤堰', 1760년경. 1871년의 『교동부읍지』에는 제언의 크기가 2배 정도 확장된 것으로 기록되어 있다. 제언의 규모를 확장함으로써 간척과 농경의 이익을 얻으려는 주민의 욕망은 작지 않았을 것이다.
44 『여지도서』, 교동부, '풍속', 1760년경.

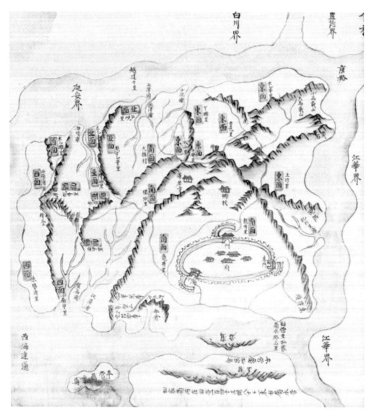

〈지도 5〉 교동의 마을
* 출전: 『여지도』상의 〈교동지도〉, 18세기중엽, 서울대학교 규장각

    간척에 의한 농경지의 확장에도 불구하고 농업용수가 부족하여 교동의 농업생산력은 매우 낮은 편이었다.[45] 그래서 땅은 척박하고 주민은 가난하였다. 열악한 경제적 형편은 문무반에 진출할 수 있는 학업능력을 저하시켜 관직에 나가는 사람이 거의 없었던 것같다.

    그러면 군사기지 교동에는 어떤 사람들이 어떠한 마을과 사회를 형성하면서 살고 있었을까? 교동은 고려시대에 들어와 국내외 교통의 요지에 위치하여 유통의 중심지가 됨으로써 한때 경제적으로 풍요로운 도회지를 이루었다. 따라서 정부의 관리와 부호가

---

[45] 최영준·홍금수, 앞의 논문 참조.

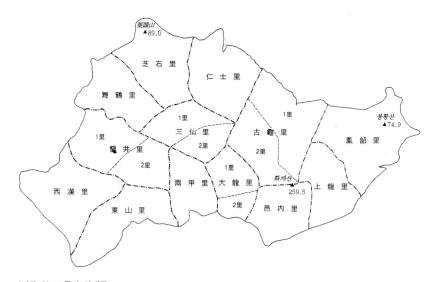

〈지도 6〉 교동면 관내도
* 황인병, 『교동향토지』, 재인교동면민회, 1995

정착한다고까지 하였다. 『세종실록지리지』에 의하면 교동의 성씨로는 토성土姓이 고高·인印·전田씨, 속성續成으로 안安씨가 있다고 하였다. 이들 성씨는 고려 중엽 교동에 들어온 것으로 추정되는데,[46] 교동이 경제적으로 번성한 시기에 해당할 것이다. 교동 인씨는 신라 때 중국에서 들어왔다고 하는데 고려 때 압록강 지방을 개척한 공로로 교동부원군에 봉해졌고, 교동 전씨는 고려 때 교동에 들어와 일가를 이루고 조선개국 공신 집안과 혼인하였다 한다.[47] 고려말 조선전기 이들은 대부분 타 지역으로 이주한 것으로 보인다. 고려말 왜구의 침략이 빈번해지면서 주민의 일부가 육지로 이동하고 교동에 군사기지를 설치하여 호남에서 수군을 이주시켜 장번군으로 배치한 사정과 연관될 것이다. 유력한 가문의 성씨가 뿌리를 내리기에 교동은 안전하지 않고 풍요로운 곳도 아니게 되었다. 을씨년스러운 군사적 분위기가 팽배하였을 것이다.

조선시대에 들어가 군사적 분위기는 더욱 강화되었겠지만 고려 때의 원주민 외에 장번군으로 이주해온 군인들과 그 가속들이 혼합되면서 새로운 사회를 형성해갔을 것이다. 조선후기 교동에 경기수영과 삼도수군통어영이 설치되면서 즉 군사적 위상이 높아

---

46 황규열, 『교동사』, 60쪽.
47 황규열, 『교동사』, 60쪽; 황인병, 『교동향토지』, 182~186쪽; 김경옥, 앞의 논문, 253~254쪽.

지면서 교동주민들의 자부심도 올라갔을 것이다. 그리고 교동의 경제적 열악함은 문무과 과거출신자를 배출하지 못하는 상황이었지만 일찍이 향교가 설립된 유학적 분위기는 교동의 유교적 향촌사회의 면모를 갖추는데 일정하게 기여했을 것이다. 현재 교동향교에 보관되어 있는 향안을 통해 그러한 조선후기 교동사회의 분위기를 엿볼 수 있다. 고려의 고·전·인씨는 조선시기에 교동을 빠져 나가고 대신 온양 방씨, 청주 한씨, 안동 전씨, 창원 황씨, 안동 권씨 등이 15~16세기에 교동으로 이주하고 이들 후손이 조선후기 교동의 대성으로 성장하여 지배사족이 되는 것으로 추정된다.[48] 조선초기 교동에 정착한 신분이 낮은 장번군들은 교동사회의 평민층을 형성했을 것이고, 이들 중 일부는 교동의 주요 성씨로도 성장했을 가능성을 배제할 수 없을 것이다.

향안을 분석한 결과에 의하면,[49] 17세기 후반에는 전씨와 방씨가 77%에 이를 정도로 압도적 주도세력인 반면, 18세기에는 한씨와 황씨가 급증하여 구향에 대항하는 신향을 이루었다고 한다. 이후 황씨는 교동사회를 주도하는 독보적인 입지를 굳혀갔다. 일제시기의 보고에 의하면, 인사리와 양갑리의 창원 황씨, 난정리와 동산리의 온양 방씨, 지석리와 고구리의 청주 한씨는 400년, 봉소리의 전주 이씨와 안동 전씨는 약 280년, 삼선리의 안동 권씨는 250년의 역사를 지녔다고 한다.[50] 이렇게 군사기지를 끼고 있음에도 불구하고 교동도호부 산하에는 향청도, 향교도 설립되어 향촌사회의 꼴을 갖추고 있었다.

2) 근대문물의 도입과 변화

서해중부 해양방어의 군사기지로서 수도권 방어의 중심지였던 교동도는 1876년 강화도에서 체결된 조일수호조규에 의해 무력화되기 시작했다. 서해안에 개항장을 설정하기 위해 일본이 많은 포구들을 조사할 때 교동도와 송가도 사이 남산포 앞바다, 즉 응암량도 측량되었다.[51] 교동 응암량이 개항장이 된 것은 물론 아니고 인천 제물포가 개방되고

48   황인병, 『교동향토지』, 182~186쪽; 김경옥, 앞의 논문, 253~257쪽.
49   차인배, 앞의 논문 참조.
50   황인병, 『교동향토지』, 237~238쪽; 최영준·홍금수, 앞의 논문, 541~542쪽.
51   황은수, 「근대 교동의 연안항로와 생활문화권의 변천」, 인하대학교 한국학연구소 편, 『교동향교지』, 571쪽.

또 염하를 거쳐 마포에 이르는 무역로도 개통됨으로써 이미 군사적 기지로서 무력화된 교동은 교통로 상에서도 소외되었다. 제물포에서 황해도 연안을 향할 경우 기착지에 불과하게 되었다. 경기만 연안과 한강·임진강·예성강의 하천유통은 모두 제물포로 귀결되었다.

선진적이고 핵심적인 군사기지에서 일개 섬으로 위상이 전락한 교동은 근대사회로부터 낙후된 지역으로 보이기도 한다. 실제로 근대 이후 육지에서 멀리 떨어진 섬이나 작은 섬들은 근대문명의 세례를 받지 못한 '낙도落島'로 취급되었다. 그렇지만 섬이라 하여 모두 동일한 것은 아니고 지정학적 위상을 따져볼 필요가 있다. 교동은 여전히 수도 서울의 관문인 인천 제물포에서 멀지 않은 곳에 위치하여 강화도와 함께 인천 제물포 개항장에 유입된 근대문물의 유통권 안에 있었다.

강화도와 함께 교동도에는 일찍부터 근대 바람이 불기 시작했다. 기독교가 한국에 들어온 초기부터 이 지역에 기독교가 전파되고 그와 함께 도입된 근대문물은 근대교육의 가치를 제고하여 교육기관의 설립으로 이어졌다. 강화도에는 감리교와 성공회가 포교에 성공하여 수많은 교회와 성당이 설립되었다. 교동도는 감리교의 영향을 많이 받았다. 작은 섬이지만 군사중심지로 기능하고 그래서 독립된 지방행정단위를 이루었지만 토지와 인구는 적었다. 향교의 설립과 향안의 작성에서 보듯이 전통적인 사족지배구조를 흉내내고 있지만 유학자와 과거출신자를 배출하지 못하는 미약한 지배체제였다. 군사적 기능이 무력화되고 전통지배체제를 고수할 양반사족이 결여되었기 때문에 근대문물의 유입을 저지한다는 것은 교동의 향촌사회로서는 역부족이었다. 먼저 기독교에 의해 전통문화의 기반이 허물어졌다.[52]

기독교의 인천지역 전파에는 미국 북감리회 선교사 존스George Heber Jones(趙元時, 1867~1919)의 역할이 컸다. 그는 1888년 5월 한국에 들어와 배재학당 교사를 지내고 1892년 제물포 지방 선교책임자로서 인천내리감리교회를 담당하면서 이후 남양에서 제물포, 강화도, 그리고 황해도 연안지역에 이르기까지 선교활동을 전개하였다. 교동의 삼도수군통어영이 관할하던 지역을 접수한 것과 같은 형국이다.

존스의 지역선교는 강화도의 서북쪽 끝, 교동으로 건너가는 서사면에서 시작되었다.

---

52 교동에 대한 기독교의 전파에 대해서는 이영호의 「기독교의 전파와 교회의 설립」(인하대학교 한국학연구소 편, 『교동향교지』, 2012)을 참조한다.

존스로부터 기독교를 수용한 한국인들이 1893년 강화도에서 최초의 교회로 교항교회를 설립하였고, 교항교회 신자 박능일은 1896년 동쪽 마을에 홍의교회를 개척하였다.[53] 홍의교회 처음 신자 중 권신일 부부가 1899년 기독교를 전파하기 위해 교동도로 이주했다. 권신일 부부는 생계도 없는 교동에서 기독교 복음의 전파에 매진했다. 1900년 존스의 보고 중 일부를 살펴본다.

> 그가 어떤 이교도의 사랑방에서 예수의 이야기를 하고 나면 사람들은 더 이상 그러한 이야기를 듣고 싶지 않기 때문에 다시는 오지 말라고 그에게 여러번 말을 하는 것이었다. 그러나 그는 이렇게 대답했다. "나는 그 말에 동의할 수 없습니다. 나는 이곳에서 그리스도의 교회를 위한 좋은 재목을 찾고 있습니다. 내가 당신과 같이 좋은 나뭇가지를 발견했는데, 내가 그것을 악마의 부엌 불에서 타버릴 장작이 되도록 그냥 내버려 두리라 생각하십니까? 천만의 말씀입니다. 내일 또 뵙지요." 그리고 다음날 그는 다시 가서 재치로써 다시 한번 그들에게 전도를 한다.[54]

권신일 부부의 적극적이고 끈질긴 선교활동은 자연 교동도의 주민과 충돌을 일으키지 않을 수 없었다. 그가 터를 잡은 읍내리는 조선후기 삼도수군통어사가 위치한 교동읍성의 안이었다. 고려 말 최초로 송나라로부터 주자성리학이 상륙한 역사를 지닌 교동향교는 유학자들의 본산이었다. 기독교 수용은 불교, 민간신앙의 배격은 물론 유학의 배척을 동반하는 것이었다. 자연히 교동 유학자들의 반발을 사지 않을 수 없었다. 권신일도 기독교 전파를 위해서는 유학의 벽을 넘지 않으면 안된다고 보았다. 다음의 기록에서 보듯이 그는 자진해서 정면으로 유학자들과 충돌하였다.

> 권씨는 그곳에서 용감한 마음으로 그리스도를 증거하고 있으며, 힘있는 증언을 하고 있다. 작년 봄 양반들이 유교사원에서 매년 두 차례 있는 제사를 드리기 위해 모였을 때, 그들은 그곳으로 들어오려고 하는 이 기독교인에 대해 매우 흥분하였다. 그들은 그를 섬 밖으로 내쫓기로 결의하였다. 그들은 위원회를 구성하여 관리를 방문하였고 그의 관심을

53   이덕주·조이제, 『강화기독교 100년사』, 강화기독교100주년기념사업역사편찬위원회, 1994, 90~117, 122~130쪽.
54   홍석창 편저, 『제물포지방 교회사 자료집(1885~1930)』, 에이멘, 1995, 120쪽.

이 기독교인에게 돌리게 하면서 그를 추방하라고 탄원하였다. 그 관리의 대답은 기독교인들이 서울의 궁궐 바로 옆에 교회를 지었는데, 황제 폐하가 그의 백성들 사이에 교회들이 있는 것을 기뻐한다는 것이었다. 만일 기독교인들이 서울에 살 권리가 있고 그들의 일을 수행할 권리가 있다면, 그들을 3등급 시에서 내쫓으려하는 것은 어리석은 일이다. 더 이상의 방해는 시도되지 않았다. 열 가정이 그들의 우상들을 버리고 그리스도를 영접하였다. 그들은 그곳의 첫 번째 교회의 중추를 이루고 있다.[55]

1900년 봄 교동향교에서 거행된 문묘제사 때 권신일이 참례하여 전도하고자 하므로 향교의 임원들이 그를 교동에서 축출하려 하여 충돌이 빚어졌다. 그렇지만 이미 서울에 기독교 교회당이 설립된 마당에 기독교 선교를 군수의 힘으로 막을 수는 없었다. 유학자들과의 싸움에서 권신일이 밀리지 않는 상황을 본 주민들 가운데 기독교를 받아들인 열 가정이 나왔고 이들이 교동의 초창기 핵심교인이었다.

교동은 섬으로서 비교적 전통이 잘 보존된 곳이기 때문에 외국 종교와의 접촉은 훨씬 충격적인 형태를 띠지 않을 수 없었다. 교동에서 기독교를 수용하는 과정에서 유학을 배척하고 민간신앙을 배격함으로써 가족이나 마을주민들과 충돌한 여러 사례가 있다. 기독교를 믿기로 결심한 이들은 조상제사를 거부하고 각종 민간신앙의 도구들을 불태워버리면서 싸웠다. 예를 한가지 들어보자.

교동군 인현리 사는 황철신의 실내 방씨 부인은 지금 29세인데 4년 전에 예수씨 세상 구원하신 도리를 듣고 혼자 믿은지 두해에 그 시부가 죽으매 제청을 배설하고 우상을 숭봉케 된지라 방씨는 그때부터 예수를 증거하면서 우상에게 절 아니하니 그 시집과 친가는 교동의 높은 양반이라 대경소괴하여 황철신 씨는 방씨를 무수히 때리며 군욕하되 방씨는 조금도 마음을 동치 않고 날마다 갖은 고초를 당하여도 변치 아니함을 보고 친가로 쫓아버릴세 남편이 분심에 악심이 발하여 가로되 예수교 버리지 않고 의젓이 가려느냐 하며 몹시 때리되 종시 화평한 말로 가장을 권면하며 순종하니 20리 동안에 다섯 번을 두드려 맞고 친가에 맡김을 당하니 다행이 회당이 가까운지라 하나님께 은혜를 감사하며 열심으로 예

55 홍석창, 위의 책, 136쪽.

배당에 다님을 보고 그 친가에서 말하되 똥물을 먹이면 예수교를 버린다더라 하고 단술에 똥을 타서 먹이니 방씨는 모르고 먹었더니 그후에 점점 열심이 있음을 보고 그 동생들이 똥먹인 사연을 고하니 방씨는 그 부모와 집사람을 권하여 예수 믿고 죄 벗고 영생하라 하더라. 훼방하다 못하여 그 남편이 다시 데려가니 온전히 이기었더라.[56]

황철신의 부인 방마리아는 조상제사를 우상으로 여기는 선교사들의 가르침을 받아 제사를 거부하다가 남편에게 무수히 구타를 당하고, 친정으로 쫓겨간 뒤에는 기독교를 배척할 처방으로 똥을 먹이는 핍박에도 불구하고 끝내 기독교를 버리지 않았다. 방마리아 사건은 유교적 사유와 행위를 놓고 가족과 마을 안에서 많은 갈등을 유발한 기독교인들의 전형적인 모습을 보여준다. 방마리아의 인내심과 신앙심은 결국 남편과 시가의 다섯 식구, 친정 부모 등 8명을 기독교인으로 만들었다. 망국으로 치닫는 정세 속에서 불안에 떨던 사람들은 종교적인 권유에 나약한 모습을 보였다. 1904년 7월 20일 별세한 그녀는 임종시에도 신앙을 지키고 가족들이 기독교를 받아들일 것을 유언으로 남겼다.[57]

기독교인의 싸움의 대상은 전통적인 우리의 민속신앙이었다. 선교사들은 한국의 민속신앙을 미신으로 부정하고 조상숭배를 우상숭배라고 비난하였다. 선교사들은 개종하는 신자들의 집에서 부적 태우는 행사를 통해 개종의 의지를 확고하게 하였다. 부적의 기운을 몰아내기 위해 부적 아래에 성경을 놓아두기도 했다.[58]

이렇게 하여 1903년 인사리의 황초신·황여신·황한신 등 황씨 집안, 서한리의 방족신·방학신·방합신 등 방씨 집안, 상룡리의 박성대·박형남 등 박씨 집안이 중심이 되어 최초로 교동감리교회를 설립했다.[59] 이후 일제시대에 들어가서도 꾸준히 교인수가 증가하고 새로운 교회가 설립되어 오늘날 12개의 교회가 설립되어 있다.[60]

---

56 『신학월보』 제3권 10호 1903년 10월 교보, '인내로 이김'(전도사 홍승하).
57 『신학월보』 제4권 10호 1904년 10월 교보, '교동 방씨 부인의 별세함'(전도사 권신일).
58 홍석창, 앞의 책, 184~185, 278쪽.
59 황인병, 『교동향토지』, 178쪽; 이덕주·조이제, 『강화기독교 100년사』, 126~127쪽. 홍의교회 교인이 '一'자를 돌림자로 삼아 권신일도 본명 승회를 버리고 일자를 이름에 넣었는데, 교동의 교인들은 그것을 본받아 권신일의 '信'자를 돌림자로 썼다. 서한리의 방족신·방합신·방도신·방달신·방유신·방재신·서풍신·황여신 등, 인사리의 황한신·황초신·황철신 등, 읍내리의 안낙신 등이었다. 방족신의 동생 방달신은 본명이 찬형이고, 아들 이름도 도일과 재일에서 유신과 재신으로 바꾸었다. 황초신의 본명은 우만이고 황한신의 본명은 점익 또는 봉익이었다(이덕주, 『눈물의 섬 강화이야기』, 대한기독교서회, 2002, 133쪽; 최규환·최태육·구본선, 『교동선교 100년사』, 교동지역 교회연합회, 1999, 95·101쪽).

기독교의 전파는 근대문물을 동반하였고, 근대적 가치를 수용할 수 있는 분위기를 만들었다. 교회에서 주일학교·매일학교도 운영하여 성경과 함께 근대학문을 접할 수 있는 기회를 제공했다. 1902년경 여러 마을에 의숙이 생겨났다. 봉소리의 봉산의숙은 기독교인 박성대에 의해 설립되어 50여명의 학생을 가르쳤고, 난정리의 육영의숙은 유지 방한관·나세영·방광근 등이 설립하여 80여명의 학생을 가르쳤고, 인사리의 인흥의숙은 유지 황도익·황경익 등의 발기로 설립되어 약 50여명의 학생들을 가르쳤다고 한다. 봉소리·난정리·인사리는 이전 세 섬이 교동도로 합쳐지기 전 각 지역에 해당되는데 그만큼 세 섬의 구석구석까지 경쟁적으로 교육의 붐이 일어났다. 이들 의숙은 한문교육과 아울러 근대식 교육을 시도했다고 한다.[61]

교동 최초의 보통학교는 1906년 5월 5일 김현규金顯奎에 의해 설립된 화농학교華農學校였다. 일제 통감부가 보통학교령을 내리기 직전 설립되었다. 화농학교는 연무당과 사창을 교사로 사용했고 수업연한은 4년이며 학생수는 50여명이었다.[62] 화농학교의 설립과정과 수업, 사회활동 등에 대해서는 당시의 신문기사를 통해 보다 풍부한 정보를 얻을 수 있다.[63]

우리는 모두 農業家로 문명한 세계를 만나 교육발달을 위해 사업을 하고자 뜻을 두었지만 이루지 못하여 항상 개탄하던 중 본 군수 李圭白氏와 郡主事 金秉瑾氏의 청렴 강직함은 一鄕이 모두 아는 바인데 정황을 잘 이해하고 公廨 한곳을 빌려주며 수리할 재정까지 보조하여 권장하시니 순검들과 서기들과 首書記 朴容元氏와 邑內洞中에서 역시 보조하오매 學員들이 版鍤의 役과 土木의 工을 스스로 맡아 이제 畢役하여 개학하는데 이 학교를 청년들이 華盖山 남쪽에 私立한 까닭으로 이름하여 華農學校라 하옵고 본교 업무는 耕農과 種樹요 學目은 국한문 작문 산술 어학 도화 체조요 該工은 옛사람의 주경야독을 效勸이온 바 美芹蓁背는 우리들 野人의 구구한 정성이지만 바다 모퉁이 벽지에서 단지 간절히 사모할 뿐이더니 어찌 다행인지 國債報償金 모집을 당하매 이것은 진실로 우리 구구한

---

60 최규환·최태육·구본선, 『교동선교 100년사』 참조.
61 교동국민학교, 『교동향토지』, 1961년경, 17~18쪽; 교동향교, 『교동향교지』, 194쪽. 이렇게 마을의 아이들을 대량으로 모아 가르쳤는데 왜 정규학교로 지속되지 못했는지 의문이다. 의숙의 실태가 과장된 측면도 없지 않은 듯하다.
62 교동국민학교, 『교동향토지』, 14쪽; 황인병, 『교동향토지』, 167쪽.
63 황은수, 「근현대의 교동향교」, 인하대학교 한국학연구소 편, 『교동향교지』, 47~52쪽 참조.

야인의 芹忱을 조금이라도 펼 수 있는 시기라 학원들이 斷烟을 同盟하고 事力을 따라 각기 수합한 금액이 우선 20圜이옵기 이름을 모두 기록하여 학원 金濟元에게 送交홈.

喬桐 金相旭 告白[64]

첫머리에 "교육발달을 위해 사업을 하고자 뜻을 두었지만 이루지 못하여 항상 개탄" 했다고 한 것은 1901년 교동 유생儒生 황우국이 재원을 모아 학교를 세운 뒤 학부에 공립으로 할 것인지 사립으로 할 것인지 인허를 요청한 사실과 관련되는 것같다.[65] 유생들은 전통적인 교육을 고집하는 것이 일반적인데 교동의 유생들이 스스로 신식학교를 세우려 한 것은 상당히 선진적인 태도로 보인다.

위의 인용문에서 볼 때 화농학교의 설립은 교동의 관과 민의 적극적인 협력에 의해 이루어진 것임을 알 수 있다. 군수 이규백과 군주사 이병근이 관청 건물을 교사로 내어 줄 뿐 아니라 수리비까지 주었고, 수서기 박용원을 비롯한 서기, 순검 등 관청의 많은 직원들이 비용을 기부하였고, 민간에서는 읍내의 동중에서 학교에 필요한 비용을 기부하였으며, 학생들이 직접 노동을 제공하여 수리를 담당했다. 관민이 협력하고 관에서 많은 부담을 했는데도 사립으로 한 것은 1906년 제정된 보통학교령에 따라 설립요건과 절차를 거치기 어려웠기 때문이 아닌가 생각된다. 1901년 공립·사립 여부로 진통을 겪었던 적이 있으므로 화농학교는 사립으로 했을 것이다. 학교는 화개산 남쪽의 관청 건물에 두었기 때문에 화개산의 '화'자를 따고 교동의 산업수요에 적합한 농업학교로 하는 뜻에서 '화농華農'이라 하였다고 한다. 화농학교에서는 '경농耕農과 종수種樹' 즉 농업 및 과수재배를 가르치고자 하였다. 일제의 통감부가 들어선 이래 부업으로 과수재배와 뽕나무 및 잠업을 장려했는데 그런 바람이 교동에도 불어온 것같다. 그 외에 국한문·작문·산술·어학·도화·체조 등 보통교육도 병행하였다. 그리고 화농학교 학생들이 국채보상을 위한 모금운동에 참여한 것은 교동의 주민들이 국가와 민족의 운명에 지대한 관심을 가지고 있다는 반증이라고 생각된다. 교동은 낙도가 아니었던 것이다.

---

64 『황성신문』 1907년 5월 2일 광고, '生等은 俱是農業家로 文明흔 世界를 際遇ᄒ야'. 기사 내용을 현대어로 수정하였다.

65 『황성신문』 1901년 7월 13일 잡보, '鳩財設校'. "교동군 유생 黃佑國 씨가 학부에 청원하되 타군에는 設校 교육하되 본군은 아직 학교를 설립하지 못하였기로 재원을 모아 설교하오니 공사립 간에 인허하라 하였더라." 이때에는 학교 설립에 성공하지 못했던 것같다.

그러나 군수 이규백의 설립자금 횡령 등의 문제가 발생하여 큰 소란이 일어난 것은[66] 불행한 일이었다. 화농학교는 1911년 사립교동보통학교로 변경하고, 1912년에는 교동공립학교로 전환한 후 오늘날 교동초등학교에 이르고 있다.[67]

화농학교 외에도 대성학교, 동화학교, 동화여자학교가 설립되었지만 일제의 한국병합 이후 정식학교로 제대로 성장하지 못하고 폐교되는 운명을 맞았다.[68]

섬지역은 육지와 떨어져 있어 근대문물이나 서양종교의 전파가 늦었을 것으로 생각될 수도 있지만 실제로는 그렇지 않았다. 교동도의 경우 교통의 요지에 있고 일찍이 근대문물이 유입된 강화도와 인접한 위치에 있어 비교적 이른 시기에 기독교가 전파되고 근대교육이 출범하였다. 섬지역으로서 유교 및 민간신앙과 심각한 충돌을 거쳤지만 서양의 근대문물이 수용된 이후에는 기독교나 근대학교는 더욱 번창하였다. 교동에 향교가 일찍 설립되었지만 유학자 배출이 드물어 유교문화가 육지에 비해 견고하지 못하고 민간신앙 등 전통문화의 방어력이 취약한데 원인이 있었을 것으로 생각된다.

5. 맺음말

이 글에서는 지정학적 특성에서 비롯된 군사적 기능, 수도권 방어의 기능을 중심으로 교동의 역사적 특성을 정리하였다. 다음으로 간척에 의한 경제적 향상을 토대로 교동주민의 향촌사회가 형성되지만 유교이념이 깊이 뿌리내리지 못한 섬지역의 특성으로 인하여 근대문화가 신속하게 수용된 점을 확인하였다. 본문의 내용을 간단하게 요약하면서 섬연구의 방향을 전망해 보기로 한다.

교동의 지정학적 특성은 국경지대, 수도의 인후, 교통의 요충지라고 평가할 수 있다. 고대에는 국경지대에 위치하여 영토 확장 또는 방어의 현장으로서 주목되었다. 고려와

66　황은수, 「근현대의 교동향교」, 『교동향교지』, 49~50쪽 참조.

67　교동초등학교, 『교동초등학교백년사 1906~2006』, 2006

68　대성학교는 1908년 5월 유지 전재섭이 향교를 교사로 사용하여 설립하였다가 일제의 한국병합 때 폐교되었고, 동화학교는 기독교 전도자 권신일에 의해 1908년 설립 운영되다가 1917년 폐교되었고, 동화여자학교는 1908년 감리교 선교사 밀러 부인에 의해 설립 운영되다가 여학교로 존속하기 어려워 1925년 폐교되었다고 한다. 교동국민학교, 『교동향토지』, 14~15쪽; 황인병, 『교동향토지』, 167~168쪽; 황은수, 「근현대의 교동향교」, 『교동향교지』, 51쪽.

조선에서는 수도 개성과 한양의 인후일 뿐 아니라 경기도·황해도·충청도의 요충지에 해당하였다. 그래서 고려의 한때 평화시에는 교통과 유통의 중심역할을 했다. 남송에 드나들던 사신들이 머물렀으며, 조세선·어염선이 모여들고 상인이 무역하는 현장의 하나로서 정부의 재정기반을 이루었다. 정부의 관리나 부호들이 교동에 모여살 정도로 번성했다.

그렇지만 몽골의 침략 이후 교동은 임시수도 강도의 경제적 배후지로서 강화도와 함께 간척이 본격화되어 경제적 기반을 확대하였으나 강도의 군사적 배후지로서의 역할에 종속되었다. 그후 고려말 왜구의 침략은 교동의 군사적 기능이 확립되는 계기가 되었다. 주민들을 육지로 이동시키고 호남의 수군을 이동시켜 장번군으로 삼았다. 수도로 통하는 경기만 일대의 해양방어체제의 일환으로 교동도는 강화도와 연동하면서 군사적 기능을 담당하였다. 한때 교동에 경기우수영이 자리잡아 해양방어의 책임을 맡았지만, 왜구의 위협이 사라짐에 따라 우수영을 폐지하고 교동에는 월곶진에 수군첨절제사를 두는 것으로 축소하였다.

그런데 정묘호란 때 정부와 왕실이 강화도로 피신한 이래 강화도와 함께 교동도의 중요성은 이전에 비교할 수 없을 정도로 크게 부각되었다. 교동현은 교동도호부가 되고 월곶진을 강화도로 옮긴 뒤 남양의 경기수영을 옮겨올 뿐 아니라 경기도·황해도·충청도의 수군을 통합하는 삼도수군통어영을 설치하였다. 역사상 교동이 국가적으로 가장 높은 지위를 가진 시기였다. 교동을 서해 중부 해양에서 수도권 방어의 핵심기지가 된 이유는 보장지 강화도를 지키기 위한 것이었다. 보장지 강화도에는 수도를 점령한 적과 대항하기 위한 육상방어체제를 구축하는 한편 교동도에는 보장지를 방어하는 해상방어체제를 구축한 것이다. 그러나 실제로 국토가 외침을 받지 않은 대신 해상에는 정체불명의 선박들이 빈번하게 출몰하므로 대양에 대한 경계를 위해 덕적진·대부진 등을 신설하고 강화도의 철곶진·정포진을 섬으로 이설하였다. 그럼에도 불구하고 경기만으로 서양함대가 침략해 들어오고 일본은 보장지 강화도를 무력화하면서 인천 제물포를 개방시킨 것은 역사의 아이러니다.

섬지역에 대한 조선정부의 정책은 처음에는 공도空島정책이었다. 고려말 왜구의 침략으로 서남해안 도서의 주민들을 육지로 이동시켜 공도정책으로 왜구의 침략에 대처하였다. 또한 조선전기에는 방목하기에 편리한 섬지역을 목마장으로 설정하여 목자牧子 이외에 농민의 이주와 개간을 허용하지 않았다. 그러나 조선후기에 들어 섬으로 이주하는 백성이 증가하고 정부에서도 목마장을 작은 섬으로 이동시키는 등 입도入島를 허용하였다. 증가하는 황당선荒唐船과 이양선異樣船을 경계하기 위해 섬에 군현이나 수군진을 설치하기도 하였다.[69] 경기만 일대에서도 마찬가지였다.[70] 그러나 교동은 일찍부터 해양방어의 핵심기지로 등장하고 중시되었다는 점에서 서남해안 도서의 일반적 경험과는 다른 특성을 지니고 있다.

교동의 특성은 개간과정에서도 찾아볼 수 있다. 교동은 작은 세 섬 사이의 삼각 모양의 간석지가 점진적으로 확장되면서 간척·개간된 섬이다. 간석지가 간척을 거쳐 경작지가 되고 긴 세월 동안 농업용수를 확보해가면서 기름진 옥토로 변화해간 전형적인 모습을 보여준다. 이렇게 확보하게 된 경제적 기반을 바탕으로 작은 섬임에도 불구하고 독립된 행정단위를 구성하고 향청·향교·향안 등 향촌사회의 형식을 갖추었다. 고려시대의 씨족은 몽골과 왜구의 침략으로 대부분 타지역으로 이주해가고, 조선전기에 평민세력으로 장번군이 이주하고 이후 여러 성씨들이 이주하여 세거하면서 조선후기에는 향권이 발생할 정도로 성장하였다. 사족지배체제에서 나타나는 구향과 신향의 세력다툼의 모습도 볼 수 있을 정도다.

그렇지만 유학자나 과거출신자를 배출하지 못하면서 유교이념을 바탕으로 한 지배체제는 허약하였다. 인천 제물포가 개항하여 교동의 지정학적 위상은 하락했지만 강화도를 통해 개항장 유통권에 놓여 근대문물의 영향을 받았다. 짧은 시간에 기독교의 전파 등 서양문명에 노출됨으로써 주민이 주체가 된 근대교육도 이른 시기부터 시작되었다. 이런 모습은 백령도나 덕적도와 같은 서해안의 여러 섬에서도 확인할 수 있다. 섬이 육지로부터는 낙후될 수도 있지만 해양에서는 선진적일 수 있었다. 또 조선사회를 지탱해왔던 유교이념이 섬지방에서 상대적으로 약하고, 근대문명에 대항할 전통문화의 기반이 취약한 측면도 상대적으로 새로운 문물을 쉽게 수용할 수 있는 원인이 될 수 있었을 것이다.

경기만, 인천 앞바다의 경우, 앞으로 서해5도·덕적군도·영흥도권·영종도권·강화

---

69 김경옥, 『조선후기 島嶼정책』, 혜안, 2004 참조.
70 임학성, 「조선시기 경기 도서지역의 공간인식 변화-국영목장 설치(조선전기)에서 수군진 설치(조선후기)로」, 『도서문화』 43, 목포대학교 도서문화연구원, 2014.

도권 등 권역별 공통점과 차이점에 대한 연구를 통해 서해안 도서지역의 전통적 특성과 근대전환의 양상에 대한 비교검토가 진전되어야 할 것이다.

참고문헌

자료

『고려사』; 『조선왕조실록』; 『세종실록지리지』; 『신증동국여지승람』; 『輿地圖書』; 『大東地志』; 『교동부읍지』, 1871; 『교동군읍지』, 1899; 『황성신문』; 『신학월보』.

조선총독부 중추원, 『국유지조사서』.

홍석창 편저, 『제물포지방 교회사 자료집(1885~1930)』, 에이멘, 1995.

E. J. 오페르트 지음, 신복룡・장우영 역주, 1879, 『금단의 나라 조선』, 집문당, 2000.

교동 관련 문헌

교동국민학교, 『교동향토지』(필사본), 1961년경.

교동국민학교, 『학교연혁사』, 1990년대.

교동초등학교, 『교동초등학교백년사 1906~2006』, 2006.

교동향교, 『교동향교지』, 1987.

김득초・한도현, 『교동지』, 교동 48회 상록회, 1976.

인하대학교 박물관, 『강화 교동읍성 정밀지표조사 보고서』, 2007.

인하대학교 한국학연구소편, 『교동향교지』, 교동향교, 2012.

최규환・최태육・구본선, 『교동선교 100년사』, 교동지역교회연합회, 1999.

한기복, 『(신판) 교동지』, 대명출판사, 1957.

황규열, 『교동사』, 교동문화연구원, 1995.

황인병, 『교동향토지』, 재인교동면민회, 1995.

저서

권덕영, 『신라의 바다 황해』, 일조각, 2012.

김경옥, 『조선후기 島嶼정책』, 혜안, 2004.

이덕주, 『눈물의 섬 강화이야기』, 대한기독교서회, 2002.

이덕주·조이제, 『강화기독교 100년사』, 강화기독교100주년기념사업역사편찬위원회, 1994.

한국역사연구회, 『개경의 생활사』, 휴머니스트, 2007.

논문

김경옥, 「조선시대 교동사람들의 입도와 축동·제언을 통한 토지개간」, 『도서문화』 32, 목포대학교 도서문화연구소, 2008.

배성수, 「교동의 관방체제와 유적」, 『박물관지』 10, 인하대학교 박물관, 2007.

송양섭, 「17세기 강화도 방어체제의 확립과 진무영의 창설」, 『한국사학보』 13, 고려사학회, 2002.

유창호, 「고지도와 지리지로 본 교동」, 인하대학교 한국학연구소 편, 『교동향교지』, 교동향교, 2012.

이강한, 「고려시대의 교동」, 인하대학교 한국학연구소 편, 『교동향교지』, 교동향교, 2012.

_____, 「고려시대의 향교의 창건과 교동향교」, 인하대학교 한국학연구소 편, 『교동향교지』, 교동향교, 2012.

이민웅, 「18세기 강화도 수비체제의 강화」, 『한국사론』 34, 서울대학교 국사학과, 1995.

이영호, 「강화도 船頭浦築堰始末碑의 내용과 가치」, 『박물관지』 3, 인하대학교 박물관, 2000.

_____, 「기독교의 전파와 교회의 설립」, 인하대학교 한국학연구소 편, 『교동향교지』, 교동향교, 2012.

임용한, 「14~15세기 교동의 군사적 기능과 그 변화」, 『인천학연구』 3, 인천대학교 인천학연구원, 2003.

임학성, 「조선시기 경기 도서지역의 공간인식 변화－국영목장 설치(조선전기)에서 수군진 설치(조선후기)로」, 『도서문화』 43, 목포대학교 도서문화연구원, 2014.

차인배, 「조선후기 교동의 향안입록 전통과 향권주도 성씨의 추이」, 『역사민속학』 37, 2011.

최영준, 「강화지역의 해안저습지 간척과 경관의 변화」, 『국토와 민족생활사』, 한길사, 1997.

최영준·홍금수, 「강화 교동도의 해안저습지 개간과 수리사업」, 『대한지리학회지』 38-4, 2003.

황은수, 「근대 교동의 연안항로와 생활문화권의 변천」, 인하대학교 한국학연구소 편, 『교동향교지』, 교동향교, 2012.

_____, 「근현대의 교동향교」, 인하대학교 한국학연구소 편, 『교동향교지』.

교동도 갯벌매립의 역사

배성수

인천시립박물관, 전시교육부장

1. 교동도의 지리적 환경

교동도는 강화도 북서부에 위치한 섬으로 행정구역상 인천광역시 강화군 교동면에 속한다. 총 면적 47.15km²로 전국에서 13번째로 큰 섬이며, 인구는 2014년 현재 3,008명에 불과하여 강화군 13개 읍면 중 10위에 해당한다. 동쪽으로 바다를 건너면 강화군 양사면과 내가면이, 남쪽으로는 삼산면 석모도가 있다. 북쪽으로 불과 2~3km의 바다를 끼고 황해도 연백군이 위치한다. 해안선이 단조로운 편이며, 연안의 저지低地는 이질泥質인 갯벌로 되어 있는데다 조수간만의 차도 커서 예로부터 포구가 발달하지 못했다.

높이 0~10m의 지역이 3분의 2를 차지할 정도로 해발 고도가 매우 낮은 섬으로 저산성低山性 구릉지와 충적평야로 이루어져 있는데, 저산성 구릉지는 대부분 노년기 지형으로 이들 구릉지의 암석들은 10m 내외의 표토와 풍화대에 의해 덮여 있다. 이로 미루어 볼 때 섬 동부의 화개산을 중심으로 한 고구리, 상룡리, 읍내리 등 일부 지역만이 육지였고, 나머지 지역은 모두 바다에 덮여 있었으며 후빙기後氷期 후 해퇴海退와 더불어 해안선이 형성되었을 것으로 추정된다.[1] 해안지역으로는 해발 100m 미만의 구릉지가 일부 지역에 돌출해 단애斷崖를 이루고 있는데 동쪽의 호두곶虎頭串, 서단의 말탄각末灘角, 북단의 율두산곶栗頭山串이 그것이다.[2]

---

[1] 이화여대 사회생활과, 「교동조사보고」, 『綠友會報』, 1981, 87~92쪽.
[2] 인하대학교 한국학연구소, 『교동향교지』, 교동향교, 2012, 387~390쪽.

이들 산지 사이의 하곡河谷은 대부분 간석지인데 섬으로 유입되는 한강, 임진강, 예성 강의 퇴적물질로 이루어져 있다. 주로 세사細沙와 점토粘土로 구성되어 있으며, 퇴적층의 두께는 얇은 편이며, 간석지 배후로는 염습지가 발달해 있다. 염습지는 육지에 인접하여 분포하고 있으며 지면이 높아서 사리 또는 만조 때에만 침수되므로 일찍부터 간척의 대상이 되었다.[3] 현재 교동도의 지형은 이러한 자연지형을 이용하여 꾸준히 간척사업을 진행했던 결과 섬의 중앙부로 매우 넓은 농경지가 조성되어 있다. 평야를 지칭하는 교동 의 토속지명에는 개, 갯, 굿, 군 등 갯벌 또는 갯골과 관련된 어간이나 어미가 추가된 경우가 많은데 모두 간척활동을 말해주는 언어학적 증거로 해석할 수 있다. 특히 한글지 명의 '굿' 혹은 '군'은 구덩이의 준말로서 개발이전 갯골의 소재를 말해준다.[4]

2. 간척의 배경

해면의 간척은 바닷가에 둑을 쌓아 갯벌을 농토로 바꾸는 작업이다. 따라서 간척사업 이 성공하기 위해선 반드시 갯벌이 발달되어 있어야 한다. 토양도를 분석해 볼 때 원래 교동도는 동남쪽의 화개산(260m)과 서북쪽의 율두산(89m), 서남쪽의 수정산(100m)이 각 기 독립된 섬으로 존재하고 있었으며, 그 사이에 넓은 갯벌이 펼쳐져 있었음을 알 수 있다. 교동도가 위치한 강화 서북단은 한강·임진강·예성강이 합류되는 지역으로 지금 도 완만한 경사로의 하천을 따라 흘러온 엄청난 양의 퇴적물들이 하구에 쌓이고 있다. 이 퇴적물들은 최대 9.5m에 이르는 조차潮差에 의해 외해로 나갔다가 다시 재운반·퇴 적을 반복하며 대규모 갯벌을 생성하는데, 특히 황해도 해안은 너비 약 20km에 이르는 광활한 갯벌이 존재하고 있다.[5]

넓게 발달된 갯벌 이외에 교동도는 얕은 수심과 큰 조차 등 간척사업에 유리한 지형조 건을 가지고 있다. 예나 지금이나 간척을 할 때 가정 먼저 선행되어야 할 작업이 만(灣) 으로 흘러드는 조수를 막아주는 제방을 쌓는 일이다. 지금과 달리 기술수준이 낮았던

3   장동호, 「교동 해안의 지형경관」, 『제2차 전국자연환경 조사보고서』, 환경부, 2000, 2~14쪽.
4   최영준·홍금수, 「강화 교동도의 해안저습지 개간과 수리사업」, 『대한지리학회지』 38-4, 2003, 536쪽.
5   강화군 군사편찬위원회, 『신편 강화사』 중, 2003, 327쪽.

전통시대에 제방을 축조하는 일은 수많은 공력과 자금이 소요되는 대규모 역사에 해당되었다. 따라서 제방을 쌓기에 수월한 입지조건을 갖는 곳이 간척사업의 최적지로 선택되었는데, 조수간만의 차가 심해서 공사에 간섭이 덜하고, 수심이 얕아 공력이 조금이라도 덜 들어갈 수 있었던 교동도야말로 간척사업의 최적지가 아닐 수 없었다.

1232년(고종 19) 고려의 왕실과 조정은 몽골의 침입을 피해 황급히 강화 천도를 단행하였다. 당시 왕실을 따라 강화도에 들어온 인구가 얼마인지 정확한 기록은 없으나 개성과 그 주변 고을의 주민 상당수가 유입되었을 것이고, 급증한 인구를 부양하기 위해 막대한 양의 생필품을 조달하는 것이 고려 조정의 중대 과제였다.[6] 조운을 통하여 삼남지방의 미곡을 공급받을 수 있으리라 기대했지만, 전 국토가 몽골군에 점령된 상황에서 이마저도 원활하지 못했기 때문에 식량자급을 위한 대책을 마련해야만 했다. 그렇게 해서 시작된 것이 강화도와 교동도의 해안저습지를 간척하여 농경지로 만드는 사업이었다.

3. 고려시대, 간척이 시작되다

간척에 대한 기록이 문헌에 처음 등장하는 것은 1248년(고종 35) 평안도 위도葦島에서 서북면 병마판관 김방경金方慶이 실시했던 간척사업이다. 몽골군을 피하여 백성들을 인솔하고 위도에 입도入島한 김방경에게 있어 무엇보다 시급하게 해결해야할 과제는 장기간의 농성전을 대비하여 피난민들과 병사들의 식량을 충분히 확보하는 것이었다. 당시 위도의 해안가로는 10여리에 달하는 가경지可耕地가 있었으나 조수로 인하여 방치되고 있었다. 김방경이 백성들을 동원하여 제방을 쌓고 곡식을 심게 하였는데 처음에는 그를 원망하던 백성들도 가을에 풍작을 이루어 살아날 수 있게 되자 그를 따르게 되었다고 한다.[7] 이것이 기록에 등장하는 우리나라 최초의 해안 간척사업이다.

그 후 1256년(고종 43) 강화도에 유입된 피난민과 병사들의 식량을 확보하기 위해 강화도 해안저습지의 개간도 시작되었다. 당시 몽골군의 침입으로 피폐해진 농촌을 부흥시키고 감소된 조세를 회복시키기 위하여 각 고을의 기인其人들에게 유휴지 경작을 담당케

---

6   윤용혁, 「대몽항쟁기 고려무인정권의 강도생활」, 『최영희선생 화갑기념 한국사학논총』, 탐구당, 1987, 243쪽.
7   『고려사』 권104, 「열전」 17, 김방경전.

하여 조세를 확보할 수 있었다. 이와 동시에 문무 3품 이하 권무權務 이상의 관리들에게 인부를 차출하게 하여 제방을 쌓고 간척사업을 실시하였다. 조강 연안의 제포梯浦와 와포瓦浦에 둑을 쌓아 좌둔전左屯田으로, 염하 연안의 이포狸浦와 초포草浦를 막아 우둔전右屯田을 만들어[8] 조세와 병력의 확보를 동시에 가능하게 하였다.[9]

고려시대 강화도에 간척사업이 본격적으로 추진될 무렵, 세 개의 섬으로 분리되어 있던 교동도에 대한 간척도 시작되었던 것으로 보인다. 당시 교동도의 농지개간은 이 지역의 토박이 세력인 전田, 고高, 인印씨 가문의 주도 하에 마을 단위의 협업으로 진행되었다.[10] 고려 후기로 가면 수리시설의 확충, 시비법의 개선 등에 따라 수확량이 획기적으로 증가하였으나, 간척사업을 실시할 수 있는 주체는 소농보다는 인력과 물력을 갖춘 관, 부호 등 정치경제적 특권층이었다. 관민 협업의 간척사업은 강도시대 식량자급체제를 구축하려는 목적에서 추진되었다. 일반적으로 도서지역에서는 기근이 들었을 때 부족한 식량을 육지에서 조달하였으나, 몽골군을 피해 강화도로 피난한 고려왕실의 경우 그럴 수 없는 처지에 놓여있었기 때문에 해안 저습지의 개간을 자구책으로 삼게 되었고, 그 과정에서 대규모 제방의 축조와 수리시설의 확충이 뒤따랐던 것이다.

교동에서 구체적으로 어떠한 간척사업이 펼쳐졌는지 기록으로 전하지는 않는다. 그러나 강화도에 인접하고 내부적으로 가용한 간석지가 넓게 발달해 있었던 정황으로 미루어 산발적이기는 하지만 개간을 위한 노력이 계속되었던 것만은 분명하다. 갯골이 지나는 섬의 서부나 남부의 해안과는 달리 뻘의 퇴적이 활발히 진행되고 있었던 북부 해안의 간척이 집중적으로 이루어졌을 것으로 보이며, 당시 새롭게 확보된 간척지는 오랜시간 동안 '진동들'로 불리어 왔다. 고려 후기에는 교동의 재지세력에 의해 토지점탈이 자행되고 있다는 보고도 올라오는데 그들은 민간인 소유의 토지를 점탈하거나 막대한 자본을 통해 간석지를 개간하는 방법으로 사유지를 확대해 나아갔을 것으로 보인다.

한편, 고려 말 서해에 출몰하는 왜구의 숫자나 빈도가 급증하였다. 1358년(공민왕 7) 왜구가 인천 연안의 화지량花之梁에 상륙하여 불을 지른 뒤 인천을 약탈하였고,[11] 1363년

---

8 『고려사절요』권17, 고종안효대왕 43년 2월.
9 최영준, 『국토와 민족생활사』, 한길사, 1997, 183~189쪽.
10 최영준·홍금수, 앞의 글, 542쪽.
11 『고려사』권39, 「세가」39, 공민왕 2.

에는 왜구의 선박 213척이 교동에 정박하기도 하였다.[12] 왜구가 교동을 비롯한 인천 연안을 약탈한 것은 이 지역이 황해와 경기로 들어가는 길목이고, 삼남과 양서 지방에서 개경으로 모여드는 조운선과 수송선이 반드시 통과해야 했던 지점이었기 때문이다.[13] 1376년(우왕 2) 우왕은 왜구를 피해 교동의 주민을 대피시키는 한편,[14] 청장년들을 배치하여 군량미 확보와 변방수호의 두 가지 목적을 도모하자는 최영崔瑩의 계획을 채택하였다.[15]

이를 계기로 그동안 단편적으로 진행되어 왔던 교동도에서의 경작지 개간이 체계적인 구상과 대규모 역사를 통해 조직적으로 실시될 수 있었다. 이 시기 읍내리의 매밭이와 양갑리, 지석리와 무학리, 무학리와 난정리 구정골을 연결하는 제방이 축조되어 해안 저습지에 대한 본격적인 간척사업이 추진되었다.[16] 강도시대부터 민간에서는 부채꼴 형태의 논배미를 지속적으로 조성해 왔기 때문에 바다와 인접한 이들 논배미의 경계만 보강한다면 장거리의 제방 축조도 그리 어렵지 않은 상황이었다.

섬지역의 특성 상 간척의 성패를 좌우했던 것은 농업용수의 안정적인 확보였다. 김방경의 위도간척 사례에서도 알 수 있듯이 용수부족의 어려움을 해결하기 위해 못을 조성하고 빗물을 저장해 활용했던 방안은 교동도의 수리관개에도 그대로 적용되었을 것이다. 이전부터 사용해 온 시설가운데 빗물과 소량의 계곡수를 모아들이는 둔병을 비롯해 샘과 동답은 전통시대의 농경에 절대적인 역할을 수행하였다. 섬 안에 있는 이들 설비의 정확한 수는 알 수 없지만, '옥獄 아래 동洞'이 위치한 고구리 등 비교적 집수면적이 넓은 화개산 일대에 집중되었을 것으로 보인다.

문헌에 나타나는 기록만으로 고려시대 교동도에서 추진되었던 간척사업의 범위를 정확히 판단하기는 어렵다. 다만 조선 초기의 기록인 『세종실록』에 따르면 교동도의 크기가 동서 22리, 남북 29리로 표기되어 있어 15세기 중엽 이미 하나의 섬이 되어 있었던 것으로 보인다. 또, 당시 교동도의 간전墾田이 1,986결結이라 하였고, 그 중 수전水田은 전체 간전 면적의 2/3가 조금 안되었다고 기록하고 있다.[17] 이는 당시 강화도의 간전

---

12 황규열 편저, 『교동사』, 140~142쪽.
13 임용한, 「14~15세기 교동의 군사적 기능과 그 변화」, 『인천학연구』 3, 인천대 인천학연구원, 2003, 6~7쪽.
14 『고려사』 권133, 「열전」 46, 신우 1.
15 『고려사』 권113, 「열전」 26, 최영전.
16 최영준·홍금수, 위의 글, 539쪽.

5,606결의 1/3정도에 불과했지만, 강화도의 면적이 교동도의 6.5배에 달하는 것에 비하면 그 규모가 상당하다는 것을 알 수 있으며, 거의 모든 간전이 해안 저습지를 간척하여 만들어진 농지로 보아도 무방할 것이다.

고려 중기 민간의 주도로 시작된 교동도의 간척은 고려 말 왜구의 침략에 대비하여 식량증산과 병력확충을 목적으로 한 국가적 사업으로 확대되었다. 그 결과 화개산, 율두산, 수정산을 중심으로 크게 세 개의 섬으로 분리되어 있던 교동도를 하나의 섬으로 연결시킬 수 있었다.

4. 간척기술의 발달과 간척지의 확장

현재 전해지는 교동도의 고지도 대부분이 조선후기에 제작된 것이기 때문에 조선시대 어떠한 과정을 거쳐 간척이 추진되었는지 확인하기는 쉽지 않다. 뿐만 아니라 간척과 관련된 문헌기록도 남아있는 것이 거의 없는 편이다. 그저 몇몇 지지地誌류에 수록된 제언堤堰 관련 기사로 대강의 윤곽만 파악할 수 있을 뿐이다.

고려시대와 마찬가지로 조선 초기에는 오랫동안 버려져 있던 황무지를 개간하여 농업 생산량을 높이는 것이 초미의 관심사였다. 교동은 수군만호가 파견되어 통제력이 회복되고, 국가적으로 개간 장려를 위한 면세와 감세안이 발표되면서 새로운 국면을 맞게 된다. 개간지에 대해서는 첫 해에 면세하고 이듬해 규정액의 반액을, 그 다음 해부터 전액을 징수한다는 혜택이 주어지면서 농경지의 개발이 활기를 띠기 시작했다. 그러나 고려시대 해안 저습지를 간척하여 농경지를 확장했던 교동도의 경우 조선 전기 이렇다 할 간척사업은 진행되지 않았다. 다만, 15세기 초 경기도 일대에 심각한 가뭄이 들자 경기도관찰사 허지許遲는 구황사목救荒事目을 올려 가뭄의 근본적인 문제해결책으로 섬에 제방을 쌓고 수리시설을 마련할 것을 건의했던 것에서[18] 교동도에도 추가로 제방이 축조되었을 가능성을 배제할 수 없다.

17세기 중반 조정은 전란으로 황폐해진 경지를 확보하기 위해 대대적인 농지개간을

17　『세종실록』「지리지」, 경기 부평도호부 교동현.

18　『태종실록』 권30, 태종 15년 11월 15일.

단행하였는데[19] 초기에는 국고의 부족으로 진전陳田 개간에 주력하였고,[20] 전란의 충격에서 점차 벗어나면서 축언을 통한 해안습지의 간척사업이 활기를 띄게 되었다. 현종 즉위 후 가뭄이 계속되자 1662년(현종 3) 조복양趙復陽의 건의에[21] 따라 제언의 관리와 축언을 관장할 제언사堤堰司가 설치됨과 아울러 진휼청賑恤廳에서는 총 16조의 제언사목堤堰事目을 반포하여 축언을 장려하였다. 또, 각 지방수령으로 하여금 제언의 실태파악 및 철저한 관리감독을 독려하기도 하였다.[22] 제언의 축조와 관리에 많은 관심을 보였던 조복양은 강화유수로 부임한 이듬해인 1664년(현종 5) 비축해둔 콩 5천8백섬[石]으로 역군을 모아 제방을 축조할 것을 건의하여 그 해 대청포언大靑浦堰 등 3곳의 축언築堰을 완료하였다.[23]

양난兩亂 이후 1679년(숙종 5)까지 강화도에 축조된 제방 8개 중 7개가 1656년(효종 7)부터 불과 20년 사이에 축조되는데[24] 1691년(숙종 17) 강화도 동쪽의 염하를 따라 외성을 축조하면서 함께 쌓은 제방까지 포함한다면[25] 강화도에는 17세기 후반에만 십수개의 제방이 축조되었고, 그만큼의 경지耕地가 확보되었다고 볼 수 있다. 이렇듯 17세기 후반 강화도에서 간척사업이 활기를 띄는 것은 효종 이후 강도 보장책이 적극적으로 추진되었던 것과 관련이 있다. 강화도의 연변을 따라 12진보가 설치되자 여기에 투입할 군졸들이 필요하였고, 이에 따라 경작이 가능한 농지農地를 충분히 확보하여, 군역의 근간을 이루는 백성들이 들어와 살 수 있도록 해야 했던 것이다.

강화도의 예와 같이 교동도의 간척사업이 활기를 띠기 시작했던 것도 17세기 후반이었을 것으로 보인다. 정묘호란 직후인 1629년(인조 7) 남양부 화량진에 있던 경기수영을 이곳으로 이전함과 동시에 교동현을 도호부로 승격시켰다. 그리고 교동부사가 경기수사를 겸하게 하는 한편, 고구리에 있던 관아를 읍내리로 이전하였다. 이와 함께 경기도의 해방을 책임질 병력 확보가 필요했고, 그 방안으로 해안 저습지의 간척을 통해 경작지를 확충하여 둔전으로 활용하고자 했던 것이다. 18세기 중엽 동면 구산리龜山里와 북면 돌

<hr>

19 이경식, 「17세기의 토지개간과 지주제의 전개」, 『한국사연구』 9, 한국사연구회, 1973.
20 최영준, 앞의 책, 189쪽.
21 『현종개수실록』 권6, 현종 3년 1월 18일;『비변사등록』 22책, 현종 3년 1월 18일.
22 『비변사등록』 22책, 현종 3년 1월 26일.
23 박헌용, 『속수증보강도지』 상 제언.
24 배성수, 「숙종초 강화도 돈대축조의 의의」, 『조선시대사학보』 27, 조선시대사학회, 2003, 137쪽.
25 이형상, 『강도지』 하 제언.

곶리乬串里에 영산제언榮山堤堰, 염주동제언鹽州洞堤堰을 각각 축조한 결과 섬 중앙으로 넓게 펼쳐진 평야지대를 확보할 수 있었다.[26]

18세기말 교동부의 인구는 7,570명으로 인근 고을인 강화 34,231명, 인천 14,566명, 부평 11,589명 등에 비하면 적은 규모였지만[27] 면적대비 인구수는 가장 높은 비율이었다. 그러나 이러한 수치가 19세기에도 큰 변화 없이 비슷하게 유지되고 있다는 사실에서 17세기 중반부터 본격적으로 시작된 해안저습지 간척사업이 이 시기가 되면 어느 정도 마무리되었음을 알 수 있다.

5. 일제강점기 대규모 농장의 개발

18세기 중엽을 정점으로 답보상태에 있던 교동도의 간척사업은 한일병합 이후 다시 활기를 띠기 시작한다. 일제강점기 교동도에서 행해진 주요 간척활동은 토지개량사업의 일환으로 추진된 야마자키山崎 농장의 조성으로 대표된다. 일본은 자국의 식량문제를 해결하기 위하여 조선산미증식계획을 수립하고 1920년부터 시행에 들어갔다. 산미증식 계획은 크게 토지개량사업과 농법개선사업으로 구분하여 진행되었다. 토지개량사업의 주 대상인 간석지와 저습지는 1924년 새롭게 제정된 조선공유수면매립령에 따라 진행되었는데 기본적으로 민간의 매립신청을 조선총독이 허가함은 물론 공사의 착수 및 준공 기간을 지정하고 공사가 완료되면 신청자에게 매립지의 소유권을 양도하는 절차가 확정되었다.

제도적 지원에 힘입어 수정산 아래 무학리 일대의 간석지는 일본인 사업가 사기사카 鷺坂主稅에 의해 간척이 시작되었다. 그는 150정보의 간석지를 대상으로 1929년까지 115 정보의 논을 조성하겠다는 매립계획을 조선총독부로부터 허가받았다. 그의 간척사업은 예정대로 순조롭게 진행되었으나, 준공을 얼마 남겨놓지 않은 1929년 소유권이 야마자 키 아츠시山崎篤에게 이전되었다. 결국 사기사카의 계획대로 개간·확보된 대규모 농경

---

26 김경옥, 「조선시기 교동 사람들의 입도와 축동·제언을 통한 토지개간」, 『도서문화』 32, 목포대학교 도서문화연구소, 2008, 261~262쪽.
27 『호구총수』 2책, 경기도.

지는 새로운 토지주 야마자키에 의해 대농장으로 경영되기 시작하였고, 야마자키농장이라는 이름도 붙게 되었다. 무학리 일대에 대규모 농장을 확보했던 야마자키는 그 후두 차례에 걸친 공유수면 매립을 통해 경작지를 늘려나갔다. 1930년대 교동도의 야마자키농장에는 3명의 일본인 관리와 소작인 일부가 거주할 수 있는 8채의 가옥과 미곡창고등이 있었다고 한다.

이처럼 일본인 지주들이 교동도의 간석지나 해안저습지의 간척을 통해 대규모의 경작지를 확보하고 이를 농장의 형태로 운영하여 막대한 부를 축적했다는 소문이 돌자 조선인 부호들도 교동으로 모여들기 시작하였다. 1930년대 황해도 연안延安 일대에 대농장을 경영하고 있던 개성의 부호 한명석韓明錫은 교동도의 간척사업에 관심을 갖고 1938년10월 교동 난정리 일대의 21정보를 간척하겠다는 허가를 얻어냈으며, 2년 뒤에는 자금력을 동원하여 야마자키농장을 인수하기도 하였다. 야마자키농장으로 대변되는 일제강점기의 간척사업은 주로 무학리와 난정리 일대에서 추진되었는데, 이 곳은 지금도 '농장들'로 불리고 있다.[28]

전통시대 교동 사람들은 농경수가 부족하여 간척지를 논으로 이용하지 못하고 밭으로 이용해왔다. 따라서 간척지의 규모에 비해 농업생산량은 그다지 많은 편이 못되었다. 이러한 교동도에 농업용수 확보를 위한 저수지가 정비된 것은 일제강점기였다. 무학리, 난정리, 고읍리 등 조선시대 간척이 완료되었던 지역이나 일제강점기 대농장이운영되고 있던 지역들이다. 교동도의 선주민들은 농경수와 토지를 마련하기에 적합한곳인 무학리, 난정리, 고읍리 등에 정착하였고, 18세기의 섬 주민들은 이 공간에 제방을건설하여 대규모 간척지를 조성하였다. 그리고 20세기 이 장소에 저수지를 설치하여농경수를 확보하자 농업생산량은 급증하게 되었다.[29]

6. 간척지의 안정적이고 집약적인 활용

1956년 7월 30일 교동도 전역을 대상으로 토지개량사업을 추진할 교동수리조합이

---

[28] 최영준 · 홍금수, 앞의 글, 546~548쪽.
[29] 김경옥, 앞의 글, 266쪽.

설립되었다. 조합은 방조제를 축조하고 수리시설을 확충하여 농경지를 확보하려는 목적에서 설립되었으며, 1961년 강화수리조합과 통합되었다. 교동도의 농경지는 간척사업의 결과로 생성된 것이기 때문에 방조제가 부실할 경우 조수의 피해에서 벗어날 수 없었다. 수리조합에서는 새로운 간석지를 개간하는 한편, 조수의 위험에 노출되어 있는 외곽 농경지의 보호하는 사업도 함께 추진하였는데 1964년 한 해에만 교동도의 해안으로 총 10.4km에 달하는 방조제가 축조되었다.[30]

1970년대 들어 교동도의 절대면적이 해마다 증가하기 시작하는데 그 계기가 되었던 것이 1976년 섬의 서남단에 건설된 서한리 방조제였다. 그 결과 1976년 45.23km²였던 섬의 면적이 1979년 46.25km²로 늘어나 불과 3년 만에 1km²의 농경지가 간척되었다.[31] 1980년대 이후에는 강화수리조합을 계승한 농업기반공사 강화지부에서 간석지의 개간과 간척평야의 운영을 담당하였다. 농업기반공사에서는 간척을 통해 새로운 농지를 확보하기 보다는 농로개설, 저수지 및 용배수로의 설치, 경지정리, 방조제 개보수 등 전반적인 농업기반시설을 확충하는 방향으로 사업을 추진하였다. 그 결과 1997년 이후 교동도의 절대 면적은 더 이상 늘어나지 않는 반면, 간척을 통해 확보한 농경지를 보다 안정적으로 이용할 수 있게 되었다. 이와 같이 최근에는 새로운 간척지를 조성하기보다는 이미 개간된 농경지를 보호하고 집약적으로 활용하는 쪽으로 사업 방향이 설정되고 있다. 양적인 성장에서 질적 개선의 단계로 전환되고 있는 것이다.

---

30 김득초 · 한도현, 『교동지』, 1976.
31 최영준 · 홍금수, 앞의 글, 552쪽.

참고문헌

『고려사절요』 권17, 고종안효대왕 43년 2월.

『고려사』 권104, 「열전」 17, 김방경전.

『고려사』 권113, 「열전」 26, 최영전.

『고려사』 권133, 「열전」 46, 신우 1.

『고려사』 권39, 「세가」 39, 공민왕 2.

『비변사등록』 22책, 현종 3년 1월 18일.

『비변사등록』 22책, 현종 3년 1월 26일.

『세종실록』 「지리지」, 경기 부평도호부 교동현.

『태종실록』 권30, 태종 15년 11월 15일.

『현종개수실록』 권6, 현종 3년 1월 18일.

『호구총수』 2책, 경기도.

강화군 군사편찬위원회, 『신편 강화사』 중, 2003.

김경옥, 「조선시기 교동 사람들의 입도와 축동·제언을 통한 토지개간」, 『도서문화』 32, 목포대학교 도서문
　　　화연구소, 2008.

김득초·한도현, 『교동지』, 1976.

박헌용, 『속수증보강도지』 상 제언.

배성수, 「숙종초 강화도 돈대축조의 의의」, 『조선시대사학보』 27, 조선시대사학회, 2003.

윤용혁, 「대몽항쟁기 고려무인정권의 강도생활」, 『최영희선생 화갑기념 한국사학논총』, 탐구당, 1987.

이경식, 「17세기의 토지개간과 지주제의 전개」, 『한국사연구』 9, 한국사연구회, 1973.

이형상, 『강도지』 하 제언.

이화여대 사회생활과, 「교동조사보고」, 『綠友會報』, 1981.

인하대학교 한국학연구소, 『교동향교지』, 교동향교, 2012.

임용한, 「14~15세기 교동의 군사적 기능과 그 변화」, 『인천학연구』 3, 인천대 인천학연구원, 2003.

장동호, 「교동 해안의 지형경관」, 『제2차 전국자연환경 조사보고서』, 환경부, 2000.

최영준, 『국토와 민족생활사』, 한길사, 1997.

최영준·홍금수, 「강화 교동도의 해안저습지 개간과 수리사업」, 『대한지리학회지』 38-4, 2003.

황규열, 『교동사』, 교동문화연구원, 1995.

교동도 근대역사 : 한국전쟁과 전쟁이 남긴 것*

김귀옥
한성대 교양학부 사회학 교수, 한국구술사학회 부회장

1. 머리말

2014년 7월 1일, 교동 역사상 가장 획기적인 일 중 하나가 일어났다. 교동 역사 이래로 처음으로 다리로 건널 수 있게 되었다. 교동의 역사에 참여하고자 하여 7월 중순 글쓴이도 교동대교를 건넜다. 이 다리를 건너던 잠시 많은 생각이 교차했다. 만일 64년 전 한국전쟁 당시 그러한 다리가 있었다면 그토록 많은 사람이 죽거나 다치지 않았을 것이고, 정전 후 교동면민 간에 잠복된 갈등과 아픔도 없었을 것이고, 교동의 긴 침묵도 없지 않았을까하는 생각이 떠올랐다. 섬이지만, 어업인구가 없는 지역이 바로 교동이다. 〈그림 1〉에서 보듯 섬 내부로는 시원하게 펼쳐진 평야가 있지만, 철책과 해병대 초소로 둘러싸인 바다에 민간인들은 비밀스런 구멍을 통해야 들어갈 수 있을 뿐이다. 김기덕의 영화 『해안선』(2002)처럼 해병대 군인들의 살벌한 감시와 긴장이 바다와 철책의 경계에 감돌고 있다.

* 이 글은 김귀옥의 「지역의 한국전쟁 경험과 지역사회의 변화-강화도 교동 섬 주민의 한국전쟁 기억을 중심으로-」(『경제와사회』 통권71호, 2006)와 「지역 사회에서 반공이데올로기 정립을 둘러싼 미시적 고찰-해방 직후~1950년대 인천시 강화군 교동면의 사례-」(『전쟁의 기억 냉전의 구술』, 선인, 2008), 「한국전쟁과 이산가족 : 지역에서의 이산가족의 기억과 고통」(『동아시아의 전쟁과 사회』, 한울, 2009)과 「한국전쟁기 강화도에서의 대량 학살사건과 트라우마」(『전쟁과 국가폭력』, 선인, 2012) 등을 토대로 작성하였음을 밝혀둠.

〈그림 1〉 교동 평야의 가을

　교동의 이러한 현실을 말하는 데 한국전쟁과 1950년대를 빼놓을 수 없다. 한국전쟁은
한국의 대부분의 지역을 할퀴고 지나갔다. 교동도 예외가 아니었다. 한국전쟁은 가시적
으로는 교동의 지형적인 특성을 바꿨다. 또한 사회적 관계를 바꾸었다. 한국전쟁 전까지
만 해도 비록 가난했지만, 동족촌을 배경으로 끈끈한 인맥으로 상호부조 하는 정신이
남아 있었다. 그러나 전쟁이 끝나면서 사회적 관계가 변모되었고, 친척이나 이웃은 남보
다 못한 존재가 되기도 했다. 1970년대 교동에 전화 사업이 이루어지고, 1980년대 농업
지역으로 탈바꿈되어 교동쌀 하면 백화점에서도 고급 쌀로 통할 정도가 되었다.

　교동에 대한 관심은 글쓴이의 분단 프로젝트의 일환이었다. 글쓴이는 전쟁이 한국
현대사와 사회에 미친 영향을 발견하기 위한 연구목적으로 2006년부터 2008년 3년에
걸쳐 강화군과 교동면에 대한 현지조사와 교동주민들의 구술생애사 조사를 실시했다.
이 글은 강화군 교동면 관련 1차 자료와 교동 구술생애사 조사에 참여했던 사람 중

15사람의 구술생애담을 토대로 집필되었다. 그들의 간단한 인적 사항을 조사일자 순서대로 소개하면 다음과 같다.

〈표 1〉 강화군 교동면 관련 구술자 인적 사항

가명	출생년도	성별	출생지	현거주지	직업/직위
훈정	1934	남	교동 동산리	교동 동산리	농업
봉철	1937	남	황해 연백군	교동 대룡리	자영업/농업
철식	1935	남	교동 상룡리	교동 상룡리	농업/교회 장로
종철	1936	남	교동 상룡리	교동 상룡리	부업－낚시업, 부인－전통공예
경민	1935	남	교동 인사리	교동 인사리	농업/사회단체간부
희자	1939	여	교동 읍내리	교동 인사리	농업/주부
영환	1921	남	교동 읍내리	교동 읍내리	퇴직교육자/부업－농업
경민	1935	남	교동 인사리	교동 인사리	농업
길영	1933	남	교동 삼선리	(부부) 교동 삼선리	농업, 정미업, 사회단체간부
연임	1934	녀	교동 삼선리		농업
인장	1933	남	교동 인사리	교동 인사리	농업, 사회단체간부
남산	1929	남	교동 읍내리	(부부) 교동 읍내리	농업, 사회단체간부
서영	1934	녀	교동 서한리		주부, 사회단체간부
정인	1933	남	교동 대룡리	교동 대룡리	상업, 정당인, 사회단체간부
'ㄱ'목사	1965	남		교동 상룡리	목사

2. 열린 섬에서 닫힌 섬으로 : 한국전쟁에 의해서 바뀐 교동도

한국전쟁 과정에서 강화군 교동면은 여러 가지 변화를 거쳤다. 2014년 7월 1일 교동대교가 개통되기 전까지만 해도 정기선 배가 없으면 교동은 출입이 허용되지 않는 지역이었다. 그런데 한국전쟁 전의 교동은 상황이 달랐다. 다시 말해 적어도 교동면은 한국전쟁 전까지만 해도 현재보다 훨씬 더 중요한 정치경제적 위상을 가지고 있었다. 크게보면 교동은 고려조와 조선조에서는 예성강, 임진강, 한강으로 통하는 입구[1]라는 지정학

---

1   황규열 편, 『교동사』, 교동문화연구원, 1995, 14쪽.

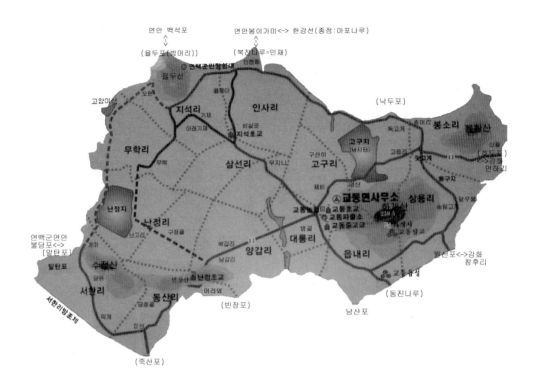

〈그림 2〉 인천시 강화군 교동면 지도
* 지금은 기능을 상실한 포구 등은 ( )로 표시하였음. 출처 : 교동면사무소 게시 사진(2006. 1. 12 촬영)을 재구성함.

적 위치를 점하고 있다는 점에서 정치, 군사적 교통로로서 의미를 가진다. 그 예를 해안
선의 길이 37.2km를 가진 크지 않은 섬 교동이 적어도 10개 이상의 포구浦口 및 나루(진,
津)를 갖고 있다는 점에서 발견할 수 있다.

　　과거 교동의 포구로는 〈그림 2〉에서 보듯 남산포, 월선포, 호두포, 낙두포, 율두포,
말탄포, 죽산포, 빈장포 등이 있고, 동진나루와 북진나루가 있다(재인교동면민회 엮음, 1995
: 26~27).[2] 교동면 동산리의 훈정의 증언을 통하여 한국전쟁 직전까지 포구로서 활발하게
역할 하였던 교동 서남쪽에 위치한 죽산포의 풍경을 엿볼 수 있다.

2

에-저-이 '교동' 우리 '동산리'-여 '죽산포'-라고 있어. '죽산포' 거기 포구야. 포군데… 이-6·25-그니깐-어 휴전되고 나서도 그 '죽산포' 앞 바다로 배가 댕겼어. 거 저-어로 저지선이 여기 지금 생겨 있거든. 그 어로저지선이… 6·25 나고 후에 에-휴전되고 나서도 어로저지선이 없었어요. 내 중에 간첩선이 자꾸 그 왕래를 하기 때문에… 왕래가 아니라 출몰을 한 거죠. 출몰하니깐 어로저지선이 생긴 거야. 그래서 옛날에는 그 어로저지선 생기기 전에는-이쪽-잇 그-어장이 여기 이 지금 이쪽 해변. 해변 이쪽으로도 어장이 어 저기 새우젓 잡고 하는 배들이 아주 꽉 들어차고 그랬어. (……) 근데 이쪽 포구로 '서울,' '마포' 여기서 배가 저 '서울,' '마포'로 드나들었어. '죽산포'가 그랬어. 그… 저-서해안 저 '연평도' 거긴 그 그땐 거기가 저 그 조기 고장 아니야? (……) 그때는 '연평도'가 조기 고장이거든. 서해 '연평'에서 조기 싣고 들어오면 그루 '죽산포'로 와서 하루 저녁 자고 간 거야. 여기 여기가 이제 말하자면 중간-포구야. 그러니까… 그래가지고 거기가 '죽산포'가 술집도 많고. 거 기생들도 많고. 아주 유명한 포구였었다고… 일제시대 때도 그렇지만은. 해방되고 나서도… (……) 왜 죽산포냐? 배가 대나무처럼 들어차 있기 때문에. 배 돛대가 대나무처럼 말이야. 그냥 들어 붙여 가지고 이름이 '죽산포'다 그거에요.

훈정 구술

10여개의 포구 가운데 한국전쟁 이래로 동남쪽의 '월선포'(교동~강화)가 유일하게 민간인들에게 개방되어 있고, 남산포는 군사적 이유로 개방되어 있을 뿐 다른 지역들은 포구로서의 역할을 중단당하고 말았다.[3] 교동 죽산포 지역에 살았던 훈정을 비롯한 이 지역 사람들은 잃어버린 시간에 대해 어처구니없어 했다. 또한 교동면 인사리의 경민의 할아버지와 아버지는 동양기선주식회사를 설립하여 해운업을 했는데, 항로는 인천~인사리 북진나루~연백군(현 황해도) 백석포를 다녔다(경민 구술).[4] 또한 서울로 가는 길도 현재 월선포를 건너 강화와 김포를 거쳐 서울을 왕래하는 것과는 전혀 다른 길이 유용하게 사용되었다. 교동 삼선리에 거주하는 길영의 증언에 따르면 다음과 같다.

---

3   "선박안전조업규칙"(제정일 2000. 8. 9)에 따르면 '교동도 읍내리 남산포항 선착장 최끝단'은 서해 어로한계선으로 지정되어 있다. 다시 말해 두 지역을 제외하고 교동에서는 어느 포구도 과거 항구로서 역할을 할 수 없도록 되어 있다.

4   김귀옥, 「지역의 한국전쟁 경험과 지역사회의 변화－강화도 교동 섬 주민의 한국전쟁 기억을 중심으로－」, 『경제와 사회』 통권71호, 2006.

(삼선리) 집에서 떠나 인사리에서 인사리로 타가지고, 저-거기가 어딘가? 할미대[5], 저 이북 땅이죠. 지금 개성 아래 거기 대고 그 다음에 거-가는 경로가 다 있는데 그 다음엔 어딘지 다 몰라요, 그리고 저-김포 대고, 그 다음에 한강으로 들어가서 마포에 대요. 거기 가 종점이었어요.   길영 구술

해방 공간 서울에서 선린중학교를 다녔던 길영의 증언은 과거에 존재했던 '한강선'의 실재를 짐작하게 한다. 한강선은 마포 ⇒ 선이봉(영등포) ⇒ 염창(염창동[6]) ⇒ 영정포(개풍) ⇒ 당머리(개풍) ⇒ 고미포(개풍) ⇒ 인사리(교동)를 종착포구로 하여 한강선이 하루 1회 편도 운항을 하였다.[7]

요약컨대 역사적으로 볼 때, 조선시대까지 교동은 군사적 거점으로 중요성을 가지고 있었고, 일제 강점기까지 행정적 위상은 군에서 면으로 격하되었으나 바다와 육지를 잇는 교동의 거점으로서 의미를 가지고 있다. 그러나 분단이 되면서 교동은 황해도 연백군의 바로 밑에 위치한 접경지대이면서 〈그림 3〉과 〈그림 4〉에서처럼 군사상 철책으로 둘러쳐진 '민통선' 지역으로 분류되면서 교동은 강화도에 부속된 작은 면단위 섬에 불과하게 되었다. 2014년 교동대교가 열리기 전까지 1960년대 이래로 교동은 오로지 강화도 창후리로 가는 남서쪽 항로만 열려 있고, 다른 모든 항로는 차단당하게 되었다. 전쟁 이래로 분단된 휴전선 직하의 민통선을 가진 섬 교동은 닫힌 섬이 되어 있다.

* 참고: ⚓ 는 해안 군철책 표시임.

〈그림 3〉 철책으로 둘러싸인 강화도 일대

---

5   경기도 개풍군(開豊郡) 북면 바닷가 지역에 '할미펄'과 암석인 할미대가 있다. 설화가 담겨져 있는 지명이다. 참고
    : http://www.burimhong.pe.kr/jaryo%20room/4-1%20kyunggi%20do.htm
6   염창동은 조선시대에 서해안의 염전으로부터 채취해 온 소금을 서울로 운반하는 소금배의 뱃길 어귀인 이곳에 소
    금보관창고(염창동103번지 근방)를 지었기 때문에 염창동(鹽倉洞)이란 동명(洞名)이 유래되었다고 한다.
    염창동사무소 홈페이지(http://www.gangseo.seoul.kr/portal/dong/1001/index.jsp) 참조.
7   재인교동면민회, 『교동향토지』, 재인교동면민회, 1995, 27쪽.

<그림 4> 교동에 드리워진 민통선

　다음으로 교동은 한국전쟁을 거치는 동안, 교동의 중심이 바뀌게 되었다. 대부분의 면단위 지역에는 크기에 상관없이 면 소재지가 중심지로 인식되고 있다. 2015년 현재 교동면 역시 면소재지가 있는 대룡리가 정치적, 사회문화적 중심의 역할을 하고 있다. 앞의 <그림 2>에서 보듯 현재 면사무소와 파출소, 농협 등의 각종 기관이 교동면 대룡리에 소재하고 있다. 교동을 방문하여 관찰하면 전반적 농촌 분위기 속에서도 대룡리에는 일정 정도 상권이 형성되어 있음을 목격할 수 있다. 면사무소나 파출소 등은 1948년 이래로 지금까지 이곳에 위치하고 있다. 우체국이나 100년의 역사를 가진 교동초등학교, 1954년 설립된 교동중학교, 1972년 개교한 교동고등학교, 각종 기관이나 시장, 상점, 주유소, 연쇄점, 유흥업소, PC방 등이 위치하고 있다.

　그런데 교동면에서 가장 흥미를 끄는 지명 중 하나가 '읍내리邑內里'이다. 또한 읍내리에는 '교동읍성喬桐邑城'과 '남문南門'의 흔적이 있다. 조선시대 이래로 1914년 이전까지는 교동군이었고, 그러한 사실은 1899년의 『교동군읍지喬桐郡邑誌, 광무 3년 5월』에 잘

반영되어 있다. 교동군이던 시기 교동읍이 소재한 곳은 읍내리였고, 그런 사실은 1945년 해방이후 1948년까지는 계속되었다. 특히 읍내리의 하위 마을인 '성내동城內洞'과 '사하동' 가운데 성내동이 교동 권력의 중심이었다. 과거 성내동에는 교동현감이 머물던 관청이나 감옥서, 대운관, 이사영, 근민당, 백화당, 교련관청, 훈련청, 포도관청, 형옥 등의 많은 관아가 있었다.[8]

　일제시대 이래 교동의 주요 기관에 대한 소개를 『교동향토사』[9] 등을 기초로 하여 소개하자면 다음과 같다.

교동면사무소

　1910년 일제 강점 후 교동은 4개면 13개리로 행정구획이 변경되었다가 곧이어 1914년 교동군이 강화군과 합군되면서 동서남북 면을 화개면과 수정면 2개면으로 나누었다. 당시 화개면 사무소는 읍내리 성내동에 두었고, 수정면 사무소는 현 난정리에 속하는 구정부락(구정골)에 두었다. 다시 1934년 화개면과 수정면을 합쳐 교동면이 되면서 화개면에 사무소를 사용하다가 1948년 대룡리로 이전하였다. 이러한 역사적 과정은 교동의 위세가 격화(격하)되는 과정을 단적으로 보여주고 있다.

교동지서

　교동 지서는 1911년 강화경찰서 교동경찰관 주재소로 설치되었고 당시 일본인 경찰관과 헌병 10여명이 치안을 담당하였으며 1919년 3·1운동 직후 난정리에도 주재소를 두었다가 1922년 철수하였다. 1945년 해방과 더불어 교동지서로 승격하고 8~9명의 경찰관으로 치안을 담당하다가 1948년 교동면 사무소가 대룡리로 이전하면서 교동지서도 이전하여, 현재는 파출소로 불린다.

8　재인교동면민회, 앞의 책, 1995, 47~48쪽.
9　위의 책, 49~51쪽.

교동 금융조합

교동 금융조합에 관한 기록은 전무한 편인데, 교동 금융조합은 1920년경에 교동 읍내리 교동부사 자리에 설치되었고, 1955년 금융조합이 해체되어 강화농업은행 교동지서로 개칭되었다. 그 후 1959년 군농회와 축산농업조합을 통폐합하여 농업협동조합으로 개칭하고, 1973년 대룡리로 이전하였고, 현재는 연쇄점도 갖춘 규모로 성장하였다. 협동조합장은 교동에서 유일하게 직선제 기관장에 해당된다.

교동의 교육기관

교동의 전통적인 교육기관이라고 할 수 있는 교동향교의 설립원년에 대해서는 정확한 기록이 없고, 대략 충렬왕 12년(1286) 중국을 다녀오던 김문정 등의 유학자가 교동을 일시 방문하여 교동향교에 기착하였다고 하여 교동 사학자들은 고려 인종 5년경인 1127년에 건립된 것으로 추정하고 있다. 원래는 화개산 북쪽에 있었으나 조선조 영조 17년(1741)에 현재의 위치로 이건하였고, 고종 27년(1890)에 동서 제실을 중건하였고, 1931년 대성전을 중수하였다.[10] 향교는 교동의 현대 교육 기관인 교동국민학교와 중학교를 배출한 산파역을 하였다.

교동국민학교는 광무 6년, 즉 1906년 설립되어 100년의 역사를 가지고 있다. 국민학교는 처음 읍내리 교동향교 내에 사립 '화개농업학교'로 설립되어 1911년 사립 '교동보통학교'로 개칭하였으며, 1912년 3월 '교동공립보통학교'가 되었다. 그 사이 교사를 읍내리 성내동으로 옮겼다가, 1926년 12월에 이르러 대룡리로 이전하였다.

1930년대에는 난정리에도 교동공립국민학교 부설 난정 간이학교를 세우고, 1946년에는 상방분교, 지석분교를 개설하게 되었다. 현재 교동에는 교동초등학교 외에도 난정초등학교(난정리 소재), 지석초등학교(삼선리 소재) 3개소가 있다.[11]

그밖에 교동우체국도 1904년 설립 당시 처음에는 읍내리 이사영(중영청) 청사를 사용하였다가, 1970년대 이후 대룡리로 이전되었고 전신전화 업무도 시작되었다.

---

10 재인교동면민회, 『교동향토지』, 재인교동면민회, 1995, 65쪽.
11 교동초등학교100년사편집위원회 엮음, 『교동초등학교백년사』, 교동초등학교총동창회, 2006, 44~45쪽.

교동의 위상은 과거 전략적 요충지에서 현대에 이르러 강화군의 일개 섬으로 격하되었다. 조선조 이래로 교동의 중심이었던 읍내리의 남산포에는 '사신관'을 세울 만큼 중국과의 거래에서 중요성을 가지고 있었고, 일제 강점기에도 정치, 경제, 교육, 문화의 중심지로서 위상을 갖고 있었다. 그 흐름은 대략 해방과 전쟁 기에도 지속되고 있다. 그러나 해방되면서, 특히 1950년대 한국전쟁을 거치면서 교동의 중심은 읍내리에서 대룡리로 바뀌었다.

1950년 겨울 이래로 군정시기에 돌입하면서 교동의 모든 권력은 정규, 비정규 군대에 집중되었다. 유격대로서 을지병단, 타이거여단, 군첩보 계통인 KLO(흔히 켈로부대), 이글부대, 파라슈트부대, RP대 등이 있었고, 1950년대 후반에 해병대가 교동에 들어오면서 다른 군부대들은 사라진다. 전쟁 당시 가장 권력이 막강했던 부대는 유엔군 산하 8240[12] 유격대 타이거여단이었으나 그들은 정전협정 이후 정규부대인 한국군 8250부대로 변모하게 된다.[13] 읍내리 김석홍 씨의 집에는 방첩대 본부가 주둔했고(남산 구술), 인사리 친일파 부자로서 해방 후 서울로 피신을 한 황남용 씨의 집에는 8240부대 대대본부가 주

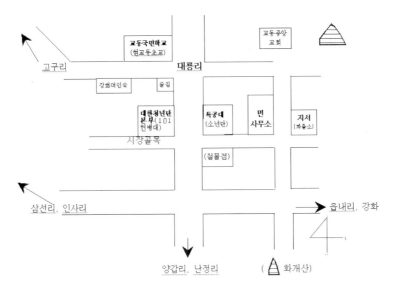

〈그림 5〉 1950년대 대룡리 소재지의 모습 ＊ 정인과 봉철 등의 구술을 토대로 재구성.

---

12 8240부대편성표와 부대원명단이 현재 대구의 경북지방병무청에서 정부기록보존소로 이관되어 영구보존문서로 지정되어 있다(조이현, 「한국전쟁기 '8240부대편성표'와 '8240부대원명단'」, 『기록보존』 12호, 1999, 225~232쪽).
13 8240강화독립부대 유격군동지회 엮음, 『8240』, 같은 곳 펴냄, 2004, 8쪽.

둔하였다(인장 구술).

또한 전시 사회적 권력으로서 대한청년단, 치안대와 소년단 등이 존재하였다. 한국전쟁 초반에는 읍내리와 대룡리가 주요 거점이 되었다가 한국전쟁이 정전되면서 중심이 대룡리로 모아졌다. 1950년대 대룡리 소재지의 모습을 보면 〈그림 5〉와 같다.

1950년대 대룡리 모습에서 우선 눈에 띄는 기관이 '특공대'사무실(소년단사무실로 같이 씀)과 '대한청년단' 본부 등이다. 그 기관들은 1950년대 전후에 사라지지만, 교동 사회에 깊은 영향력을 미쳤다.

3. 한국전쟁과 슬픈 섬, 교동도

이제는 교동 사람들의 이야기를 해보도록 하자. 기록상으로 조선시대 교동에는 대략 7천여 명[14]이 살던 곳이었다. 교동은 조선조 이래로 교동의 동족 간 결속이 강했던 지역이었다. 예로부터 교동의 '세거씨족世居氏族'으로는 고高, 인印, 전田, 안安의 4개 성이 주로 거주하였다고 한다. 1990년대에 오면 교동에는 황(창원 황씨), 한(전주 한씨), 전(안동 전씨), 권(안동 권씨), 방(온양 방씨)의 5성이 많은데, 이들이 교동에 거주한 것도 수세기 전이라고 한다.[15] 수 세기 전부터 통혼권은 교동 내에서 주로 이뤄졌다. 교동 주민들은 대개 리 밖에서 상대방을 찾지만, 리 안에서도 타성일 경우 성사되었다. 그러한 통혼권의 근본적인 제한으로 인해, 교동 섬 전체가 친, 인척으로 얽히게 되었다. 이러한 사실은 한국전쟁 시기 학살 등의 문제에 얽힌 상황을 특수하게 만드는 요인이 되기도 한다.[16]

한국전쟁 당시인 1951년의 유엔민사처 자료에 따르면 교동인구는 29,764명으로 가히 폭발적 증가율을 보이고 있다. 구체적으로 보면 교동 원주민은 10,505명, 피난민수는 19,259명으로 기록되어 있다.[17] 그렇다면 피난민은 누구였고, 어디에서 온 것일까? 강화도 본도에서 피난오지 않았다면 교동에서 2~3km 거리에 있는 연백군에서 왔을 가능성

---

14 황규열 편, 앞의 책, 1995, 55~56쪽.
15 재인교동면민회, 『교동향토지』, 재인교동면민회, 1995.
16 김귀옥, 「지역의 한국전쟁 경험과 지역사회의 변화-강화도 교동 섬 주민의 한국전쟁 기억을 중심으로-」, 『경제와 사회』 통권71호, 2006, 40~71쪽.
17 김귀옥, 「한국전쟁기 강화도에서의 대량학살사건과 트라우마」, 『전쟁과 국가폭력』, 선인, 2012, 30쪽.

이 있다. 현재는 연백군은 북한 지역이지만, 해방 당시에는 38선 이남지역이었고, 〈그림 2〉에서 보듯 예로부터 교류가 많던 지역이었다. 과거 교동은 식량난을 종종 겪었는데, 식량이 부족할 때나 초등학교 졸업 후 진학을 위해 대개 교동 주민들은 연백이나 개성 등으로 갔다. 교동은 연백과 교류가 많았고, 이웃지역으로 여기며 살았다. 그러나 한국전쟁 동안 연백주민들이 교동으로 들어올 때는 피난민이자, 점령자로 들어왔다. 그들은 유엔군 직속의 특공대원이 되었고, 교동에서 유엔군 직속 부대원들에 의해 야기된 약탈, 감금, 살인사건이 1952년 11월 11일 국회 본회의까지 보고되었다.[18] 이 일을 알기 위해서는 우선 해방 전후의 분위기를 알 필요가 있다.

대개 지역사를 연구하는데 중요한 자료 중 하나가 향토지이다. 그러나 대부분의 향토지들에는 해방 후부터 전쟁 시기까지 기록이 대단히 소략할 뿐만 아니라, 그나마 있는 전시부분은 반공일변도의 투쟁 기록으로 채워져 있다. 강화군의 경우도 예외가 아니다. 2003년 제작된 강화군 군사편찬위원회의 『신편 강화사』에도 반공 활동만 다루었을 뿐 전쟁 전후한 시기 민중들의 삶에 대한 언급이나 지역 갈등의 여러 가지 양상에 대해서는 언급되어 있지 않다.

교동 관련 지역의 기록물 가운데, 비교적 자세하게 현대사의 단면을 다룬 기록물인 『교동향토지』 제3절(271쪽 이하)에는 해방 전후부터 한국전쟁 중에 대한 흥미로운 기록이 있다. 1919년 3·1독립운동 당시 교동의 주동자 11사람과 함께 일제 독립운동을 했던 사람들로서 다음 세 사람을 꼽았다.

　　　※ 황인섭, 조준홍, 황의진
　　위 세 사람은 왜정 때 삼총사로서 서울에 가서 중학 공부를 하다가 3·1운동 당시 독립투쟁에 가담하여 학생 신분으로 옥고를 치르는 등 민족정기를 일깨워 주는 선도자가 되었었다.[19]

　　해방이 되면서 사상적인 논쟁이 가열되어 국토가 남북으로 분단되면서 황인섭과 조준홍

18　최태육, 「강화군 민간인학살 : 유격대 교전지역에서의 학살」, 『전쟁과 국가폭력』, 선인, 2012, 76쪽.
19　사실 관계에서 이 기록은 문제가 있다. 'ㄱ'목사의 증언에 따르면, 황인섭은 1911년생으로서 1919년에는 9살에 불과했고 그의 단짝인 조준홍 역시 비슷할 것으로 판단된다. 참고로 황인섭은 경성사범학교를 졸업한 후 일본 와세다 대학 법학부에서 공부를 했다고 한다.

은 좌익 지지자로 월북하고 황의진은 만주에서 돌아와 병사하였다.[20]

해방 후 병사한 황의진을 제외한 황인섭과 조준홍은 교동 사회에 어떤 영향을 미치게 될까? 특히 황인섭은 교동의 한학자 황용익[21]의 아들로서도 이 지역 사회에서는 유명하며, 한국전쟁 중, 황인섭은 경기도 인민위원장으로 활동한 것으로 구술자들은 전하고 있다. 조준홍 역시 지역 사회에서 영향력이 상당히 컸던 것으로 알려지고 있는데, 과연 그들은 지역에 어떤 영향을 미쳤고, 그것이 어떻게 나타나고 있는가?

같은 책의 해방 당시에 대한 기록에는 다음과 같은 내용도 있다.

> 교동 농민조합 조합장은 김봉용 씨로, 이 사람은 장사일 뿐 아니라 키가 7척이요 눈이 부리부리하고 걸걸하면서도 상대를 위압하는 거인이다.
>
> 이 밑에 딸린 추종자는 내용적으로는 남로당원이요 평소에 불량한 계층들이었다. 이러한 좌익단체들은 당세 확장을 위해 일반 사회단체나 관공서를 합법적으로 쟁취한다고 선전에 열을 올리면서 흉계를 꾸미니 이것이 약탈, 방화, 살인 등 이들이 서슴없이 실천에 옮긴 것이다. 이러한 악질적 행동이 발각되자 이들에게 체포령이 내려지고, 체포되었던 이들을 올바르게 선도하여 계도하려던 것이 보도연맹이다.[22]

이 기록에서 읽을 수 있는 사건의 맥락은 무엇인가? 김봉용(룡)이나 추종자들은 누구이며 얼마나 되며, 보도연맹의 실체는 무엇이며, 그들에 대한 교동 주민들의 반응은 어떠했는가? 책 어디에도 더 이상의 언급은 없다.

그런데 1920년대 자료를 찾던 중에 김봉용을 발견할 수 있었다. 일제 강점기 교동에는 화동청년회가 있었다. 이 관련 기사를 보자.

아래의 기사에 따르면 화동청년회가 발기된 곳은 강화군 화개면이다. 화개면은 1934

---

20 재인교동면민회, 앞의 책, 1995, 272쪽.
21 비록 교동에는 유명한 양반은 없으나 일대에서는 꽤 유명한 한학자들이 배출되었다. 교동 출신의 한학자들은 연백군으로 초대받아 훈장을 하기도 했다. 인사리의 황태익, 황용익, 황인창, 삼선리의 박용남, 무학리의 전윤삼 등이 교동의 대표적인 한학자이다(재인교동면민회, 1994, 166쪽).
22 재인교동면민회, 앞의 책, 1995, 305쪽.

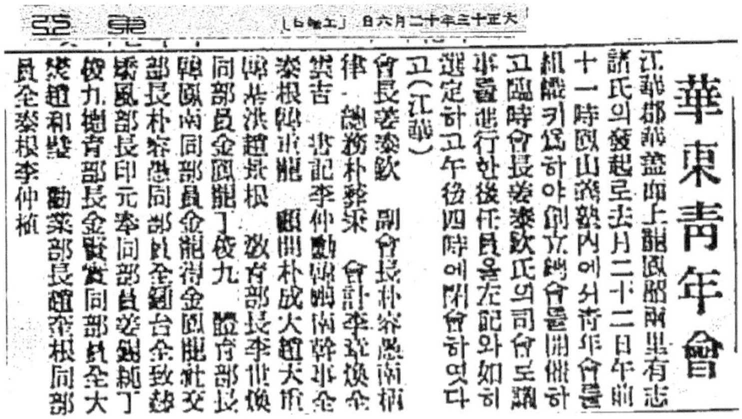

華東靑年會

江華郡華蓋面兩里有志
諸氏의 發起로 去月二十二日午前
十一時頃山爲熱內에서 青年會를
機轉키爲하야 創立総會를 開催하
고 臨時會長姜泰欽氏의 司令도 議
事를 進行한 後 任員을 左記와 如히
選定하고 午後四時에 閉會하엿다

고 (江華)

會長 姜泰欽
副會長 朴容愚南秉
律　總務朴○○　會計李仲勳韓○○
書記李仲勳韓奉南
顧問朴成大趙天仲洪鍾根
敎育部長李世煥　同部員金鳳龍丁
俊九
體育部長韓奉南同部員金容得金鳳龍
社交部長朴容愚同部員全種泰全致煥
矯風部長印元奉同部員姜銀淳丁鍾九
德育部長金現實同部員全大燮趙和○
勸業部長趙奎根同部員全泰根李仲植

〈그림 6〉화동청년회 창립 기사　　출처:『동아일보』, 1924. 12. 6

회장 강태흠

부회장 박용우 남병율, 총무 박○○, 회계 이장환 전운길, 서기 이중려 한봉남,

간사 전태근 한거룡

고문 박성대 조천중 한기홍, 조경근

교육부장 이세환, 동부원(同部員) 김봉룡, 정준구

체육부장 한봉남 동부원(同部員) 김용득 김봉용(龍)

사교부장 박용우 동부원(同部員) 전종태, 전치한(?)

교풍부장 인원봉 동부원(同部員) 강은순, 정종구

덕육부장 김현실 동부원(同部員) 전대섭, 조화○

권업부장 조규근, 동부원(同部員) 전태근, 이중식

년 이전에 있었던 교동면의 이름이다. 1924년 11월 22일, 화개면의 상룡리(상방리와 용정리의 합)와 봉소리(말곳리)의 유지들이 당시 봉소리에 있었던 봉산의숙[23]에서 청년회를 조직하게 되었다. 당시 임원진은 위와 같다.

　화동청년회는 1927년 신간회와도 맥이 닿아 있었고, 강화청년연맹과 더불어 교동지

23　봉산의숙은 1923년 화동청년회 회장인 강태흠과 박성대 등이 출연하여 설립되어 월사금이 없어 보통학교를 다닐
　수 없던 어린이 100여명이 다녔는데, 1925년 자금 사정으로 폐지되었다가 1926년 다시 열었다.

역의 대표적인 청년회였던 것으로 보이며, 추측컨대 1931년 신간회가 해소되던 무렵 이 단체도 사라졌을 것이다. 아무튼 교동 관련 기록 어디에도 화동청년회에 대한 기록은 찾을 수 없었다.

교동 사람들의 증언에서는 김봉용에 대한 언급을 종종 듣는다. 김봉용 등은 1920년대 부터 교동에서 청년회 활동을 하면서 지역민들의 신망을 받고 있었던 것으로 보인다. 해방 후 교동 지역에 얼마 되지 않았던 민족주의 계열이나 사회주의 계열의 지도자의 대표 격으로서 김봉용이 등장하였고, 일제 강점기 항일운동가로 알려진 조준홍도 고향 에서 같이 지역 활동을 하였던 것으로 보인다. 김봉용 등은 1950년 9 · 28수복 과정에서 월북하였다. 그는 상룡리, 봉소리 뿐만 아니라 읍내리를 중심으로 한 교동 중앙 무대에 서 활동하였으므로 해방 시기로부터 한국전쟁기의 기억에서 빠질 수 없는 사람들이다. 그는 월북하였으나 그와 함께 활동했던 사람 중 월북하지 않고 남아 있던 사람이나 가족들에게는 학살이 가해졌다.

한편 조직적으로는 알 수 없으나 화동청년회 등에 영향을 받은 것으로 보이는 청년회 가 교동 다른 지역에서도 발견되었는데, 교동면 인사리의 '협성회'가 그것이다. 협성회 가 언제 어떻게 누구에 의해서 발족되었는지는 전혀 알려지지 않았다. 그들은 해방 공간 과 1950년 7~9월경까지 지역에서 활동을 하다가 9 · 28수복 과정에서 일부만 남고 대부 분 월북하였다. 협성회는 교동 지역에서 가장 유명한 사회주의자인 황인섭[24] 등이 지도 했다고 하지만 그 조직의 실체는 뚜렷하게 알려지지 않고 있다. 다만 인사리나 교동 사람들의 기억 속에서는 선명하게 남아 있다. 인사리의 '인장'은 다음과 같이 협성회 청년들에 대해 구술하였다.

협성회를 조직을 해 갖고, 작사, 작곡허고 그 정도에요. 다른 일은, 그런 건 생각도 못 했는데, 협성회 노래는 있어 갖고, 또 그리고, 연안읍에 가서 안중근 의사를 보구서[25] 그거

---

[24] 황인섭은 교동 인사리 고향집에 있던 중 1934년 12월 9일 종로경찰서 형사에 의해 피체되어 해방되면서 남로당 계열에서 활동하였고, 한국전쟁 당시 경기도 위원장을 역임하였다고 하였고, 월북하였다고 하는데, 조선노동당사에 서 이름을 찾을 수 없었다.

[25] 우연인지 모르지만 1949~1950년 6 · 25 전까지 연안읍에서 교사를 하였던 명남은 자신이 안중근의사 극본을 써서 연극을 상연했다고 했다. "안중근 연극부를 만들어 가지구서 안중근 의사전을 이것을 그… 그냥 소설도 아니고 얘기식으로 된 것을 이것을 극본으로 이것을 대본을 내가 만들어가지고 3막 5장짜리를 써가지고서 그거서 정식으 로 연극을, 고등학교를 데리고서 연극을 극장에 갔다 붙여가지고 전부 상연을 했어 정식으로."(명남 구술)인사리

를 머리에 놓고 와서, 이―이게 뭡니까 그 각본을 맨들어 가지고, 연극을, 옆에서 연습을 겨울 내 가지고, 대룡리 (교동)국민 학교에다, 막 아주, 차리고 문도 이렇게 들고 나가게끔 다 기와 지붕 이렇게, 맨들어서, 그렇게 했어요. 보통 머리들이 좋은 사람들이 아니야. (……) 이십 명도 더 되지 않을까 하는데 하여간, 좌우간 교동에서는 좌우간 인사리 하면은, 아주 이렇게, 엄지손가락 꼽을 정도로, 그렇게 좌우했어요.　　　　　　　　　　인장 구술

　　그들은 바이올린도 켜는 재주꾼들로 기억되었었는데 대략 그 협성회 청년들은 20명 정도가 되었고 그들은 인사리 해안가에 있던 진흥회관에서 주로 활동을 했다고 한다. 협성회 청년들은 섬 주민들에게, 특히 청소년들에게 독립의 꿈을 심어줬고, 해방이 되었을 때 경자유전의 원칙에 따른 농지분배를 주장했다. 한국전쟁이 나자, 국군의 9·28수복으로 인장의 사촌 형들을 포함한 동네 청년들, 부역혐의자들이 상당수가 월북하자, 사촌 형네 식구 7사람이 몰살당하게 되었다. 한겨울 메마른 논에 핏물이 가득 찼다고 한다. 그의 글방 선생이었던 황인백 씨는 처형을 당한 후 수장되는 통에 시신도 찾지 못하였다고 했다. 2007년 강화 현지 조사에서 교동면민 43명 면담자 중에서 죽은 사람의 이름이나 인적 관계가 나온 사람만 해도 210명이 되었다.[26]
　　그런데 교동주민들을 구술조사하면서 발견하는 것은 1950년 6·25전쟁 발발 당시에 대해서는 잘 기억하지 못했다. 대부분의 교동 주민들이 전쟁 발발사실을 알게 된 것은 대략 서울 함락의 소문이 돌고 미군 비행기가 뜨는 것을 보면서 분위기가 어수선해지던 6월말, 7월초였고, 그 무렵 과거 청년운동을 했던 사람들에 의해 교동의 면과 리에 인민위원회를 비롯한 하위 정치 기구들도 세워졌다. 그러나 '종철'과 '희자'를 제외하고 대부분의 구술자들은 자세한 증언을 회피하는 경향을 보인다.
　　교동주민들은 "좌익이 교동 정권을 장악"했던 것을 "인공정치"로 명명했다. 면 인민위원회나 치안대 본부 사무소는 일제 강점기 교동 내 최대 갑부였던 김석홍의 집에 설치되었던 것 같다. 인공정치는 몇 달간, "매일 저녁, 이제 그 소집을 해다가 그 개네들, 그 개네들 애국가, 인제 뭐 '장백산'이나 뭐 이런 거 가르치는 거"(봉철 구술)로 점철되었다. 구술자 20명 가운데 대부분에게서는 인공정치 시기에 대한 별다른 적개심이나 분노감을

　　협성회에서 바로 이것으로 구경한 후 인사리로 돌아와 상연했을 가능성이 있다.
26　김귀옥, 앞의 논문, 2012, 51쪽.

찾을 수는 없었다. 유엔군에 의해 선포된 군정정치 시기 반공청년단에서 보조 활동을 했던 '봉철'이나 '영수', '훈정', '철식' 등의 기억에도 지역 좌익들이 별다른 악행을 자행하지 않았다고 한다. 지역 좌익들은 대부분 교동 출신이었고, 교동 자체가 친, 인척의 연고 망으로 얽혀있기 때문이라고 했다.

북한 인민군이 점령했던 대부분의 이남 지역에서 실시된 이북식의 토지개혁이 교동에서 시행되었다는 증언은 발견되지 않았지만 "낟알을 세는" '현물세'에 대한 언급은 지적되고 있다. 또한 9월 전운이 북한에 불리하게 돌아가자 지역 좌익들은 마을사람들을 동원하여 근처 야산에 '참호' 파는 일을 했다. 당시에 인민군이 서부지역의 퇴로 루트 중에 교동을 거쳐 갈 경우를 대비하여 지역 방어용으로 만들어졌던 것으로 보인다. 그런데 끔찍스러운 일은 마을 사람들을 동원해서 파놓은 참호가 군정 치하에서 그들 자신의 무덤으로 변한 사실이다(종철 구술; 봉철 구술; 경민 구술).

한편 1950년 7, 8월경에는 교동 주민 중 인민의용군 동원이 있었다. 교동 전체 동원 인원을 정확하게 알 수 없으나 '명식'의 증언에 따르면 40명 정도였다. 그 가운데 '명식'과 '영미'의 남편이 동원 당했으나 명식의 경우 신체검사 불합격으로 귀향했고, 영미의 남편은 유엔군의 인천 상륙으로 인해 귀향했다. "그때 당시에 합격된 사람들 중에는 이북으로 넘어가 가지고 아직까지 돌아오지 못한 사람도 있다"고 한다.

이 시기 많은 구술은 타인의 경험을 간접적으로 전하는 방식을 취하고 있다. 상룡리 소작농이었던 'ㅇ'씨가 인공정치 당시 자신의 지주였던 'ㅂ'씨에게 보복을 했는데, 다시 '우익 정치'가 되자 'ㅇ'씨는 우익으로 전향하여 마을에서 좌익에 부역했던 사람들을 고발하는 악역을 자처했다(종철 구술). 이 문제는 훗날 'ㅂ'씨가족과 'ㅇ'씨가족이 같이 다니던 상룡리의 교회가 둘로 쪼개지는 원인으로 작용했다('ㄱ'목사 구술)고 한다.

한국전쟁 기간 교동에서의 대립의 축에 있어서 이념의 축은 큰 의미가 없다. 또한 종교간, 특히 기독교와 비기독교간의 대립도 별로 심했던 것 같지 않다. 다만 인공정치 시기, 경계는 애매하지만 대립의 축은 '친일'의 문제와 '지·소작' 관계를 둘러싸고 발생했던 것으로 보인다. 여러 가지 구술증언으로 보아 좌익이 지배했던 3, 4개월 동안 많은 주민들은 좌익 지도자들에게 동조를 했거나 침묵했던 것으로 보인다. '희자'와 '종철'의 경험처럼 이 시기 피해를 당했던 쪽은 일제 강점기 친일파였거나 대한민국 정부 하에서 공무원이라는 이유로 좌익으로부터 고문을 당하는 사례도 있었다. 아무튼 9월 28일 인민군의 퇴각으로 인공정치는 흐지부지 끝나게 되었다.

교동에는 인민군이 들어오지는 않았지만, 인공정치는 서울 함락과 비슷하게 시작되어 인민군 후퇴와 비슷하게 끝났다. 이제 교동에는 본격적인 공포정치가 시작되었다. 1950년 늦가을, 전선이 하루가 다르게 변할 무렵 교동에 낯선 사람들, 즉 '특공대'라고 불렸던 사람들이 몰아닥쳤다. 그들은 대개 10대말 20대초의 연령대의 황해도 연백군 출신이 많았으며 대개 무장한 채 한복바지를 입은 이북 피난민들이었던 것으로 교동 사람들은 기억하고 있다. 그들이 통치했던 것을 교동 사람들은 '군정'으로 명명했다.

군정시기 교동은 '남성 부재의 사회'가 되어 있었다. 1950년 12월 교동도 여느 지역처럼 국민방위군 동원령이 떨어져 100여명의 청장년이 동원되어 나갔다. 구술자 중 '영미'의 남편, '자경'의 남편, '명식', '이장' 등이 동원되어 제주와 부산 교육대에 가게 된다. 1950년 12월 교동 전체에서 100여명 이상의 청년들이 '국민방위군'으로 동원된 후로도 다섯 차례 공식 소집된 제2국민병이나 총알받이로 알려진 군노무대(KSC)로 교동의 청년들이 동원되었다. 소위 17세 이상 40세 이하의 '남성 부재의 사회'가 된 것이다.

이러한 상황에서 교동에 낯선 사람들이 밀려닥쳤다. 황해도 연백 출신의 '특공대'와 피난민이 바로 그들이다. 교동은 황해도 연백군의 경제권에 속하여 교류가 잦은 편이고, '봉철'의 아버지나 '훈정'의 아버지, '자경'의 아버지는 일거리를 찾으러 연백이나 옹진으로 건너갔다. 교동은 한국전쟁 이전만 해도 건답직파乾畓直播 경작을 주로 하여 가뭄이 들면 식량을 구하기 위해 교동의 주산물인 감 같은 것을 갖고 연백군의 연안읍장으로 가곤 했다.

하지만 한국전쟁이 발발하여 1·4후퇴 당시 소위 연백 '특공대'들은 너무도 낯선 사람들이었다. 당시 교동 사람치고 특공대를 호의적으로 말하는 사람은 단 한 명도 없었다.

1·4후퇴시 교동에는 특공대들이 들어왔습니다. 그들은 대개 한복바지저고리를 입고 있었고 라디오를 가지고 있었습니다. 주로 연백에서 내려온 사람들이었습니다. (……) 난정리 주민 18명이 '돌우물'에서 학살됐습니다. 박봉기라는 사람과 몇 명이 그 짓을 했습니다. 그들은 딱콩총으로 무장을 했었습니다. 나는 18명의 사람을 인솔해서 돌우물로 갔습니다. (……) 돌아서서 마을 쪽으로 가던 중 총소리와 함께 비명소리가 났습니다. (……) 그녀는 돌우물의 학살에서 운좋게 살아났지만 다시 발각이 되어 학살된 것입니다. 그녀는

18살로 월북한 조복성 씨의 딸이었습니다.[27]

최태육과 구본선에 따르면, 군정 시기 유격대의 말이 곧 '법'이었고 질서였다.

그렇다면 유격대는 누구이며, 어떻게 구성되었는가? 유격대는 1950년 12월경 유엔군이 북한지역에서 철수할 당시 황해도 연백 지역에서 활동했던 현역 낙오병, 낙오 경찰, 우익치안대, 대한청년단, 학도대들로 구성되어 있었던 것으로 보인다. 그들은 권총 등을 무장하였으나 정식 군인은 없었던 것으로 보이며, "정보부대"를 자처하며 "리·동마다 한두 개가 있을 정도"[28]였다. 이 부대들은 반공을 앞장세우며 교동 전역에서 유혈통치를 하여 지역민들의 원성이 자자했다. 이러한 청년부대를 규합하여 1951년 3월 27일 '을지병단'을 규합하였고 그해 7월 26일 제8240부대 편제 하의 '타이거여단'(여단장 박상준)으로 개편되었다.[29]

군정 치하에서 생사여탈권을 가진 유격대들은 절대 권력을 휘둘렀고, 특히 1950년 12월부터 1951년경까지 교동에는 좌익 학살 선풍이 불었다. 그런데 의문을 가지지 않을 수 없는 것은 낯선 그들이 아무리 무장을 했다고 한들 어떻게 월북가족이나 부역자들을 선별할 수 있었을까 하는 점이다. 대답은 간단했다. '손가락총'의 등장이었다. 앞에서 지적한 대로 해방 공간, 사회주의에 영향을 입은 청년들에 의한 급진적인 분위기나 전쟁 초기 '인공정치' 시기에 과거 친일파(징병징용문제와 얽혀 있음)나 이승만 정부하의 공무원을 담임했던 사람들에 대한 공포스러운 분위기가 조장되었다. 다음 증언을 들어보자.

김석홍 씨네 조카들 있어. 그 지금두 ○○호라고 하는 아들이 있는데. 그 ○○ 아버이가 재○, 김재○이라고. 그 사람이 아주 그, 그 당시의 우익의 대장이었나봐. 김재○ 씨가 면서기하다가, 해방되고 우익에서 면서기 했으니까 좌익, 좌익파들이 뭐가 소홀히 했갔어, 뭐? (……) 그러니까 아ㅡ, 육이오 나고나서 좌익들을 때려 부시는데 앞장섰던 모양이지.

영환 구술

27 최태육·구본선, 「교동, 석모도, 서도 등에서 있었던 민간인 학살」, 미발간논문, 2004; 최태육, 앞의 논문, 2012.
28 재인교동면민회, 앞의 책, 1995, 315쪽.
29 강화군 군사편찬위원회, 『신편 강화사』 상(CDROM), 2003.

당시 좌익 월북인 유가족이나 부역자들 중 미운털이 박혀 소위 '손가락총'질을 당했던 사람들은 목숨을 부지하기 힘들었다. 좌익 집안의 여성의 경우 성폭력을 당한 채 학살되었던 사례(철식 구술)도 있었고, 학살을 피하려고 14살 나이에 민며느리로 시집갔다가 도망쳐 나온 바람에 특공대 간부와 결혼하는 사례(훈정 구술)도 있었다.

유격대를 직접적으로 지원했던 사람들로는 10대 청소년이 중심이 된 '교동소년단'이 있었다. 그들은 대체 13~16살의 청소년으로 구성되었고, 이번에 구술자 가운데에는 '훈정', '철식', '봉철', '종철', '경민' 5명이 포함되었다. 그들은 2004년 6월 18일자로 '참전유공자'로 인정받고 있다. 증언에 따르면 소년단은 여러 가지 활동을 하였다. 예를 들면 유격대를 보조하여 좌익 가족이나 부역 혐의자를 체포하거나 학살 현장으로 안내하는 일, 유격대의 생활을 보조하는 일, 기타 유격대의 행정 보조하는 일을 했다.

당시 교동의 청소년들에게 소년단원으로 선발된다는 것은 이중적인 의미를 가졌던 것으로 보인다. 유격대의 손발로서 악행의 심부름꾼이라는 오명과 함께 반공의 서슬을 피할 수 있는 면죄부의 획득자라는 것이다. '봉철'은 당시에는 소년단원으로 뽑힌 것이 자랑스러웠다고 했다. 그러나 자신이 안내했던 피학살자들의 모습을 생각할 때마다 가슴 아프다고 밝혔다. '철식'이나 '영수'도 비슷하게 구술하였다.

한편 남성 부재의 사회에서 여성들의 고통은 엄청난 것이었다. '길자'의 남편은 일제 말기에는 태평양전쟁에 강제 징용을 다녀왔고, 해방 후 남편은 고깃배 선원으로 한 달에 한, 두 번 씩 귀가했으며, 한국전쟁 나면서는 피난민과 특공대들에게 "밥 해 먹이는데 내가 죽을 뻔 했데니깐…"(길자 구술). 더 구체적으로 '영미'의 사례를 보면,

> 우리 할아버지(남편이 국민방위군으로) "제주도"로 갔는데 "타이거 여단"이 많아 가지고 나는 정말 고 때 지쳤잖아요. 그런데 그냥 또 우리 (시)아버님도 "제주도"로 피난가시고, (……) 그러니깐 아이(시동생)들 데리고 우리들은 그냥 혼자였었지. (……) 우리 할머이(시어머니)도 어디 갔드랬는지 하이튼 나 혼자 있었어. 혼자 있었는데, 물동을 이고서 오니겐 퍼져랗게(?) 쫓아서 오는거야, 저 "타이거여단"이. (……) 아주 그 때 당황해가지고 말도 못하고 어채 무섭는지 아주 지금 생각을 해도 아주 무서요. 　　　　　　영미 구술

영미의 구술 속에는 집안에 젊은 남자는 한 명도 없고, 어린아이들인 삼촌들만 있는

상황에서 영미와 시어머니는 논, 밭일하고 누에고치 키우며 가뭄 속에서 간신히 먹고 살았다고 한다. 소년 단원이었던 영수에게도 유격대나 타이거여단이 두렵기는 마찬가지였다.

> 사람(유격대)들은 쌀을 주면서 쌀을 한말이나 한 달에 한 말을 줬나? 그리 주면서 (……) 한 집에 하나씩 맡겨서 밥을… (……) 근데 인제 그 분들이 여기서 근무하면서 주민들을 피해를 많이 입힌 거는 나무, 불 땔 나무 뭐 이런 거를 자꾸 가져오라 그래서－그게 줄게 있어야지, (……) 지붕을 이렇게 해서(벗겨서) 갔다 줘야지 안 그러면 큰일나－그래서 우리 동네는 그 때 당시에 얼마나 어려웠냐면 반장을 한 달 반장, 한 달 반장 처음에는, 한 달 반장해도 한 달 동안 너무 고생하니까 안 되겠다, 일주일 반장으로 하자. 일주일 반장이 하루 반장이 됐어요. 하루 반장. 맨날 반장을 바꾸는 거야. (……) 그 사람들한테 매 맞고 그래요. 말 안듣는다고, 주로 '황해도' 침투 들어가는데 인원동원 안 해준다고. 인원동원 들어가서 죽고 그래. (……) 그래서 그거 안 해 온다고 그냥, 그 굉장한 피해를 줬어, 그 분들이
>
> 영수 구술

영수의 구술 역시 다른 교동 주민들에게서 공통적으로 나오는 증언이다. 유격대가 생활할 수 있도록 의식주 생활을 상당 부분을 여성들이 맡아야 했다. 1950년부터 3년간 교동은 가뭄이 들어 전반적으로 생계 난을 겪는 상황에서 여성들과 어린이들은 한편으로는 기아와 싸우고, 또 한편으로는 낯선 남자들과 직면해야 했다.

4. 한국전쟁 이후의 교동도 사회의 변화

한국전쟁은 한반도 전체에 그렇듯이 교동에도 엄청난 고통과 상처를 남겼고 치유도 되지 않은 채 미봉되었다. 21세기 들어 조금씩 탈냉전의 균열 밖으로 나오고 있지만, 그 고통은 미처 튀어나오지 못한 채 웅크리고 있다. '자경'은 아직도 남동생의 죽음이 한으로 남아 있지만, 구술한 것조차도 후회할 만큼 두려움이 강하다.

교동 사회는 한국전쟁을 거치면서 여러 가지 변화를 겪게 되었다.

첫째, 지리학적으로 그곳은 일제부터 해방 당시 면단위의 도서 지역에서 전쟁 후 소위

'민통선' 지역으로 변모하였다. 1997년에는 섬 주위에 25km에 달하는 해안 철책 선마저 둘러쳐져 '바다를 잃어버린 섬'이 되고 말았다. 어떤 교동 주민은 우리는 '포로수용소'에 갇혀 산다고 말한다.

반면 이러한 조건으로 인해 해안도서 지방임에도 불구하고 빠른 시기 문명적 혜택을 받기도 했다. 대표적인 것이 1972년 전기화 사업이다. 1969년 당시 전국 전기화율이 21%에 불과했는데, 당시 '전국 농어촌 완전전화 조사위원회'가 발족하면서 교동이 우선 순위대상에 오르게 되었다. 그 이유는 "해안초소 및 해안취약지구" 조건과 "접적接敵 및 수복지구", 즉 교동은 해안초소가 있는 해안위약지구이면서 동시에 황해도 연백이라 는 이북을 접하고 있는 접적지구이었기 때문이다.[30] 전기의 공급은 교동에게 또 다른 변화를 가져다주었다. 지하수의 개발에 따른 천수답의 극복을 통한 교동평야의 시대를 맞게 된 것이었다.

둘째, 가장 심각한 변화는 인적 변화이다. 한국전쟁은 산업화 이전에 농촌사회를 해체 시키고 이농시키는 일차적 원인이 되었다.[31] 교동에서 전시에 남성들이나 어린이, 노인, 여성을 포함하여 수백 명이 죽거나 월북했거나 사라졌다. '종철'이 간직한 초등학교 졸 업사진 속에서 그 단면을 발견할 수 있다.

〈그림 7〉 사진은 6 · 25직전이었던 1950년 5월 15일, '교동국민학교' 6학년 졸업 기념 사진이다. 한국전쟁 과정에서 이 사진 속 인물, 76명 가운데 7명(어린이 6명, 여교사 1명)이 학살당했고, 2명이 월북하였다. 또한 전쟁 직후부터 1950년대 이미 월북 유가족뿐만 아니라 우익 가족들의 상당수가 이 섬을 떠났다. '경민'의 같은 동네 초등학교 동창생 8명 가운데 4명이 전쟁 직후 교동을 떠났다.

또한 단일한 교동 인구 구성에 이질성을 가져왔던 요소인 황해도 연백 출신이나 간혹 옹진 출신이 존재한다. 대룡리에는 '연백집'이라는 식당이나 피난민이 중심이 되어 설립 한 '교동중앙교회'도 있다. 교동에서는 전쟁 경험이 침묵되고 반공적 국가이데올로기를 내면화하는 과정에서 지역 사회적 관계가 재편되고, 근대적 전통의 강화가 일어난다. 즉 기독교 교회의 확대, 청년조직 및 부녀조직의 구성, 향교 조직이나 동족회, 동갑계,

---

30   한국전력공사, 『배전백서』, 한국전력공사, 1995, 100쪽.
31   김귀옥, 「전쟁과 공간, 인간의 사회학적 만남: 속초 월남민 공동체를 중심으로」, 『한국사회사 연구』, 나남출판, 2003.

〈그림 7〉교동초등학교 졸업사진 촬영일 1950년 5월 15일

동창회의 활성화가 일어나며, 농촌의 노령화 현상에 발맞춰 노인회가 일상세계에서 가장 강력한 조직으로 성장하게 되었다.

5. 맺음말

한반도 모든 구성원에게 그랬듯이 교동 주민에게도 1945년 8·15는 만35년 간 일제와 지역 친일파들에게 빼앗겼던 권리와 명예를 회복하고 독립된 민주 사회를 향한 염원의 약속으로 여겨졌다. 일제 청산 운동은 교동 출신의 반일 사회주의자들에 의해 주도되었고, 섬 주민들로 하여금 주인의식을 갖게 하는 중요한 계기가 되었다. 이러한 대열에 섬 주민의 80%이상이 합류했다. 대한민국 정부가 수립되고 지역에 반공체제가 수립됨에 따라 혁명적 열기는 잠복되었으나 1950년 6·25 전쟁 초기에 다시 회복되었다. 즉

불충한 대로 '인공정치'가 시작되어 그 이상을 실현하려고 했으나 우익에 대한 보복이 새로운 갈등지점을 열어두었다. 인민군이 후퇴한 직후 수립된 교동내 우익 '군정정치'는 대대적인 보복과 학살의 참변을 불러 일으켰다.

　한국전쟁 당시 교동의 학살이나 갈등은 표면적으로 보면 섬주민 대 낯선 사람이라는 대립 축을 중심으로 일어났다. 그러나 내면을 들여다보면 주민 내부의 갈등, 일제 친일파의 강제징용이나 강제 동원, 소작 문제와 같은 갈등의 원인을 중심으로 한 대다수 섬 주민 대 일부 친일파와 지주 세력과의 대립축이 내장되어 나타났다. 또한 교동의 한국전쟁은 남성부재의 사회에서 여성과 청소년들이 치른 전쟁이었다. 전쟁을 통해 인구와 사회구성의 해체가 나타나기 시작했고, 섬의 성격자체가 바뀌게 되었다.

　1950년 한국전쟁은 침묵을 강요했다. 그들에게는 아직도 냉전의 시계가 작동하여 한국전쟁을 언급한다는 것은 커다란 용기가 필요한 일이었고, 그것을 실체적 역사로서 말한다는 일은 생명을 거는 것과 같은 두려운 일이다. 이것이 교동 주민들만의 일이겠는가? 아무튼 한국전쟁을 거치면서 교동 사회는 아래로부터 불신과 반목이 깔려 낯섦에 대한 배타성은 더욱 깊어졌다. 다만 동족 사회라는 성격에 의해 주민들의 갈등과 상처, 서로간의 반목 상태에 대해 침묵하고 있을 뿐이다.

　2005년 설립된 '진실·화해를 위한 과거사정리위원회'가 착수한 집단희생규명위원회의 조사결과를 토대로 2009년 교동 주둔 유엔군 유격대(UN Partisan Forces)에 의해 부역혐의자 가족이라는 이유로 183명의 민간인이 억울하게 학살되었다고 진실규명된 것이 불행 중 다행이라고 할 수 있다.[32] 그럼에도 불구하고 몇 년간의 교동 지역 연구를 통해서도 한국전쟁과 60년 냉전의 역사가 얼마나 두터운 가를 확인할 수 있었다. 반공은 허위의식이 아니라 이미 내면화되고 '생체화'된 무의식으로 자리 잡고 있었다. 그들에게 있어서 중립적인 언어를 구사한다는 것은 자기검열을 요구하고 있었고, 서로를 견제하는 힘이 되기도 한다. 교동의 주민들 가운데에는 월북, 또는 납북한 가족들이 적지 않지만 2000년대 이산가족 상봉 신청도 몇 명 하지 않았다. 교동의 1950년대 사도 교동 역사에서 지워져 버렸고, 그와 더불어 일제 강점기로부터 해방기의 청년운동이나 활약상도 지워졌다. 교동의 역사를 제대로 쓰기 위해서는 아픈 역사도 들여다봐야 하고, 그 아픈

32　진실·화해를 위한 과거사정리위원회, 『2009년 상반기 조사보고서』, 03, 진실·화해를 위한 과거사정리위원회, 2009, 733~808쪽.

역사 속에서 미래 희망의 역사를 바라볼 수 있다. 미래의 역사 속에는 2014년 7월 교동 대교에 이은 교동-연백간 대교가 세워지고, 그 다리들을 통해 교동이 닫힌 섬에서 분단을 잇는 열린 섬으로 나아가고, 분단의 한반도가 동아시아 허브로 바뀔 수 있으리라는 상상을 펴본다.

참고자료

『동아일보』, 1924년 12월 26일.

8240강화독립부대 유격군동지회 엮음, 『8240』, 같은 곳 펴냄, 2004.

강화군 군사편찬위원회, 『신편 강화사』 상(CDROM), 2003.

교동초등학교100년사편집위원회 엮음, 『교동초등학교백년사』, 교동초등학교총동창회, 2006.

김귀옥, 「전쟁과 공간, 인간의 사회학적 만남 : 속초 월남민 공동체를 중심으로」, 『한국사회사 연구』, 나남출판, 2003.

_____, 「지역의 한국전쟁 경험과 지역사회의 변화-강화도 교동 섬 주민의 한국전쟁 기억을 중심으로-」, 『경제와사회』 통권71호, 2006.

_____, 「지역 사회에서 반공이데올로기 정립을 둘러싼 미시적 고찰-해방 직후~1950년대 인천시 강화군 교동면의 사례-」, 『전쟁의 기억 냉전의 구술』, 선인, 2008.

_____, 「한국전쟁과 이산가족 : 지역에서의 이산가족의 기억과 고통」, 『동아시아의 전쟁과 사회』, 한울 2009.

_____, 「한국전쟁기 강화도에서의 대량학살사건과 트라우마」, 『전쟁과 국가폭력』, 선인, 2012.

재인교동면민회, 『교동향토지』, 재인교동면민회, 1995.

조이현, 「한국전쟁기 '8240부대편성표'와 '8240부대원명단'」, 『기록보존』 12호, 1999.

진실·화해를 위한 과거사정리위원회, 『2009년 상반기 조사보고서』, 03, 진실·화해를 위한 과거사정리위원회, 2009.

최태육, 「강화군 민간인학살 : 유격대 교전지역에서의 학살」, 『전쟁과 국가폭력』, 선인, 2012.

최태육·구본선, 「교동, 석모도, 서도 등에서 있었던 민간인 학살」(미발간논문), 2004.

한국전력공사, 『배전백서』, 한국전력공사, 1995.

황규열 편, 『교동사』, 교동문화연구원, 1995.

황인병, 『교동읍지(합본)』(『교동군읍지』[광무 3년(1899년) 편찬]와 『교동읍지』의 합본회], 1988.

제2부

교동도의 문학과 종교

교동도의 누정시

이영태
인천개항장연구소 대표

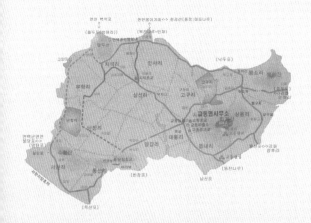

1. 누정의 개념과 전개

　누정의 연원은 인류의 주거생활과 더불어 시작됐을 것으로 추정하고 있다. 루樓는 '겹 지붕(『설문해자』, 重屋也)'으로 '중첩하여 지은 집'이다. 당堂과 만드는 방법이 비슷하나 다소 높게 축조된다. 흔히 벽이나 문이 없는 다락식 형태의 큰 건물이다. 높게 지은 큰 집을 '각閣'이라고 하기에 '누'를 '누각'이라고도 한다. 게다가 누각은 언덕이나 돌, 흙을 쌓아 올린 '대臺'의 위에 세우는 까닭에, '누대樓臺'라고도 한다. 정亭은 높다高와 대못丁(기둥)의 결합으로 사방을 조망할 수 있는 공간을 지칭한다. '쉬다, 정지하다停'의 의미로 '잠시 정지하여 쉬는 공간'이기에 작은 건물을 말한다. 정亭 또한 벽이 없고 기둥과 지붕만으로 이루어진 건물이다. 축조 방식은 지붕의 각에 따라 차이가 있는데, 삼각에서 팔각에 이르기까지 축조자의 취향에 따라 지붕의 각이 결정된다. 그 종류도 루樓, 정亭, 대臺, 각閣, 사榭, 랑廊, 전殿, 헌軒 등 용도나 양식에 따라 발전해 왔다.[1]

　누정은 주변의 경관과 조화로운 공간에 자리 잡는데, "대개 누정을 짓는 것은 높고 넓은 데 있는 게 아니라 그윽하고 깊숙한 데 있다大抵樓亭之作 不在高曠 則在幽深"[2]라는 지적을 통해서도 이를 확인할 수 있다. 이처럼 누정은 일상생활을 위한 거주공간이기

1　누정의 개념에 대해서는 魯杰·魯寧, 『華夏古亭』, 중국사천인민출판사, 1991, 1~2頁 참조.
2　안축, 「취운정기」, 『근재집』 권1, 『고려명현집』 2, 성균관대 대동문화연구원, 1973, 451쪽.

보다는 별도의 용도로 기능한다. 이른바 누정의 기능을 '유흥상경의 기능, 시단을 이루는 기능, 학문수양 및 강학의 기능, 종회나 동회 등 회합의 기능, 사장射場의 기능, 문루의 기능' 등으로 분류하는 것도 누정이 자리 잡은 공간적 특성과 밀접하다.[3] 흔히 집에서 다소 떨어진 공간에 자연의 일부분으로 여길 정도로 건물을 짓고, 그곳에 모여 시회詩會를 열거나 정담을 나누거나, 당면한 문제를 두고 격론을 벌이거나, 혹은 학문을 닦고 향리의 자제들을 가르치기도 했던 공간이 누정이었다.[4]

누정이 인위적 공간물이되 주변과 조화를 이루고 있는 만큼 "그 안에 앉아 있으면 인공을 초월하여 대자연에 동화되는 즐거움을 맛볼 수 있"고 사람들로 하여금 "독특한 주변 풍광을 감싸 안으면서 우리를 담담한 분위기와 무한한 사유의 세계로 이끄는 멋, 이것이 곧 누정의 본질이며 미학"[5]이었다.

전적을 통해 확인할 수 있는 가장 오래된 누정 기록은 "비처왕께서 즉위 10년 무진戊辰에 천천정天泉亭에 거둥하셨다"[6]이다. 이후 삼국, 신라, 고려의 누정 기록이 전하지만 그것을 개관하는 것은 생략하고, 조선 누정의 전개상황을 도표로 간략하게 제시하면 아래와 같다.

⟨표 1⟩

창작연대	대상 누정 수
14C 후반	5
15C 전반	25
15C 후반	90
16C 전반	96
16C 후반	147
17C 전반	117
17C 후반	87
18C 전반	116
18C 후반	83
미상	9

3   장덕순 외, 『문학의 산실 누정을 찾아서』 Ⅰ, 시인사, 1987.
4   박영주, 「관동팔경과 누정문학 유산」, 『도남학보』 제19집, 도남학회, 2001, 169쪽.
5   같은 쪽.
6   『삼국유사』 기이1 사금갑.

〈표 2〉

	강원	경기	경상	서울	전라	충청	평안	함경	황해	미상	총합계
14C 후반			1		1	1				2	5
15C 전반	5	3	18	5	2	5		1	1	4	44
15C 후반	13	14	52	37	31	18	19	1	8	7	200
16C 전반	40	21	66	22	30	17	37	8	13	32	286
16C 후반	64	19	130	77	124	54	60	9	24	66	627
17C 전반	89	19	94	18	58	51	95	5	40	49	518
17C 후반	82	23	47	12	37	34	21	3	11	34	304
18C 전반	148	50	74	34	40	47	43	3	25	33	497
18C 후반	98	23	51	25	13	22	33	1	22	34	322
미상	1	2	5							7	15
총합계	540	174	538	230	336	249	308	31	144	268	2818

〈표 1〉은 누정의 시기별 분포이고,[7] 〈표 2〉는 누정제영樓亭題詠의 분포이다.[8] 누정의 축조는 15세기 후반부터 증가하다가 16세기 후반에 이르러 크게 확장된다. 그리고 이러한 면은 대상의 경물景物을 시화詩化하는 이른바 시중유화詩中有畵(시 속에 그림이 있음)에 해당하는 제영이 증가하는 것과 맞물려 있다. 이는 풍광에 대한 감상이 "산수의 경치와 흥취의 본질에 관한 어떤 이치를 전한다"[9]는 산수시의 명제와 상통하는 것으로, 수기修己의 방편으로 누정을 선호했던 것을 의미한다. 누정제영의 증가는 사화士禍 시대가 지나고 사림정치가 안정된 국면으로 들어선 '목릉성세穆陵盛世'라 불리는 문화적 부흥기에 집중된 것으로, 사대부에게 산행山行이 도학道學의 방편으로 수용되면서 유산기遊山記, 유산시遊山詩의 유행시기와도 겹치고 있다. 산수의 경치를 통해 자연의 일상성을 읽을 수 있으며, 자신의 흥취를 끌어낼 수도 있었던 것이다.

정(亭)·대(臺)·누(樓)·각(閣)에서 관상을 하면 그 관상 범위가 어느 정도 한정되기는 하지만, 이리저리 눈을 돌려 살펴보는 것은 마찬가지이다. 정과 대는 사방이 트여 있고,

7   유호진·우응순, 「누정제영의 시공간적 분포와 그 의미」, 『민족문화연구』 40호, 2004, 59쪽.
8   위의 글, 62쪽.
9   조동일, 「산수시의 경치, 흥취, 이치」, 『한국시가의 역사의식』, 문예출판사, 1993, 138쪽.

누와 각엔 난간과 창이 있지만 역시 사방이 트여 있다. 사면이 경치를 마주하고 있는 것은 천천히 움직이며 감상할 수 있게 하기 위해서이다.[10]

누정의 '사방이 트여 있'는 이유는 '사면의 경치를 마주하'기 위한 것으로 '천천히 움직이며 감상할 수 있게' 위해서라고 한다. 감상자는 '산수의 경치와 흥취의 본질에 관한 어떤 이치'에 다가서기 위해 '눈돌리기유목游目'를 해야 한다. 눈돌리기유목游目 방법에는 두 가지가 있는데, 하나는 사람이 직접 이리저리 움직이면서 감상하는 경우이고 나머지는 사람은 움직이지 않고 시각만 움직이는 것이다. 후자는 시선이 닿을 수 있는 곳까지 굽어보기, 올려다보기, 가까이 보기, 멀리 보기, 가까운 곳에서 먼 곳으로 보기 등이 있다.[11]

감상자가 자연물을 감상하는 방법이 어떠하든 그들을 조망하기 위한 최적지가 인공 구조물 누정이다. 이는 누정의 명칭이 상당수 자연의 산수와 관련돼 있는 것과 무관하지 않다.[12] 누정명이 자연의 산수, 예컨대 물, 돌[石, 巖], 산이 대표적이다. 특히 물과 연관해서 바다, 호수[연못], 파도, 강물의 순서로 빈도수가 나타난다고 한다. 물론 조선조 산수화에 누정이 대부분 등장하고 있고 산수화의 표현법 중에서 누각을 종류별로 성곽식城郭式, 척후식斥候式, 종루식鐘樓式, 탑루식塔樓式, 정자식亭子式, 사문루식寺門樓式 등으로 제시한 것에서도 이러한 사정을 알 수 있다.[13]

2. 교동도 누정의 현황과 누정시

누정의 기능을 '유흥상경의 기능, 시단을 이루는 기능, 학문수양 및 강학의 기능, 종회나 동회 등 회합의 기능, 사장射場의 기능, 문루의 기능' 등으로 나누는데, 이를 감안해서 교동 누정의 현황을 나타내면 다음과 같다.

10 장파, 『동양과 서양, 그리고 미학』, 유중하 외 4인 옮김, 푸른숲, 1999, 509쪽.
11 위의 글, 509~510쪽.
12 안계복, 「한국의 누정명 선정에 관한 연구」, 『한국전통문화연구』 5집, 효성가톨릭대학교, 1989, 176쪽.
13 김종태, 『동양화론』, 일지사, 1985, 183쪽.

〈표 3〉

누정명	공설, 사설	창건자	연대	위치	기능	비고	누정시
안해루(晏海樓)	공설	구문치	1668	동헌 남쪽	병영 건물의 大廳		11수
삼문루(三門樓)	공설	신소	1836(중건)	안해루 앞			
추오헌(秋梧軒)	공설	미상				백화당(百和堂)	
팔각정(八角亭)	공설	미상		관아 북쪽			
해안정(海岸亭)	공설	미상		북문 안			
능파정(凌波亭)	공설	미상		관아 뜰 북쪽			
식파정(息波亭)	공설	미상	1891(중건)	진망산 아래		어영청	
경량루(庚亮樓)	공설	미상	1894(중건)	남문	문루 및 군사		
통삼루(統三樓)	공설	미상		동문	문루 및 군사		
공북루(拱北樓)	공설	미상		북문	문루 및 군사		1수
대변정(待變亭)	공설	미상		진망산 아래	군사	戰船 정박	
열무당(閱武堂)	공설	미상			군사	활쏘기	
어변정(禦邊亭)	공설	이춘영	1820(중수)		공무 및 처소	수군절도사가 머무는 곳	

　누정을 공설公設과 사설私設로 구분했는데, 공설은 공적인 목적을 위한 것으로 공무 및 문루의 기능과 관련돼 있고, 사설은 개인이 설립한 것으로 유흥상경유식遊息을 위한 기능과 관련돼 있다. 〈표 3〉을 통해 보면 교동의 누정은 모두 공설누정이다.[14]

　교동의 공설누정에서 식파정과 대변정 이외에 것들은 모두 읍성과 관련돼 있다. 동문의 통삼루, 남문의 경량루, 북문의 공북루는 교동읍성의 문루이다. 특히 통삼루는 한강과 임진강을 동시에 조망할 수 있는 "삼로의 목구멍과 같은 요해처[三路喉隘]"로 중수기에 나타나 있듯이 읍성의 중요 문루였다.

　누정의 기능에 기댔을 때, 교동의 경우는 거개 '문루 및 공무의 기능'에 해당한다. 이는 동양 산수화의 표현법 중에서 성곽식城郭式, 척후식斥候式과 밀접한 것으로, 군사 기능과 밀접한 공간이었던 것을 의미한다. 누정이 위치한 곳이 유흥상경유식遊息을 위한 '눈돌리기유목游目'이기보다는 군사 기능의 성곽식城郭式 및 척후식斥候式으로 삼기에 최적지였다는 것이다.

---

14 『교동군읍지』(1899년)를 토대로 작성함. 공북루는 『명미당집(明美堂集)』에 의거함.

경관 빼어난 곳에 누대를 장식함은 위엄을 분명하게 높이자는 것이다. 천지의 빼어난 정기가 모이는 곳에 어찌 누대가 없으리오. … 경계가 빼어난 여기 한 구석 교동(喬桐)은 삼로(三路)의 중요한 문지방이다. … 경기도와 충청도로 길이 연결되고, 변경을 지키는 철옹성이요, 연백과 인접하여 서로 지원하니 나라를 지키는 울타리이다[勝地以樓觀爲飾 亦高明之是尊 天地精英之所鍾 斯豈無也 … 勝玆一隅之喬桐 聿是三路之重梱 … 畿湖倚而 爲重 固圍金湯 延白接而成援 衛國屏翰].

황택후(1687~1737)[15]가 남긴 안해루의 상량문이다. 동헌 남쪽 변과 맞닿아 있는 안해루는 1668년 통어사 구문치가 처음 세웠고 1740년 통어영 조재신이 중건하였다. 병영의 대청大廳으로 기능했기에 여타의 누정보다 규모가 컸던 것으로 추정되는 건물인데 그것의 상량문에는, 교동이 서울로 향하는 문지방이고 변경을 지키는 철옹성이며 울타리라고 기술돼 있다. 물론 안해루 앞에 있는 다른 누정, 삼문루의 중수기에도 "바로 해문의 자물쇠이며 기보의 인후[玆 乃海門鎖鑰畿輔咽喉]"라고 하거나 통삼루의 중수기에 "수군이 변경의 문을 모두 관할하며 방어하니 이보다 중요하지 않은 것이 없으며, 이곳에서 적의 상황을 엿보지 않음이 없다[舟師統轄邊門扞衛 莫不關捩於是 候覘於是]"는 지적도 교동의 군사적 위치와 관련된 것이다.

유흥상경유식遊息을 위한 사설 누정이 아니라 공무 및 문루의 기능을 하는 공설 누정들이기에 상량문과 중수기에 '자물쇠, 인후, 울타리' 등의 군사적 표현이 등장하고 있다. 하지만 누정이 태생적으로 '눈돌리기[유목游目]'에서 출발하며, 그것의 목적이 사설이건 공설이건 주변 경관을 조망하는 적소에 위치하기에 주된 목적이 공설이라 하더라도 사설의 기능을 일부분 공유하기도 한다. 황택후가 안해루의 상량문에 진술한 '천지의 빼어난 정기가 모이는 곳에 어찌 누대가 없으리오'라는 부분과 통삼루의 중수기에 "변방의 기미를 살피고 바다의 방어를 엄중히 경계하기에도 충분하니 누정의 도움이 크다[亦足以候察邊機飭嚴海防 樓之助大矣]"는 진술을 통해, '눈돌리기[유목游目]'의 목적을 어디에 두느냐에 따라 누정의 공설과 사설이 양가적으로 공존할 수 있다는 점을 짐작할 수 있다.

교동의 누정은 성곽식城郭式과 척후식斥候式으로 군사 기능을 수행하기 위한 '눈돌리

---

15 황택후(1687~1737)는 조선 후기의 문신, 본관은 창원(昌原), 자는 자화(子和), 호는 화곡(華谷)이다. 병신년 30세 되는 해에 강화로 가서 머물며, 『심주록(沁州錄)』을 지었다. 저서로는 『화곡집(華谷集)』이 있다.

기유목_{游目}'의 공간이지만 사방의 경치가 인간에게 감동과 동화를 주는 만큼 유흥상경을 위한 쪽으로도 기능할 수 있다는 것이다. 이것은 눈돌리기 방법에서 사람 시선만 이동하는 굽어보기, 올려다보기, 가까이 보기, 멀리 보기, 가까운 곳에서 먼 곳으로 보기 등이 성곽식城郭式과 척후식斥候式은 물론 동시에 유흥상경의 방법이기 때문이다.

다음은 안해루를 소재로 삼은 누정시이다.

統御轅門闢水邊,	통어영 군문은 물가에 열려 있고,
樓高百尺接雲天.	백 척 높은 누각은 구름에 닿았구나.
勢成脣齒連江都,	순치의 형세로 강도와 이어졌고,
地作咽喉鎭海延.	인후의 땅으로 바다를 지키네.
三道摠師專節制,	삼도의 군사를 절제사가 총괄하니,
四方無警絶塵烟.	사방엔 경보도 없어 속세가 아닌 듯하네.
書生事業今如此,	서생의 사업은 지금 이와 같으니,
文武全才愧昔賢.¹⁶	문무를 겸비한 예전 현자에 부끄럽구나.

군사 요충지로서의 교동의 위치와 안해루의 기능, 그리고 현재의 상황에 대해 읽을 수 있다. 교동이 군사적으로 중요하다는 점을 순치脣齒와 인후咽喉를 통해 나타내고 있다. 이는 상량문에 기술된 '철옹성'과 '울타리'와 동일한 의미이다. 그리고 그곳에서 삼도의 군사를 총괄한다며 안해루의 기능에 대해 언급하고 있다. 끝으로 전쟁을 알리는 경보가 전혀 없기에 속세가 아닌 듯하다며 현재의 평화스러운 상황을 제시하고 있다.¹⁷

遠臨滄海上,	멀리 푸른 바다 위를 바라보니,
遊子足風流.	나그네의 풍류론 제격이라오.
暫罷蓬瀛夢,	오래지 않아 신선의 꿈에서 깨어나니,
夕陽入畫樓.¹⁸	저녁노을이 그림 같은 누각으로 들어오네.

16 이익한(1659~?)은 조선후기 문신, 본관은 전주(全州), 자는 여익(汝翼)이다. 1724년 경기도수군절도사로 부임해 교동도에 있었다.
17 이외에도 안해루의 문루 및 군사 기능과 관련하여 장신(將臣) 백은진과 통어사(統禦使) 조우석의 누정시가 있다.

작자는 낙조를 조망하며 자신을 신선으로 착각하고 있다. 태양이 바다 속으로 잠기는 상황이었기에 하늘빛과 물빛이 다양한 농담으로 작자의 눈돌리기에 포착됐을 것이다. 그래서 작자는 '나그네의 풍류'와 '그림 같은 누각'이라며 유흥상경의 자세를 취하고 있는 것이다.[19]

承恩出守繼家聲,	은총 입어 통어사로 나가 집안 명예를 이었으니,
任重圻西水使營.	책임 무거운 근기(近畿)지방의 수군절도사라네.
梱外風雲聽老將,	병영 밖의 풍운은 노장에게 듣고,
海中鐵鉞列親兵.	바다에서 병기 들고 직접 열병(閱兵)하였네.
戰船明月魚龍靜,	달밤에 전함(戰艦)이 뜨니 어룡(魚龍)마저 조용하고,
畵角寒天樹木鳴.	찬바람 피리소리에 나무도 움직이네.
吏退官閑樓上飮,	퇴근 후엔 누각에 올라 한잔 마시나니,
雪晴松島夜烟生.[20]	눈 개인 송도엔 저녁연기 피어오르네.

작자는 수군절도사의 임무를 맡아 집안의 명예를 이었다고 한다. 그에게 안해루는 '병기 들고 열병'하고 '전함戰艦이 뜨'는 곳이기에 문루 및 군사 기능을 하는 공간이다. 한편 '퇴근 후엔 누각에 올라 한잔 마시'며 눈돌리기유목游目에 의해 '눈 개인 송도엔 저녁연기 피어오르'는 것을 포착한 것으로 보아 안해루는 유흥상경의 공간이기도 하다. 결국 군사적 기능과 유흥상경의 기능이 공존하고 있는 누정시이다.

다음은 공북루를 소재로 삼은 누정시이다.

江南有此好樓臺,	강 남쪽에 이처럼 좋은 누대가 있어,
北客初隨鴻鴈來.	북쪽 길손은 처음으로 기러기 따라 왔네.
粉堞丹甍逈超忽,	흰 성가퀴와 붉은 용마루는 저 멀리서 초연하고,

---

18 장신(將臣) 이완식(李完植)이 지은 시이다. 경인(1830)년 2월에 부임하여 와서, 신묘(1831)년 4월에 그만두었다.
19 이외에도 안해루의 유흥상경과 관련하여 병사(兵使) 서광복, 병사(兵使) 백락운, 통어사(統禦使) 신종익의 누정시가 있다.
20 통어사(統禦使) 오길선(吳吉善)의 누정시이다. 기미(1859)년 10월 부임하여 와서, 경신(1860)년 4월 그만두었다.

白沙翠壁紛縈迴,	흰 모래와 푸른 절벽이 어지러이 둘러싸고 있네.
關山千里一翹首,	변방의 천 리를 한번 쳐다보고,
風雨重陽獨擧杯.	비바람 치는 중양절에 홀로 잔을 든다오.
聖主不知臣不肖,	임금은 신하의 어리석음을 알지 못하는데,
繡衣使者何爲哉.[21]	암행어사는 무엇을 해야 하나.

자신이 방문한 공간을 '좋은 누대好樓臺'라 한다. '좋은 누대'는 두 가지의 경우로 생각할 수 있는데, 먼저 '흰 성가퀴'와 '붉은 용마루'의 누대에서 '변방의 천 리를 한번 쳐다'볼 수 있으니 문루의 기능을 수행하기 좋다는 것이다. 게다가 공북루의 한켠에 '푸른 절벽이 어지러이 둘러싸고 있'으니 적을 방어하는 데 수월해 보였다. 한편 암행어사의 소임을 받은 작자가 앞으로의 할 일에 대해 생각하며 '중양절에 홀로 잔'을 들며 유흥상경의 공간으로 좋다고 한다. 공북루는 군사 및 유흥상경의 기능이 동시에 가능했던 누정이었던 것이다.

3. 결론

누정은 주거공간의 건축과 함께 시작되었다. 주거공간을 보호하려면 다소 높은 곳에서 주변을 조망해야 했기에 거기에서 누정이 시작되었다. 흔히 亭이라는 글자가 높다高와 대못丁(기둥)의 결합인데, 이는 갑골문의 모양을 통해서도 확인할 수 있다. 누정이 거주공간을 보호하기 위한 것이라면, 군사 및 문루의 기능에서 출발했다고 이해할 수 있다. 이후, '사장射場, 유흥상경, 시단, 학문수양 및 강학, 회합' 등으로 기능이 확장된 것이다.

---

21 「重陽登拱北樓」, 『명미당집(明美堂集)』. 이건창(1852~1898)의 자는 봉조(鳳藻), 호는 영재(寧齋). 이조판서 충정공(忠貞公) 시원(是遠)의 손자이다. 양명학자로 1866년 15세에 과거시험에 합격하였으나 나이가 어린 관계로 19세가 돼서야 벼슬을 할 수 있었다. 1874년 서장관(書狀官)으로 발탁돼 청나라에 가서 외교활동을 했고, 두 번에 걸쳐 암행어사를 맡기도 했다. 1905년 을미사변(乙未事變)이 일어나자, 역적을 성토하는 상소討逆疏를 올렸다. "匹婦匹夫의 죽음에 있어서도 자신이 天命으로 죽지 못하면 원수를 갚지 못한 원한이 있는 것인데, 어찌 國母가 시해되었는데도 그 원수를 갚지 않을 수 있겠습니까[匹婦匹夫之死 而不得其命者 猶無不償之冤 豈有國母被弑 而讐終不復者乎]"라는 내용이었다. 『명미당집(明美堂集)』을 남겼다.

교동도 누정의 경우, 군사 및 문루의 기능에 해당하는 누정 13개와 누정시 12개를 확인할 수 있었다. 이는 교동이 군사 기능과 밀접한 공간이었던 것을 의미한다. 누정이 위치한 곳이 유흥상경을 위한 '눈돌리기'이기보다는 군사 기능의 성곽식城郭式 및 척후식斥候式으로 삼기에 최적지였다는 것이다. 이런 경향은 누정들의 중수기에도 그대로 반영되어 '문지방, 철옹성, 자물쇠'라는 수사를 통해 다시 강조되었다.

누정시를 통해 보건대 군사적 기능 쪽과 유흥상경의 기능 쪽, 그리고 양쪽을 모두 드러낸 경우를 발견할 수 있었다. 동일한 공간이되 눈돌리기의 목적을 어디에 두었느냐에 따라 동일한 경관이 다른 양상으로 드러났던 것이다. 다만 이 글에서는 누정시 12수를 모두 거론하지 않았지만 군사적 기능은 5수, 유흥상경은 4수, 군사 및 유흥상경은 3수였다. 동일한 누정이 기능면에서 교직될 수 있었던 것은 군사적 기능이 뚜렷이 부각되었던 안해루의 상량문에 '천지의 빼어난 정기가 모이는 곳에 어찌 누대가 없으리오'나 통삼루의 중수기에 '바다의 방어를 엄중히 경계하기에도 충분하니 누정의 도움이 크다'를 통해 확인할 수 있었다.

끝으로 『교동군읍지』(1899년)에 등장하는 과거합격자는 약 25명인데, 그들이 자신의 고향에 '시단을 이루는 기능, 학문수양 및 강학의 기능, 종회나 동회 등 회합의 기능'과 관련된 사설누정을 세웠을 만하지만 그에 대한 자료를 발견할 수 없었다. 고려 충렬왕 12년(1286) 문성공文成公 안유安裕(1243~1306)가 원나라에 갔다가 돌아오는 길에 공자상孔子像을 들여와 교동향교에 봉안했던 점을 염두에 두면 사설누정 관련기록이 없다는 점이 특이할 뿐이다. 과거합격자들이 벼슬을 마치고 교동으로 돌아왔지만 그곳은 여전히 군사적 기능을 우위에 둘 수밖에 없는 상황이었다는 데에서 이유를 찾아야 할지, 단순히 교동도의 운명적 지세地勢로 돌리면 그만인지 논의할 필요가 있다.

참고문헌

『삼국유사』, 『명미당집』, 『교동군읍지』.

김종태, 『동양화론』, 일지사, 1985.
박영주, 「관동팔경과 누정문학 유산」, 『도남학보』 제19집, 도남학회, 2001.
안계복, 「한국의 누정명 선정에 관한 연구」, 『한국전통문화연구』 5집, 효성가톨릭대, 1989.
유호진·우응순, 「누정제영의 시공간적 분포와 그 의미」, 『민족문화연구』 40호, 2004.
장덕순 외, 『문학의 산실 누정을 찾아서』 Ⅰ, 시인사, 1987.
장 파, 유중하 외 4인 옮김, 『동양과 서양, 그리고 미학』, 푸른숲, 1999.
조동일, 『한국시가의 역사의식』, 문예출판사, 1993.
魯杰·魯寧, 『華夏古亭』, 중국사천인민출판사, 1991.

교동도의 개신교 전파와 수용

최인숙
인하대 교양교육원 강사, 한국문학

1. 교동도와 감리교 12교회

교동도는 한강, 임진강, 예성강이 서해로 합쳐지는 길목이자, 중국으로 오가는 뱃길의 중간에 위치한다. 고려 충렬왕 때 안향安珦이 보낸 공자의 초상과 제기祭器, 그리고 주자학의 경서류經書類가 교동 향교에 처음으로 도착한 것도 이러한 이유 때문이다. 뿐만 아니라 교동도는 고려 시대의 수도인 개성과 조선시대의 수도인 한양의 관문關門으로 충청, 전라 등의 남쪽 지방이나 황해, 평안 등의 북쪽 지방에서 세금으로 거둔 곡식을 개성이나 한양으로 실어 나르는 배[漕運船]가 중간에 쉬어가는 곳이기도 했다. 조선시대에 삼도수군통어영이 교동도에 설치된 것도 한강 하구의 조운을 관리하고 한양을 방어하기 위해서였다. 이처럼 교동도는 해상교통과 군사의 전략적 요충지이자 새로운 문화와 문물이 들어오는 길목이었다.

교동도는 서부 섬 지역, 황해도 연안, 해주 등을 강화와 제물포로 연결하는 뱃길의 중간 지점이다. 교동도에 일찍이 개신교가 전파된 이유도 따지고 보면 교동도의 지리적 위치가 인천, 경기, 황해, 충청 등 서부지방 선교에 중요한 발판이 되었기 때문이다. 개신교 전파 초기에 선교사들이 제물포와 서해의 여러 지역을 돌아보며 선교여행을 할 때에는 도로나 철도 등을 이용하는 육상교통보다 뱃길을 이용하는 해상교통을 더 선호하였다. 1904년에야 서울과 부산을 연결하는 철도인 경부선이 완공되었으니, 그 이전 시기에는 육로보다 해로를 이용하는 편이 훨씬 수월했을 것이다.

개항 이전 교동도에는 토착신앙을 비롯하여 유교, 불교 등의 종교가 성행했다. 뚝신각이라는 사당에서는 장군신을 모시며 정기적으로 뚝신제라는 제사를 지냈으며,[1] 마을의 수호신을 모시는 부군당扶君堂에서도 부군당제를 지낼 정도로 토착 종교의 힘 또한 만만치 않았다.[2] 공자를 비롯한 성현의 위패를 모시며 제사를 지내던 교동향교는 조선의 유교 이념을 보급하며, 지방의 교육을 담당하던 곳으로 그 규모가 적지 않았다. 불교가 융성했던 고려시대 뿐만 아니라 억불정책이 시행되던 조선시대조차 화엄사, 갈공사, 안양사, 화양사 등 네 군데의 사찰이 있었을 정도로 불교의 교세도 적지 않았다.

이러했던 교동도가 오늘날 향교는 명맥만 유지되며, 사찰은 화개사 한 곳만 남아 있는 반면, 교회만 13곳이 있을 정도로 기독교의 교세가 우세해진 까닭은 무엇일까? 그것은 바로 근대 이후 개신교의 교세가 엄청나게 커졌기 때문이다. 2015년 현재, 교동도에는 기독교 관련 종교 기관은 감리교회 열두 곳과 천주교회 한 곳이 있다.[3] 감리교의 12교회는 모교회인 교동교회를 비롯하여 난정교회, 지석교회, 교동중앙교회, 인사교회, 서한교회, 무학교회, 삼화교회, 동산교회, 화동교회, 고구리교회 등으로 각 마을마다 교회가 하나씩 있는 셈이다.

미국의 감리교, 장로교와 영국의 성공회 등 개신교가 조선에 전래된 지 100여 년만에 교동도에서 유독 감리교의 교세가 확장된 까닭은 무엇일까? 그 이유는 무엇보다 먼저 조선에 선교를 처음 시작할 무렵 미국 감리교와 장로회 사이에 맺은 선교지역 분할에 대한 약정을 들 수 있다. 아펜젤러는 언더우드와 함께 선교여행을 다니던 1888년 두 교단 간의 충돌을 염려하여 선교지역 분할을 제안하였고, 1892년에 다음과 같은 계약을 성사시켰다.[4]

---

1   뚝신각은 교동의 진망산 동쪽에 있던 곳으로, 독신각 또는 둑신각이라고도 한다. 뚝신제는 군대에서 쓰던 꿩으로 만든 큰 깃발인 뚝[纛]에 지내는 제사를 말한다.
    강화사편찬위원회, 『강화사』, 강화문화원, 1976, 87쪽.
2   부군당이란 서울이나 경기 지방의 관청 내에 두던 사당의 이름으로 해당 지역이나 나라의 수호신을 섬기며 제사 지내던 곳이다. 교동도호부의 부군당은 교동면 읍내리 251번지에 위치하며, 조선시대 연산군이 교동에 유배되어 병으로 죽을 때까지 거처하던 집터였다. 주민들이 연산군의 화상을 봉안하고 죽은 영혼을 위로하며 부군당제를 지냈다.
3   대룡리에 있는 천주교회는 인천교구 산하 강화 하점성당의 교동공소로 로베르또 라파엘로 펠리니(한국명, 방인이) 신부가 60여 번째 봉직하고 있다. 교동교회의 구본선 목사에 의하면, 대룡리 천주교회는 이전에 성공회 교회가 있던 자리라고 한다.
4   한국기독교연구소, 『한국기독교와 역사』 1, 기독교문사, 1989, 213~218쪽; 이만열, 『한국 기독교수용사 연구』, 두레시대, 1998, 332쪽.

1. 인구 5,000명이 넘는 개항장이나 도시(서울, 평양, 원산)는 공동선교구역으로 한다.
2. 인구 5,000명 이하인 경우에는 먼저 시작한 선교부가 우선권을 가지며, 6개월 이상 사업을 중단할 경우 누구나 들어갈 수 있다.
3. 아직 사업을 시작하지 않은 선교회는 아직 점유되지 않은 지역에서 착수하도록 권고한다.
4. 선교회가 변경된 경우 이전의 교인들은 교파 소속을 옮길 수 있으나, 녹명(錄名)된 교인들은 담임 교역자로부터 추천권을 받아야 하며, 다른 교회의 규칙을 존중해야 한다.[5]

이로써 미 북감리회는 서울과 한국의 서부지역 일대를 선교지역으로 확보하게 되었다. 경기도 일원, 충청남도와 충청북도의 북부, 강원도 중남부, 안변 등의 평안북도 일부와 평안남도의 진남포, 황해도의 해주 등의 남부 해안 일대가 바로 그것이다. 한국의 선교 지역 분할은 일제의 한국 침략이 본격화되는 1890년대에 시작되어 일제 강점이 이루어지던 1910년경에는 거의 마무리 단계에 이르게 되었다. 선교 영역 확정은 일본 제국주의의 묵시적인 양해 속에서 이루어졌을 가능성이 있다.[6]

선교 지역 분할 약정은 한국인 스스로가 교파를 선택할 자유가 거의 없었음을 의미한다.[7] 개신교 선교 초기에 한국에서는 신자 개인이 교파 관념에 의한 신앙이나 신학을 선택하는 것이 아니라 자신들이 살고 있는 지역이 어디인가에 따라서 타율적으로 주어진 셈이다. 감리회는 선교 지역 분할 협약에 의해 제물포를 중심으로 강화와 교동을 비롯한 인근 섬들에서 선교활동을 펼치게 되었고, 장로회는 이 지역 선교에 나서지 않았다. 따라서 교동에는 처음부터 감리교가 전파될 수밖에 없는 상황이었다. 그렇다면 감리교가 교동에 어떻게 전파되고, 이를 수용하게 되었는지 그 과정을 살펴보기로 한다.

---

5 이만열, 『한국 기독교수용사 연구』, 두레시대, 1998, 333쪽.
6 1905년 7월 가츠라-태프트 밀약(The Katsura-Taft Agreement)으로 일본과 미국은 한반도와 필리핀에 대한 서로의 지배권을 인정하였고, 같은 해 8월, 제2차 영일동맹, 9월에 포츠머스조약으로 영국과 러시아에게 한반도에 대한 지배권을 인정받은 일본은 1905년 11월 17일 을사조약으로 대한제국의 외교권을 빼앗아 보호국의 지위로 전락시켰으며, 1910년 8월 29일에는 주권을 완전히 빼앗았다. 일본이 미국 개신교가 동양에 진출하는 데에 교두보의 역할을 담당했다는 점에서 미국과 일본의 제국주의가 서로 협력 내지 상생 관계였음을 알 수 있다.
   위의 책, 335쪽.
7 같은 책, 같은 곳.

2. 감리교의 교동도 전파 과정

1) 고종의 교육 및 의료 선교 윤허와 선교사 파송

서양의 눈부시게 발전한 과학기술과 새로운 문물을 동양에 처음 소개한 것은 바로 서양의 선교사들이었다. 중국을 세계의 중심으로, 나머지를 오랑캐로 생각하는 화이華夷론에 입각한 동양의 전통적인 중화사상은 기독교의 전파와 더불어 코페르니쿠스적인 발상의 전환을 가져왔다. 동양의 근대는 기독교의 전파와 더불어 시작되었다고 해도 지나친 말이 아닐 것이다.

서양에서 산업혁명과 과학기술의 발달은 신神 중심에서 인간 중심의 사고로 전환되는 계기가 되었으며, 개인의 자유와 평등을 중시하는 민주적 시민과 근대국가를 형성하는 원동력이 되었다. 이러한 서양의 근대화와는 달리 동양의 근대화는 서구 제국주의의 동양 진출과 맞물려 있으며, 그 첨병 역할을 한 것은 바로 기독교의 전파였다. 천주교가 중국을 통해 서학이라는 학문의 형태로 수용되었다면, 감리교, 장로교 등의 개신교는 미국의 선교사를 중심으로 전파되었고, 성공회는 영국의 선교사를 중심으로 전파되었다.

1882년 한미통상우호조약이 맺어진 이듬해인 1883년 9월부터 견미사절단遣美使節團으로 파견된 민영익·홍영식 일행은 대륙횡단열차에서 북감리회의 가우처 목사를 우연히 만나게 되었다. 이를 계기로 조선의 선교에 관심을 갖게 된 가우처 목사는 미국에 있는 감리교 해외선교본부에 한국 선교를 촉구하면서 그 기금의 일부를 기증하는 (5천불 가운데 2천불을 헌금) 한편, 일본에 있는 매클레이Robert S. Maclay 목사에게 한국 선교의 가능성을 탐색하도록 하였다.[8]

1884년 6월 24일 미국 북감리교회 소속의 선교사 매클레이 목사는 2주 정도 조선에 머물면서 조선의 선교 가능성을 탐색하였다. 7월 3일, 고종 황제는 매클레이에게 의료 및 교육 사업을 할 수 있도록 윤허해 주었다.[9] 이는 김옥균의 적극적인 지원 덕

---

8 위의 책, 43쪽.
9 한국에 감리교가 전파되는 과정은 매클레이가 쓴 「한국의 기독교 전파 허용」(*The Missionary Review of the World* vol.9, No.4, 1896. 4, pp.287~290.) 및 「한국, 서울에서 2주간」(Gaspel in All Lands, 1986. 9, pp.354~360), 「한국 감리교 선교의 시작」(Gaspel in All Lands, 1986, pp.498~502) 등에 상세히 수록되어 있다. 이 자료는 이만열이

분에 가능한 일이었다. 개화파인 김옥균은 일본을 두 번째 방문했을 때, 매클레이 목사의 부인에게 함께 인솔한 유학생들에게 영어 교습을 부탁하면서 친분을 쌓았기 때문이다.[10] 이로써 개신교 선교사들이 자유롭게 조선에 들어올 수 있는 길이 열렸다.

1885년 부활절인 4월 5일 미국 북감리교회 소속의 목사 아펜젤러Henry G. Apenzeller, 의사 스크랜튼W. B. Scranton과 그의 어머니 스크랜튼L. W. A. Scranton 선교사가 인천에 파견되면서 감리교의 조선 전파가 본격적으로 시작되었다. 같은 날 미국 북장로회 소속의 언더우드Horace G. Underwood 목사도 조선에 도착하였다. 감리회에서는 아펜젤러가 배재학당을, 스크랜튼 대부인이 이화학당을 설립하여 교육을 통한 선교를 시작했고, 스크랜튼은 시병원施病院을 설립하여 의료 활동을 통한 선교를 시작하였다.[11] 학교와 병원을 통한 선교는 한국인들에게 기독교에 대한 좋은 인상을 주었고, 선교사들의 헌신적인 노력으로 신자가 점차 늘어났다. 마침내 1887년 10월 한국에 첫 감리교회로 정동교회가 설립되었다.

2) 존스 목사와 감리교 전파

미 감리회의 인천 선교는 1889년에 시작되었다. 인천에 파송된 올링거John F. Ohlinger는 배재학당 교사와 미감리회 인쇄소의 책임을 맡고 있어 서울에 거주하며 인천 선교를 담당했다. 그의 후임인 아펜젤러 역시 배재학당 교사와 정동교회를 관리하면서 인천 선교를 맡았다. 이들과 함께 한국인 사역자로 파송된 노병일 권사는 인천 주민의 배척과 방해가 심한 가운데서도 헌신적인 노력으로 1890년 마침내 인천 읍내에 6칸짜리 예배당을 마련하였다.[12]

1892년부터 존스George H. Jones(한국명 趙元時) 목사는 인천 주재 선교사로 파송되면

『기독교사상』 1984년 7월호에 완역하여 게재하였으며, 『한국기독교수용사연구』에 재수록되었다.
위의 책, 147~173쪽.
10   위의 책, 41쪽.
11   이덕주 · 조이제, 『강화기독교 100년사』, 강화기독교100주년기념사업 역사편찬위원회, 1994, 83쪽.
12   충남 서산 출신으로 서울에서 감리교인이 된 노병일은 인천에 파송되어 전도하는 과정에서 인천 감리 성기운에게 잡혀가 전도 금지 압력을 받기도 하고, 시장에서 전도하다가 군인들에게 구타당하여 목숨을 잃을 뻔한 경우도 있다.
위의 책, 85쪽.

서 강재형, 백헬렌 등과 함께 인천으로 내려왔다. 제물포 구역이 개항장을 벗어나 강화, 담방리(만수동), 부평, 경기도 남양과 김포, 황해도까지 교세를 확장하게 된 계기는 동학농민운동과 청일전쟁이 일어난 1894년과 1895년이다. 전쟁과 난리 중에 민중의 생명과 재산을 보호하는 데 교회가 그 역할을 담당하게 됨으로써 기독교는 이방인의 종교가 아닌, 민족을 위하는 종교로 인식의 변화가 일어났다. 이것이 바로 교회 정착과 성장으로 연결되었다.[13] 이러한 교세 확장에는 선교 초기에 책장수(賣書사)로 성경책을 팔러다니며 복음을 전도하던 노병일이나 방물장수로 집집마다 방문하며 여성들에게 복음을 전도하던 전도부인 백헬렌의 헌신이 있었기에 가능한 일이다.

1892년, 인천에서 술집을 경영하던 이승환은 존스 목사에게 자신의 노모에게 세례를 베풀어 달라고 부탁하였다. 그는 강화도 서사면 시루미(증산동) 출신이었는데, 제물포 내리교회의 신자였다. 강화 서사면 주민들의 반대가 심해 존스가 마을에 상륙할 수 없게 되자, 이승환은 노모를 업고 교항마을을 거쳐 뒤펄개를 지나 존스가 탄 배에서 세례의식을 베풀게 하였다. 이것이 바로 강화에 감리교를 전파하는 발판이 된 '선상세례'이다.[14]

존스 목사는 제물포 교회의 이명숙 권사를 강화에 파송하여 전도하게 했다. 그는 시루미 이승환의 집을 거점으로 선교를 시작하여 강화에 신앙공동체를 처음 만들었다. 이 '시루미 공동체'가 바로 서사교회, 교항교회, 교산교회, 양사중앙교회 등으로 불리다가 최근에 강화교산교회로 불리는 강화 첫 감리교회의 전신이다.[15]

시루미의 옆 마을인 교항동에 살던 김상임은 전통 양반 가문 출신으로 어려서부터 한학에 전념하여 과거를 보았고, 1887년 나이 마흔에 강화부 승부초시가 된 인물이다. 그는 벼슬에 나아가지 않고 고향인 교항동에서 서당을 만들어 후학을 양성하던 지역 유지였다. 그는 존스 목사를 초빙하여 대화를 나눈 후 개종하였다.[16]

---

13 신홍식의 『내리교회』 4쪽에는 청일전쟁 당시 교회 인근 주민들이 피난하면서 자신들의 재산을 교회에 맡겼던 이야기를 소개하고 있다. "교회가 자신들의 재산을 지켜줄 것이라는 믿음이 있었고, 교회 뒤에는 서구 열강의 보호가 있어서 중국군이나 일본군이 함부로 할 수 없다는 신뢰가 있었기 때문에 가능한 행동이다. 전쟁이 끝나고 피난에서 돌아온 사람들은 교회에 맡겼던 재산을 찾아갔다. 전쟁 후 교회로 찾아오는 사람들이 늘어났고, 교인 수는 45명으로 증가했다."
이덕주·조이제, 『강화기독교 100년사』, 강화기독교100주년기념사업 역사편찬위원회, 1994, 86~87쪽; 구본선, 『내동 60년 그리고 100년』, 기독교대한감리회 내동교회, 2014, 57쪽.
14 이덕주·조이제, 『강화기독교 100년사』, 강화기독교100주년기념사업 역사편찬위원회, 1994, 94~98쪽.
15 위의 책, 99쪽.

김상임의 개종을 계기로 교항마을의 사대부 가운데 교인들이 생겨나기 시작했다. 이들은 처음에 시루미 이승환의 집에서 예배를 보다가 교인 수가 증가하자 자체 헌금 40원을 마련하여 1893년에 교항에 12칸짜리 초가집에 예배당을 마련했다. 이렇게 세워진 교항교회에 대해 이덕주·조이제는 "시루미 마을의 '여성과 아이들'을 중심한 민중계층과 교항 마을의 '양반 지식인' 계층이 함께 어울리는 아름다운 교회를 이룩할 수 있었다"라며 그 의미를 높이 평가하고 있다.[17]

교항교회 신자인 박능일은 홍의마을에서 서당을 운영하던 학자였는데, 그가 홍의마을에 기독교를 전도한 결과 그곳에 종순일, 권신일 등의 교인이 생겨 교회로 발전하게 되었다.[18] 이것이 바로 강화에 두 번째로 생긴 홍의교회이다. 홍의는 홍우鴻羽, 홍해洪海, 삼해三海로도 불리는데 지금은 강화군 송해면 상도리를 의미하며 교산에서 동쪽으로 강화읍 가는 길 중간에 위치한 마을이다.[19] 강화에서 감리교는 시루미(증산) → 교항 → 홍의로 전파되었으며, 시루미의 이승환 → 교항의 김상임 → 홍의의 박능일, 장양일, 권신일, 권혜일, 종순일에 이르는 신앙의 맥으로 이어졌다.[20]

여기서 주목할 것은 홍의교회 신자들의 이름 끝이 '한 일一'자로 일치한다는 점이다. 홍의교회를 비롯한 강화에서는 '일'자 돌림으로, 교동에서는 '신信'자 돌림으로 자신들의 신앙공동체 의식을 표현했다. 뿐만 아니라 초기 강화 교인들은 검은 옷을 입고 다녀, 또 다른 형식으로 신앙공동체 의식을 표현하였다. 그런데 그들은 기독교를 믿지 않는 사람들에게 '검정개'라는 조롱을 받았다. 그래도 그들은 검은 옷을 벗지 않았다.[21]

그 날(1899.4.17) 오후에 목사와 읍에 들어가, 본 군수 민태식을 보고 교회 일로 상약하고 돌아와 그 이튿날(1899.4.18) 나진포에서 전도할 때 세례 받은 이가 5명이요, 입교한 이가 3명이더라. 그 후에 바로 떠나 교동 섬으로 와서 교회에 향응하는 사람 몇 분을

---

16 위의 책, 104~106쪽.
17 위의 책, 109쪽.
18 위의 책, 113쪽.
19 위의 책, 112쪽.
20 위의 책, 117쪽.
21 위의 책, 157쪽.

<u>찾아보고</u>, 그날 밤에 강화 교항동(현 교산)으로 와서 형제 김상임 댁에서 머물고……[22]

밑줄 필자

이 기록은 존스 목사가 교동도에 권신일을 정식으로 파송하기 전에 이미 선교 가능성과 시기를 타진하기 위해 교동도를 방문하고 있음을 말해준다.[23] 『교동 선교 100년사』에는 뱃길을 잘 아는 황찬혁의 증언을 빌어, 존스 선교사가 나진포에서 전도를 하고 썰물에 맞추어 교동도에 왔다가 밀물을 타고 강화 교황으로 갔을 것이라고 설명하고 있다. 또한 당시 존스 목사가 이용한 나루를 인사리의 '북진나루'이거나 서한리의 '말탄'으로 추정하면서, '북진나루'쪽에 더 무게를 두고 있다.[24]

북진나루는 강화의 산이포와 황해도 연안군의 각 포구를 연결하는 곳이어서 권신일이 교동에 파송되기 전에도 선교사나 본처 사역자가 연안이나 해주 선교를 위해 오가는 뱃길이 닿는 곳이었다. 교동은 뱃길을 이용할 때, 제물포에서 강화는 물론 황해도로 이어지는 길목이므로 인천서지방 선교에서 중요한 곳이다. 존스 목사가 "교회에 향응하는 사람"을 만나러 갔다고 말하는 것은 교동에 이미 기독교 신자가 존재하거나 적어도 기독교에 호의를 가진 사람이 있었음을 암시한다. 결국 존스 목사는 이로부터 두세 달 뒤, 홍의교회의 권신일 권사를 교동에 파송하게 된다.[25]

3. 교동도에서의 감리교 전파

1) 권신일 부부의 사랑방 및 우물가 선교

교동도, 지난[1898] 여름, 제[존스 목사]는 제물포 선교 구역에 있는 교회들에게 국내 선교 헌금을 해 줄 것을 요청하였고, 저 자신 국내전도회(Home Missionary Society)를

---

22 『대한그리스도인 회보』, 1899. 5. 10; 최규환·최태육·구본선, 『교동 선교 100년사』, 교동지역교회연합회, 1999, 62쪽 재인용.
23 최규환·최태육·구본선, 『교동 선교 100년사』, 교동지역교회연합회, 1999, 69쪽.
24 위의 책, 64~65쪽.
25 위의 책, 69쪽.

조직했습니다. 현금으로 약 9만냥(36원)이 모아졌는데 그 중 일부는 산이포 사업에 쓰고, 나머지를 새로 개척한 교동에 투입했습니다. 권신일 형제가 자원해서 개척 사업을 맡겠다고 하며 홍의에서 건너왔습니다. 그는 이런 결단을 내리기 전 자기 아내 브르스 길라와 먼저 상의했는데, 그 내용이 참으로 흥미롭습니다.

"저는 아내에게 이사를 하는 것이 우리에게 고난이 될 수도 있음을 주지시켰습니다. 하루 한 끼만 먹게 된다면 굶어 죽지는 않을 것이라 했습니다. 적어도 그만큼의 각오는 해야 한다고 생각했습니다." 그리고 그들은 이주하였고, 일을 시작했습니다. 우리는 '읍내'에 국내전도회 기금으로 집을 한 채 구입했는데 그곳에 권씨 가족이 살고 있습니다.[26]

밑줄 필자

이 기록은 교동읍에 교회가 설립되는 구체적인 과정을 말해준다. 존스 목사는 국내전도회를 조직하여 제물포 선교구역(제물포, 강화, 연안 구역)에서 헌금을 모아 36원의 기금을 마련하였다.[27] 교동도에 파송될 권신일 부부가 거처하면서 선교에 나설 가옥 마련 비용 역시 여기서 마련된 것이다. 1899년 권신일權信一(1866~1929)은 홍의교회 초대 지도자인 박능일이 제물포교회 학당 교사로 가자 그의 뒤를 이어 홍의교회와 학당을 맡아 운영하였다.[28] 그러던 중 존스 목사가 교동도 선교를 계획한다는 사실을 알고 교동선교 개척자로 자원한 것이다. 그는 홍의교회를 김경일에게 맡기고 아내와 함께 교동도로 이주하였다. 1899년 여름부터 권신일 부부는 굶주림도 각오하는 결연한 의지로 교동도 전도에 나선 것이다.

이교도의 사랑방에서 예수 이야기를 한 번 이상 들었던 그들은 그런 이야기는 다시

---

26 *Official Minutes of the Annual Meeting of the Korea Mission of the Methodist Episcopal Church*, 1900. 5. 2. p.37; 이덕주·조이제, 『강화기독교 100년사』, 강화기독교100주년기념사업 역사편찬위원회, 1994, 124쪽.

27 산이포(철산리)는 강화 북쪽 끝에 있는 항구 마을로 황해도 연백과 연결되는 뱃길이 닿는 곳이며, 강화읍 다음으로 인구가 많은 곳이다. 산이포 교회는 1900년에 설립되었는데, 신축년 대가뭄으로 교인들이 다른 지역으로 이주하면서 폐지되고 말았다. 그러나 산이포교회의 개척은 강화읍교회(잠두교회) 개척으로 이어진다는 데 그 의의가 있다. 이덕주·조이제, 『강화기독교 100년사』, 강화기독교100주년기념사업 역사편찬위원회, 1994, 130~131쪽.

28 위의 책, 125쪽.

들고 싶지 않으니 다시는 오지 말아달라고 했습니다. 그러나 그의 대답은 확고했습니다. "그렇게 할 수는 없습니다. 저는 이곳에 세워질 그리스도의 교회에 쓸 좋은 재목을 구하러 왔습니다. 당신과 같은 좋은 재목을 찾았는데, 당신 생각엔 제가 그 재목을 버려두어 악마의 부엌에서나 쓸 불쏘시개가 되게 할 것 같습니까? 그럴 수는 없지요. 내일 다시 봅시다." 그리고 그는 그 이튿날도 찾아 갔고, 또 다른 기회를 얻어 복음을 전하였습니다.[29]

밑줄 필자

전도부인(Bible Women)뿐만 아니라, 나는 때대로 본처 사역자들로부터 보고를 받는다. 교동 사역자의 아내[브르스길라]가 여인들에게 전도하는 것을 자주 보곤 한다. 우물가에 모여 여인들이 빨래를 하면 그녀도 영낙없이 함께 빨래를 했다. 시카르[수가성, 세겜]의 예수님처럼 우물가가 설교단이 되고, 물을 긷는 여인들이 그녀의 회중이 된다.[30]

밑줄 필자

권신일이 남성들이 주로 모이는 사랑방을 선교 거점으로 삼았다면, 그의 아내인 황브르스길라黃信愛(1864~1951)는 여성들이 자주 모이는 우물가와 빨래터를 선교 거점으로 삼았다. 당시는 남녀가 유별하던 시대이므로 남성에 대한 전도는 권신일이, 여성에 대한 전도는 황브르스길라가 담당했을 것이다. 권신일은 향교에서 지내는 제사에도 참여해서 선교활동을 할 정도로 적극적이고 열정적이며 끈기있는 사람이었다.[31]

힐만은 황브르스길라의 우물가 전도를 예수가 시카르에 있는 야곱의 우물에서 사마리아 여인과 대화하며 영원히 목마르지 않는 샘물에 대해 이야기하던 예수에 비유하고 있다.[32] 시카르는 신약에 나오는 야곱의 우물이 있던 수가성을 의미하며, 한글 성

29 *Official Minutes of the Annual Meeting of the Korea Mission of the Methodist Episcopal Church*, 1900. 5. 2. p.37; 이덕주·조이제, 『강화기독교 100년사』, 강화기독교100주년기념사업 역사편찬위원회, 1994, 124쪽.

30 In addition to these regular Bible women, I sometimes receive reports from volunteer workers, The wife of the helper at ZWodong often records preaching to the women while gathered at the well-side, doing their washing, she doubtless being engaged in the same task. Like the Master at Sychar the well-side becomes her pulpit, and the women who come to draw water, her congregation.
    Mary R. Hillman, *Korea Women Conference, Seoul; Methodist Publishing House*, 1903, p.33; 최규환·최태육·구본선, 『교동 선교 100년사』, 교동지역교회연합회, 1999, 77쪽.

31 *Official Minutes of the Annual Meeting of the Korea Mission of the Methodist Episcopal Church*, 1901, pp.37 ~38; 최규환·최태육·구본선, 『교동 선교 100년사』, 교동지역교회연합회, 1999, 126쪽.

경에는 세겜Shechem으로 음역되었다.[33] 시카르는 예루살렘 북쪽에 있는 그리심 산과 에발산 사이의 골짜기에 위치한 가나안의 성읍이다. 예수가 이민족인 사마리아 여인에게 최초로 복음을 전하고, 그녀는 마을 사람들에게 기독교를 전파하였다.

권신일 부부의 헌신적인 전도로 교동도에 최초의 신앙인이 생겨났다. 황한신, 황초신, 권민신, 서풍신, 방족신, 방마리아(황철신), 황여신, 안낙신, 김상근, 박성대 등이 그들이다.[34] 이들의 이름에서 보이는 공통점은 그들의 이름 끝자리가 '믿을 신信'자로 끝난다는 점이다. 이는 강화 교항교회와 홍의교회 신자들의 '한 일一'자 돌림자 신앙 전통을 이어받았기 때문으로 보인다. 교동도의 신자들이 자신의 이름을 '신'자로 바꾼 데에는 그들에게 기독교를 전파한 권신일 목사의 신앙을 이어받는다는 의미가 있다. 또한 믿는 사람으로서의 강한 공동체 의식을 함축하고 있을 뿐만 아니라 자신들이 기독교 신자임을 당당히 밝히려는 의도도 포함되어 있다. 박해와 고난의 시기에 그들의 담대한 마음이 자신의 이름을 새롭게 바꾸는 것으로 드러난 것이다.[35]

이러한 돌림자 신앙은 불교의 돌림자 신앙을 연상케 한다. 은사스님은 제자스님이 자신의 법통을 이어받았음을 표시하기 위해 돌림자를 정해 놓는다. 그래서 불교에서는 법명만으로 어느 큰스님의 제자인 줄 알 수 있다. 예를 들면, 성철 스님의 제자들은 모두 '원'으로 시작하는 법명을 가지고 있다. 그러나 이는 따지고 보면 유교의 항렬과 같은 개념이다. 항렬이 같으면 이름 가운데 한 글자를 금목수화토 변의 순서에 따라 돌림자를 따르는 것과 같은 이치이다. 이러한 돌림자 개명운동이 강화의 교항교회나 홍의교회를 중심으로 일어난 데는 이들 교회의 지도자인 김상임이나 박능일이 유교의 학자들이었기 때문이 아닌가 한다.

서양의 종교인 개신교가 한국에 전파되는 과정에 등장한 돌림자 개명운동은 한국의 토착문화를 무조건 배척하지 않고 이를 따르려 했다는 점에 그 의의가 있다. 더욱이 강화 홍의마을에서 일어난 '일'자 개명운동은 가족 간의 항렬까지 모두 파괴하고 이를 따랐다. 이는 유교적 서열의식을 파괴하고, 기독교의 평등사상을 개명에 적용했

---

[32] 요한복음 4 : 7~15.
[33] 요한복음 4 : 5.
[34] 최규환·최태육·구본선, 『교동 선교 100년사』, 교동지역교회연합회, 1999, 81쪽.
[35] 위의 책, 86~87쪽.

기에 특별한 의미가 있다. 전통문화와 외래문화가 조화를 이루었다고 볼 수 있기 때문이다.

2) 교육 선교

새해 이후 학교들이 부평과 남양 그리고 강화 외 두 곳과 교동에 한 곳이 세워졌다. 교동섬에서 우리는 둘러보러 온 사람들 가운데 대단히 많은 씨를 뿌릴 기회를 얻었다. 이제 막 시작된 학교는 끊임없는 관심의 원천이며, 그것을 통하여 반복해서 복음의 메시지가 들려졌다.[36]

1904년 초, 권신일은 읍내리에 동화학교를 설립하였다.[37] 4년제로 운영된 동화학교는 같은 해 11월에 백화당百和堂으로 이전하였다. 백화당은 성읍 남소문南小門 밖, 병기고 동쪽에 있던 건물로 추오헌秋梧軒이라고도 하며 비장들이 사용하던 9칸짜리 건물이다.[38] 동화학교는 10년 뒤에 상룡리로 교사를 옮겼다가 1917년에 폐교되기까지 150여 명의 졸업생을 배출하였다.[39]

한편, 황브르스길라는 교동도에서 전도활동을 하면서, 1902년부터 미국 북감리교 소속 여선교사인 밀러Lula A. Miller와 힐만Mary R. Hillman의 지원을 받아 순회매일학교 교사로 여성교육에 매진하였다. 그녀는 일 년 내내 교동도를 비롯하여 해주, 연안, 강화도 등 서너 곳을 순회하면서 소녀들에게 한글과 교리를 가르쳤다[40] 이는 사람들의

---

36 Lula A. Miller, *Korea Women Conference, Seoul*, Methodist Publishing House, 1905, p.28: 최규환·최태육·구본선, 『교동 선교 100년사』, 교동지역교회연회, 1999, 115쪽

37 『강화사』, 『교동향토지』 등에는 동화여학교와 동화학교 모두 1908년 개교한 것으로 나와 있다. 한편, 『강화기독교 100년사』에는 『조선감리회연회록』 1904년 통계를 근거로 동화학교가 1904년에 설립되었다고 설명하다가 나중에는 1908년에 설립하였다고 적고 있다. 그러나 『교동 선교 100년사』에는 동화학교는 1904년, 동화여학교는 1905년에 개교한 것으로 바로 잡고 있다. 더군다나 1908년은 권신일이 부평읍교회의 목사로 부임된 시기이므로 1904년에 교동 동화학교를 설립했다고 보는 것이 타당하다.
강화사편찬위원회, 『강화사』, 강화문화원, 1976, 611쪽; 황인병 편, 『교동향토지』, 재인교동면민회, 1995, 168쪽; 이덕주·조이제, 『강화기독교 100년사』, 강화기독교100주년기념사업 역사편찬위원회, 1994, 193·214쪽; 최규환·최태육·구본선, 『교동 선교 100년사』, 교동지역교회연합회, 1999, 119쪽.

38 강화사편찬위원회, 『강화사』, 강화문화원, 1976, 89쪽; 황규열 편역, 『교동사』, 교동문화연구원, 1995, 492쪽.

39 최규환·최태육·구본선, 『교동 선교 100년사』, 교동지역교회연합회, 1999, 121쪽.

40 Lula A. Miller, *Korea Women Conference, Seoul*, Methodist Publishing House, 1903, p.39.

전폭적인 지지를 얻었고 여성들의 삶에 깊은 영향을 주었다.

순회매일학교는 1905년 초에 동화東化여학교의 개교로 이어졌다.[41] 황브르스길라는 1906년부터 해주에 거주하면서 오전에는 어린이들을 가르치고 오후에는 전도부인으로 활동하였다.[42] 밀러에 의해 설립된 동화여학교는 미 감리회 해외 여선교회의 재정적 지원을 받았으며, 1920년에는 난정리 월굴동에 새로운 교사校舍를 짓고 이전하였다. 그러나 교회지도자와 전도부인 사이의 불미스러운 사건과 읍내 공립학교의 설립으로 인하여 1925년에 문을 닫고 말았다.[43] 폐교된 난정리 학교 건물은 예배당으로 사용되었고, 서한리 교인들도 이곳에 와서 함께 예배를 드리게 되었다.[44]

교동섬에서 훨씬 더 많은 여성들이 교회의 작은 방에 가득 찼다. 교회에 나오는 초신자들, 특히 글을 읽지 못하는 젊은 여성들은 자국의 문자를 배웠고, 그것으로 인해 교리를 배울 수 있었다. 그 후 교회의 회원으로 받아들여졌다. 심지어 불신자들조차도 우리에게 오는 것을 즐거워한다. 그들은 예배를 드리는 동안 말씀을 주의 깊게 청종했다.[45]

매일학교로 정착된 동화여학교는 교육을 통한 선교라는 목표를 가지고 민중을 계몽하고 선교하는데 한몫을 톡톡히 했다. 특히 여성들에게 한글을 보급하여 문맹을 벗어나게 한 공로는 매우 크다고 말할 수 있다. 그런데 이 기록에서 주목할 점은 한글을 먼저 교육시키고 나서 교인으로 입교하게 하였다는 대목이다. 여성 대부분이 교육을 받지 못하고, 문맹 상태에 놓여 있었던 당시에 한글을 읽고 쓸 수 있는 능력 가질 수 있다는 것은 획기적인 일이다. 한글을 학습하기 위한 텍스트는 한글 성경이었다. 한글 성경을 배우면서 한글은 물론 기독교의 교리도 수용하게 되었음은 물론이다. 뿐만 아니라 신자가 되어서 성경을 읽고 찬송가를 익히기 위해서도 한글 교육은 꼭 필요한

---

[41] Mary R. Hillman, *Korea Women Conference, Seoul*, Methodist Publishing House, 1905, p.32.
[42] 밀러, 「학교 교사들과 전도부인들」, 1906.10(홍석창 편역, 『제물포지방 교회사 자료집(1885~1930)』, 에이멘, 1995).
[43] 최규환・최태육・구본선, 『교동 선교 100년사』, 교동지역교회연합회, 1999, 122쪽.
[44] 위의 책, 121쪽.
[45] Lula A. Miller, *Korea Women Conference, Seoul*, Methodist Publishing House, 1905, p.32; 최규환・최태육・구본선, 『교동 선교 100년사』, 교동지역교회연합회, 1999, 116쪽.

것이었다.

1906년 케이블 부인은 교동의 여성 교육에 대해 다음과 같이 보고하고 있다.

그리스도계로 돌아오는 한 놀라운 사건이 있었다. 한 여자가 내게로 와서는 "우리가 그리스도인이 되기 전에는 문밖도 거의 볼 수 없었지만, 이제 그리스도인이 되었기 때문에 교회도 갈 수 있고 여러 모로 더 많은 자유를 얻게 되었습니다"라고 말했다. 그들은 기독교인이 되고 나서 영적인 면에서 뿐만 아니라 정신적인 면으로도 성장하고 발전할 수 있는 기회를 가지게 되었다. 학교에 주어지는 관심도 예전보다 더 컸다. 부모들은 이제 자기 딸들이 교육받는다는 것을 정당한 일로 생각한다. 마을에 자기 딸들을 보낼 학교가 없으면 서울에 있는 여학교로 딸들을 보낸다. …(중략)… 기독교는 여성의 지위를 향상시키고 있다. 기독교는 여성을 비하하는 이교도의 많은 관습을 타파하고 사람들에게 새로운 정신을 심고 있다.[46]

여성에 대한 교육 선교는 개화기 이전 교육에서 소외되었던 여성들에게 교육의 기회를 확대하고, 남녀가 평등하다는 가치관을 형성하게 했다는 데 그 의의가 있다. 한글교육과 기독교 사상의 보급은 여권을 신장시키고, 여성해방으로 나아가는 밑거름이 되었다. 권신일 부부의 교육을 통한 선교는 개신교 신자가 증가하는 데 중요한 역할을 했을 뿐만 아니라 교동 지역의 인재양성에도 크게 이바지하였다. 특히 한글 교육을 통한 문맹 퇴치는 민족의식의 확대로 이어졌다.

권신일과 황브르스길라의 전도로 감리교를 처음 믿기 시작한 교인 가정은 교동도의 서쪽 해안 마을인 북당개나루(서한리)에 살던 방족신과 그의 아들 방합신, 방도신 등 방씨 가문과, 북쪽 해안마을인 북진나루(인사리)에 살던 황초신, 황여신, 황한신 등 황씨 가문과 상룡리에 살던 박성대, 박형남 등 박씨 가문 등 10여 집이다.[47] 교동은 1899년 권신일이 파송될 때, 강화구역에 소속한 섬이었다. 그런데 1903년에 이르러 12개의 섬을 관할하는 교동구역으로 승격하게 된다. 이는 교동도가 서부 섬 지역 선

---

46 케이블(E.M.Cable) 부인, 「사방을 향하여」, 1906년 8월(홍석창 편역, 『제물포지방 교회사 자료집(1885－1930)』, 에이멘, 1995, 274~275쪽).
47 전택부, 『토박이 신앙산맥』 3, 대한기독교출판사, 1992, 89쪽.

교의 거점이 되었다는 의미이다. 이와 같은 교동도의 폭발적인 교세 확장은 권신일과 그의 아내 황브르스길라의 헌신과 노력을 밑거름으로 해서 이루어진 것이다.[48]

4. 교동도에서의 감리교 수용

1) 처음 신자들의 고난

〈사례 1〉 황초신의 개종과정

교동 북면 사는 황초신 씨는 도를 듣고 오래 궁구하여 참 이치를 얻은 고로 그 집에 위하던 우상을 불사르니 그 부모와 동생들이 와서 말하되, "이 놈은 미친놈이니 그저 둘 수 없다"하고 상투를 붙잡고 넘어뜨린 후에 그 위에 깔고 앉아서 뺨을 치며 하는 말이 "내가 너를 이 칼로 찔러 죽일 터이니 예수 안 믿기로 항복하라" 한즉, 황초신 씨 하는 말이 "내가 그 칼에 죽을지언정 항복하지 않겠노라"하고 또 그 부인 민씨가 여러 사람 가운데 서서 손뼉을 치며 하는 말이 "내가 하나님께 일 년 동안에 기도하기는 특별히 내 가장 회개시켜 주시기를 원하였더니 오늘이야 하나님께서 내 소원을 이루어주셨다"하니 듣는 사람이 다 앙천대소(仰天大笑)하고 이상히 여기더라.[49]

황초신은 북당나루(인사리)에 살던 전통 양반 가문 출신으로 교동도의 처음 신자 10명 가운데 한 명이다. 그가 조상에 대한 제사를 우상숭배로 규정하고 위패를 불태워버리는 행동은 가족들에게 충격이었을 것이다. 황초신이 가족들에게 몰매를 맞고 칼

---

[48] 교동구역 변천과정은 홍석창이 편역한 『제물포지방 교회사 자료집(1885~1930)』을 바탕으로 필자가 정리한 것임. 1899. 강화구역 소속(강화, 교동, 송개) / 1903. 교동구역으로 승격, 12개의 섬 관할. 권신일 담당./ 1904. 7개의 섬 관할. 신자 수 2배로 증가. 21개의 교회 / 1905. 9개의 섬 관할. / 1905. 교동, 금 송개 등 8개의 섬 관할./ 1906. 6개의 섬 관할 / 1907. 5개의 섬 관할. / 1908. 6개의 섬 관할. 주문교회 완공, 방족신 담당 / 1912. 10일 동안 대규모 사경회와 부흥회(강화, 제물포, 교동)/ 5개의 섬 10개의 교회, 3개의 섬을 독립구역으로 승격. 김익채 10개의 교회 가운데 7개의 교회 담당. 신자 수 1445명./ 1915. 교동, 수한리와 두산리 부흥회로 새신자 40명 입교. 방족신 12교회 담당 / 1920. 삼산지역이 교동구역에서 독립하여 삼산구역으로 승격.

[49] 인용문은 필자가 현대어 어법에 맞에 고쳐쓴 것임. 다음 인용문도 마찬가지임.
『신학월보』, 1901.12, 493~494쪽.

로 죽이겠다는 위협을 받아도 이에 굴하지 않고 자신의 신앙을 지키는 결연한 모습은 눈물겹다. 그런데 고초를 겪는 황초신보다 더 눈에 띄는 것은 아내인 민다비다의 행동이다. 그녀가 이 장면에서 박수를 치며 남편의 행동에 지지를 보내는 것은 그녀가 남편인 황초신보다 먼저 기독교에 귀의했음을 암시한다.

이 글이 1901년에 『신학월보』에 실려 있으니 민다비다가 기독교를 받아들인 때는 적어도 1900년 또는 그 이전임을 알 수 있다. 권신일 부부가 1899년에 교동 선교를 시작했으므로 민다비다는 황브르스길라가 전도한 최초의 신자 그룹 중의 한 명일 것이다. 민다비다는 1918년부터 1923년까지 교동에서 전도부인으로 활동했으며, 그 이후에는 강화와 인근 섬에서 활동했다. 그녀는 1938년 감리교 총리원 이사회에서 수여하는 표창을 받았다. 이 상은 20년 이상 강화와 인근 섬 교회들을 순회하며 전도활동을 펼치던 전도부인으로서 그녀의 공로를 인정한 것이다.[50]

〈사례 2〉 방마리아(황철신의 부인)의 제사 거부

교동군 인현리[지금의 인사리] 사는 황철신의 실내 방씨 부인은 지금[1903년] 29세인데, 4년 전에 예수씨 세상 구원하신 도리를 듣고 혼자 믿은 지 두 해에 그 시부가 죽으매 제청을 배설하고 우상을 승봉케 된 지라 방씨는 그때부터 예수를 증거하면서 우상에게 절 아니 하니, 그 시집과 친가는 교동의 높은 양반이라. 대경소괴[大驚小怪]하여 황철신씨는 방씨를 무수히 때리며 군욕하되, 방씨는 조금도 마음을 동치 않고 날마다 갖은 고초를 당하여도 변치 않음을 보고 친가로 쫓아버릴 새, 남편이 분심에 악심이 발하여 가로되, "예수교 버리지 않고 의젓이 가려느냐" 하며 몹시 때리되 종시 화평한 말로 가장을 권면하며 순종하니 20일 동안에 5번을 두드려 맞고 친가에 맡김을 당하니 다행히 회당이 가까운지라 하나님께 은혜를 감사하며 열심히 예배당에 다님을 보고 그 친가에서 말하되, "똥물을 먹이면 예수교를 버린다더라"하고 단술에 똥을 타서 먹이니 방씨는 모르고 먹었더니 그 후에 점점 열심히 있음을 보고 그 동생들이 똥 먹인 사연을 고하니, 방씨는 그 부모와 집 사람을 권하여 "예수 믿고 죄 벗고 영생하라" 하더라. 훼방하다 못

50 이덕주·조이제, 『강화기독교 100년사』, 강화기독교100주년기념사업 역사편찬위원회, 1994, 364~365쪽.

하여 그 남편이 다시 데려가니 온전히 이기었더라.[51]

방마리아 역시 지체 높은 양반가문의 며느리였다. 그런 그녀 역시 제례를 우상숭배로 여기고 시아버지의 제사에서 절하기를 거부하다 남편은 물론 시집과 친가에서 배척받고 매를 맞고 쫓겨나는 굴욕을 겪는다. 심지어 친정에서조차 예수귀신을 쫓기 위해 감주에 똥물을 섞어 먹이는 비방을 써보지만 그녀의 종교적 신념은 조금도 흔들리지 않고 오히려 남편에게 기독교를 전도한다. 그녀는 1904년 난산으로 일찍 세상을 떠났지만 시댁의 다섯 식구, 친정 부모, 남편 등 8명을 전도하였다.[52]

이 두 사례를 분석해 보면, 몇 가지 공통점을 발견할 수 있다. 첫째, 기독교로 개종한 신자들에 대한 가족의 저항이 컸다는 점이다. 매를 맞는 것은 기본이고, 생명의 위협을 받거나 집안에서 쫓겨나기도 한다. 둘째, 아내가 먼저 교인이 되고 남편에게 전도하고, 나아가 집안 전체가 기독교를 받아들이게 된다는 점이다. 남녀차별의 유교적 전통사회에서 여성에게도 교육의 기회를 제공하고 남녀평등을 설파하는 기독교가 여성들에게 더욱 호소력이 컸을 것이다. 그래서 여성이 먼저 기독교에 귀의하고, 남편과 집안 전체로 확장되는 사례가 많은 듯하다. 셋째, 기독교 전파과정에서 유교는 물론 민간신앙을 비롯한 토착종교의 저항 또한 만만치 않았다는 점이다. 방마리아의 경우 친정에서 똥물을 먹이는 것이 바로 그러한 예이다.

2) 감리교 교세의 확장

1901년부터 연달아 3년 동안 큰 가뭄이 들자 교동의 주민들도 굶주림에 허덕이게 되었다. 112명의 신자가 있는 교동교회에서는 권신일 부부의 생활비조차 마련하지 못할 정도였다. 메사츄세스 스프링필드에 사는 헤스Mrs. Csrrie J. Hearth 부인의 특별헌금으로 교동교회는 간신히 위기를 넘길 수 있었다.[53]

대가뭄의 피해가 심각해지자 1902년부터 제물포를 포함한 강화, 교동 및 인근 섬에

---

51 『신학월보』, 1903.10, 437~438쪽.
52 최규환·최태육·구본선, 『교동 선교 100년사』, 교동지역교회연합회, 1999, 85쪽.
53 위의 책, 89쪽.

사는 많은 교인들이 하와이로 이민을 떠나게 되었다. 그러나 이러한 시련에도 불구하고 교동교회의 교세는 선교 초기 서너 번의 두드러진 성장을 보인다. 그 첫 번째가 러·일전쟁이 일어난 1904년 무렵이다. 이 시기 교회의 성장은 교동도를 포함한 제물포지방 전체가 비슷하다.

교동에는 오래된 교회가 하나 있는데, 사람들을 수용하기에는 턱없이 좁다. 그래서 새로운 교회를 계획 중에 있다. 봄에 우리가 그들을 방문했을 때 다른 마을에서 세례를 받으려고 온 사람들이 많이 있었다. 교회가 꽉 찼기 때문에 들어오지 못한 사람들을 위해 밖에도 멍석을 깔았다. 방에 가득 찬 사람들이 세례를 다 받으면 다음 사람들이 세례를 받을 수 있도록 먼저 세례를 받은 사람들을 밖으로 내보냈다.[54]

교동읍에 교회 설시(設施)한 지가 1년이 되었는데, 믿는 이들이 음력 정월 초일에 서면명(서한리 혹은 난정리) 권민신의 집에 모여 성경을 공부하는데, 그곳 교우들이 각각 쌀과 나무를 연조(捐助)하며, 타곳에서 오시는 교우들을 접대하고 초팔일부터는 북면 황한신 집에서 공부하는 또 그곳 교우도 마찬가지로 하고……[55]

교동읍교회로 서한리, 인사리에서 20리를 걸어서 예배를 드리러 다니던 교인들은 1904년에 각각 독자적인 예배당을 건축하게 되었다. 교동읍교회만으로는 늘어나는 신자수를 수용하기에 공간이 부족했기 때문이다. 교동도의 남서쪽에 위치한 서한리에는 서풍신徐豊信, 방족신方足信(1870~?)이, 북쪽에 위치한 인사리에는 황한신黃漢信(1873~1940년대), 황초신黃初信(1869~1917)이 각각 주축이 되어 교회를 세웠다. 이렇게 해서 교동에는 선교개척 5년 만에 교동읍교회, 서한교회, 인사교회 등 세 곳의 교회가 세워졌다.[56] 교동읍교회가 제물포구역에 소속된 인근지역에서 모금한 헌금을 바탕으로 세워

---

54 케이블(E.M.Cable) 부인, 「사방을 향하여」,1906년 8월(홍석창 편역, 『제물포지방 교회사 자료집(1885~1930)』, 에이멘, 1995, 274쪽).
55 인용문은 현대 한국어 어법에 맞게 필자가 고친 것임. 『교동 선교 100년사』에는 권민신을 권혜일의 다른 이름일 가능성과 권씨 집안의 다른 사람일 수도 있다고 설명한다. 특히 권신일이 권혜일과 가까운 사이여서 그가 교동에 있는 동안 권혜일이 그를 도와 교동 선교에 힘쏟았던 점을 강조하면서 권혜일일 가능성에 더 무게를 두고 있다. 『신학월보』, 1901, 283~284쪽; 최규환·최태육·구본선, 『교동 선교 100년사』, 교동지역교회연합회, 1999, 78~79쪽.
56 최규환·최태육·구본선, 『교동 선교 100년사』, 교동지역교회연합회, 1999, 95쪽.

진 교회라면, 서한교회와 인사교회는 교동에 생겨난 신자들의 독자적인 힘으로 세워졌다는 데 그 의의가 있다.

두 번째로 교동교회의 신자수가 폭발적으로 증가한 시기는 강화민중봉기사건 무렵이다. 1907년 강화군대의 강제 해산으로 촉발된 강화 의병 항쟁의 지도자인 이동휘가 감리교인이었기 때문이다. 강화 민중봉기는 감리교와 깊은 관계를 맺고 있어 일제의 감시와 통제를 받게 되었지만, 이 때문에 교회는 신자의 수가 폭발적으로 증가했다. 이는 교동구역도 마찬가지였다. 이는 국운이 기울던 시기에 민족운동에 헌신하는 감리교에 민심이 끌렸기 때문으로 보인다.

교동도에서 열린 사경회와 부흥회는 더 많은 헌금을 내기 위한 원동력이 되었다. 이 구역은 5개의 섬에 10개 교회로 구성되어 있는데, 그들은 사경회가 시작될 무렵에 매달 5.50엔을 목사의 봉급으로 지불하고 있었다. 그런데 마지막 시간에 그 금액을 인상하자는 청원이 들어와서, 개인적인 약정금액이 총 10엔에 이르렀다. 그리고나니까 그 구역을 나누면 어떨까 하는 생각이 들었다.

사람들은 사경반에 나타난 열정을 다른 사람들과 나누기 위해 각자의 교회로 흩어졌고, 또 한 명의 목사를 모실 수 있을 만큼 충분한 자급기금을 모으기 위해 노력하였다. 몇 주가 지난 뒤에, 우리는 섬들을 순회하며 대부분의 교회들에서 헌금의 문제를 다루었다. 그 결과로 매달 18엔 이상이 약속되어서, 우리는 섬 셋을 한 구역으로 독립시키고, 그곳에 목사를 한 사람 둘 준비를 하고 있다.[57]

교동 읍내리 예배당에서는 2월 19일부터 서한리 교회와 연합하여 사경회를 열고 강사로는 인천 목사 김진호 씨, 주문 목사 종순일 씨와 본 교회 방훈 씨와 전도사 박성대 씨와 전도부인 민다비다 씨가 내림하여서 남 2반, 여 1반으로 분(分)하여 일주일간 교수하고 겸하여 부흥회를 한 결과 새로 믿는 자 30명이요, 십일조 회원이 근 30인에 달하였으며 사경회원은 남녀 80명에 달하여 다대한 은혜를 받으므로 영광을 주께 돌린다더라.[58]

57 홍석창 편역, 『제물포지방 교회사 자료집(1885~1930)』, 에이멘, 1995, 221~222쪽.
58 「교동읍 사경」, 『기독신보』, 1921. 3.30; 이덕주·조이제, 『강화기독교 100년사』, 강화기독교100주년기념사업 역사편찬위원회, 1994, 214~215쪽.

다음으로 교세가 확장된 시기는 1914년과 1921년이다. 이 시기에는 교동도에 대규모의 사경회와 부흥회가 열렸는데 이를 계기로 교회가 팽창했다. 사경회査經會(Bible Class, Bible Institute)는 초기 한국교회가 부흥하고 성장하는 요인이자, 한국 교인들의 특징적인 신앙 양태의 하나로 볼 수 있다.[59] 전자의 보고서는 사경회를 계기로 신자 수뿐만 아니라 헌금도 증가하여 교동구역 가운데 세 곳을 독립구역으로 만들 수 있을 정도로 교세가 커졌음을 말해주고 있다.

5. 교동읍교회의 상룡리 이전

1920년대 중반부터 교동도에서 감리교의 교세가 약화되기 시작한다. 서한교회는 1924년 권사가 여신도를 첩으로 삼은 사건을 계기로 폐쇄되고, 1925년부터 난정리의 폐교된 동화여학교 건물에서 예배를 보았다.[60] 간신히 명맥을 유지하던 서한교회는 1973년 다시 교회를 설립하였다.

인사교회는 1922년에 폐쇄되었다. 3·1운동 이후 교세가 격감된 데다가 황초신, 민다비다, 방마리아 등 초기 지도자들이 죽거나 교회지도자들이 전도를 위해 다른 지역으로 이주했기 때문이다. 게다가 기독교를 민족운동으로 생각했던 젊은 신자들이 교회를 이탈하였다. 1930년에 황복익 권사를 중심으로 황인길, 전유덕, 황화인, 고이쁜, 황인태의 모친, 황봉익의 아내, 방기남, 나성규 등이 인사리에 교회를 다시 열었다. 1932년에 인사리 예배당을 새로 건축하였으나 1940년대 초반기에 이르러 교회는 다시 폐쇄되고 말았다.[61] 인사교회는 해방 후 다시 창립되었다.

1933년 교동읍교회는 읍내리에서 상룡리(달우물)로 이전하게 된다.[62] 그 이유는 읍내리에 세워진 성공회의 급격한 성장과 읍내리에 사는 교인의 숫자 감소 때문이다. 성공회는 강화 배천교회의 이의경 전도사가 1911년 신산리(인사리) 연락선 선착장에 민가를 빌려 전도를 하면서 교동 선교를 시작하였다. 1920년 이후 성공회는 교동에서

---

59 이덕주·조이제, 『강화기독교 100년사』, 강화기독교100주년기념사업 역사편찬위원회, 1994, 166쪽.
60 최규환·최태육·구본선, 앞의 책, 1999, 126쪽.
61 위의 책, 130쪽.
62 이덕주·조이제, 앞의 책, 1994, 215쪽.

비약적으로 발전했다. 대룡리에 사는 최재봉 신도회장이 열성적인 전도를 바탕으로 1924년에 읍내리에 새 회당을 마련하였기 때문이다.[63] 이렇게 해서 성공회 성당은 인사리와 읍내리 두 곳으로 늘어났다. 게다가 많은 감리교 신도가 성공회로 교적을 바꾸는 일이 일어났다.[64] 결국 읍내리에 거주하는 감리교 신자 가정은 한 집만 남게 되었고, 신자들 대부분이 상룡리에서 읍내리로 예배를 보러 다녔다. 상황이 이렇게 되자, 상룡리에 사는 박성대, 박형남 부자가 교회 부지로 100평을, 박기만이 밭 600평을 기증하여 읍내리에 있던 교동읍교회는 상룡리로 이전하게 되었다.[65]

그러면 1920년대 중반부터 교동도에서 감리교의 교세가 침체되고 성공회의 교세가 확장된 이유는 무엇인가? 이는 첫째, 인사교회에서 감리교회 지도자들이 잇달아 죽거나 목회 활동을 위해 교동을 떠났기 때문이다. 둘째, 3·1운동 이후 독립을 위한 민족적 열망이 좌절된 것과 경제적 어려움 그리고 사회주의의 등장 때문이다. 셋째, 감리교와 성공회 교단의 지도자들이 보인 일제에 대한 상반된 태도 때문이다. 성공회는 선교 초기부터 일제 당국에 비협조적이었다. 장로교, 감리교의 두 교단의 지도자들이 통감부로부터 정치적 중립을 강요당하고 이를 따르고 있었음에 비하여 성공회는 더욱 열심히 애국심을 고취하고, 오히려 그것을 포교의 적극적인 수단으로 삼았다.[66]

상룡리로 옮겨간 교동교회는 다시 부흥하기 시작하여 교동도의 모교회母教會로서 그 위치를 되찾게 되었다. 그러나 1939년 친일인사인 정춘수 목사가 감리교 감독이 되자, 그는 한·일감리교회의 통합을 주장했다. 이는 교회를 통한 내선일체를 이루려는 일제의 사주를 받은 것이었다. 이에 반발하는 감리교인과 교회 지도자들은 구속되거나 파면되었다.[67]

---

63 김옥룡, 『대한성공회 강화선교 백년사』, 대한성공회 강화선교100주년기념사업위원회, 1993, 69~73쪽.
64 최규환·최태육·구본선, 앞의 책, 100~101쪽.
65 위의 책, 131쪽. 박기만이 밭을 기증한 내용은 1938년 간행된 『조선감리회보』에, 교회부지도 함께 기증한 내용은 『재단법인 기독교조선감리회 유지재단規칙설명서』에 기록되어 있다. 이 기록에 의거한다면 상룡리교회 이전은 1937년으로 보는 것이 타당하다(이덕주·조이제, 앞의 책, 1994, 345~349쪽). 그러나 『인천지방회의록』(1934)에는 "교동구역 상룡리 교회로 예배당을 신축 후 증축하였사오니 진흥됨을 감사합니다."라는 기록이 보인다. 회의록은 전년도의 활동사항을 기록한 것이므로 교동읍교회의 상룡리 이전은 1933년이라고 보는 일반적인 견해이다. 그런데 문제는 상룡리 교회 이전 시기와 박기만의 상룡리 땅의 기증 시기가 일치하지 않는다는 점이다(『인천지방회의록』 1932~1939 : 최규환·최태육·구본선, 위의 책, 1999, 128~129쪽).
66 이만열, 『한국 기독교수용사 연구』, 두레시대, 1998, 508쪽.
67 최규환·최태육·구본선, 앞의 책, 176~179쪽.

1939년 봄, 감리교의 정춘수 감독과는 달리 성공회의 캔터베리 대주교는 일본이 중국 침략을 하자 강력하게 항의하면서 일제와 대립하기 시작하였다.[68] 일제의 전쟁 침략에 대한 협조를 거부한 성공회 신부들이 구속 수감되고, 급기야 일제의 강압에 의해 선교사들이 조선에서 축출되는 사태에 이르게 되었다. 1941년부터 한국 성공회는 일본인 사제인 구도의 감독을 받게 되고, 쿠퍼 주교는 한국을 떠나게 되었다. 이렇게 되자, 교세가 위축된 성공회는 교동도에서 교회 문을 닫고 말았다.

68　이은용 · 이경재, 『강화중앙교회 100년사』, 기독교대한감리회 강화중앙교회, 2002, 416쪽.

참고문헌

강화사편찬위원회, 『강화사』, 강화문화원, 1976.

강화군군사편찬위원회, 『신편 강화사』, 강화군편찬위원회, 2003.

기독교대한감리회 중부연회, 『중부연회총람』, 기독교대한감리회중부연회본부, 1992.

기독교대한감리회총리원교육국, 『한국 감리교회사』, 기독교대한감리회총리원교육국, 1975.

김옥룡, 『대한성공회 강화 선교 백년사』, 대한성공회 강화선교100주년 기념사업위원회, 1993.

내동교회 역사편찬위원회, 『내동 60년 그리고 100년』, 기독교대한감리회 내동교회, 2014.

『신학월보』, 기독신보사, 1901 – 1903.

오세주 · 오세종, 『영종교회백년사』, 삼필문화사, 1992.

윤춘병. 『한국 감리교회 성장사』. 감리교출판사, 1997.

이덕주, 『한국토착교회형성사연구』, 한국기독교역사연구소, 2001.

이덕주 · 조이제, 『강화기독교 100년사』, 강화기독교100주년기념사업 역사편찬위원회, 1994.

이만열, 『한국 기독교수용사 연구』, 두레시대, 1998.

이영호, 「기독교의 전파와 교회의 설립」, 인하대한국학연구소 편, 『교동향교지』, 교동향교, 2012.

이은용 · 이경재, 『강화중앙교회 100년사』, 기독교대한감리회 강화중앙교회, 2002.

재인교동면민회, 『교동향토지』, 한마음사, 1995.

『조선감리회연회록』, 기독교대한감리회100주년기념사업회, 1984.

전택부, 『토박이 신앙산맥』 3, 대한기독교출판사, 1992.

최규환 · 최태육 · 구본선, 『교동 선교 100년사』, 교동지역교회연합회, 1999.

황규열 편역, 『교동사』, 교동문화연구원, 1995.

홍기표, 『내리백년사』, 기독교대한감리회인천내리교회, 1985.

홍석창 편역, 『제물포지방 교회사 자료집(1885~1930)』, 에이멘, 1995.

박두성, 세상의 빛이 된 사람

구본선
교동교회 목사

시각장애인들을 위해서 한글점자를 만든 사람, 박두성에 관한 연구는 여전히 진행 중이다.

앞으로도 그의 삶과 업적에 대한 자료들은 쏟아져 나올 것이다. 이 글에서는 박두성의 초년 시절을 중심으로 해서 그의 삶을 펼쳐 보려고 한다. 특히 여기 다르고 저기 다른 그의 출생지와 학력에 대해서 정리해 보려고 한다.

1. 박두성이 태어난 곳, 교동도

한글 점자를 만든 박두성은 고종 25년(1888) 4월 26일 인천광역시 강화군 교동면 상룡리 516번지에서 태어났다. 그런데 박두성과 관련된 자료들을 보면 강화군 상용면 교동리 516번지로 잘못 기록된 곳이 많다.[1]

교동의 행정 단위는 시대에 따라서 약간씩 차이가 있다. 조선개국 초(태조 4년, 1404년)에는 교동현으로 불렸고 현감이 치리했다.[2] 폭군 연산군이 교동현으로 귀양 올 당시에는 교동현이었고, 경기도 강화도호부와는 다른 행정구역이었다. 교동부로 승격이 된 것은 인조 7년(1629)이고, 고종 22년(1895) 교동군이 되었다.

1 이완우, 『2002년 4월의 문화인물 박두성』, 문화관광부, 2002, 3~5쪽. 송암 박두성 기념관(인천 시각장애인 복지관) 홈페이지에 나와 있는 박두성의 이력을 보아도, 출생지를 '강화군 상용면 교동리'로 기재해 놓고 있다. 가장 기본이 되는 출생지 주소부터 틀리다. 1895년 보창학교에 입학했다는 것도 전혀 사실에 맞지 않는다.
2 종 6품 현감은 동장 혹은 면장에 해당되는 벼슬이다. 그 위에 행정구역의 크기에 따라서 현령(정5품), 군수(정4품) 목사와 부사(정3품)가 각 지역을 다스렸다. 일반 백성들은 위에 열거한 고을 수령들을 '사또'라고 불렀지만 사또라고 해도 그들 사이에는 엄격한 서열이 있었다.

박두성이 태어나던 당시에 교동은 경기도에 속한 교동군(1896년부터 1914년까지는 교동군)이었다. 여기서는 교동군의 지역 편성을 참조해서 박두성의 출생지를 확인해 보았다. 교동군은 4개면(동면, 서면, 남면, 북면) 20개리로 구성되어 있었다.[3] 현재의 상룡리 516번지는 동면 상방리에 속하므로 박두성의 출생지는 경기도 교동군 동면 상방리가 된다.

1) 동면 – 고읍리, 구산리, 말곳리, 상방리 – 4개리
2) 서면 – 남갑리, 북갑리, 난곳리, 두산리, 동장리, 서장리, 말탄리 – 7개리
3) 남면 – 용정리, 읍내리, 대아촌리, – 3개리
4) 북면 – 인현리, 비살곳리, 돌곳리, 무서산리, 독지리, 건지암리 – 6개리

상방리는 다릿멀, 법재, 뚱구지, 숫고개, 배다리, 마빵, 북다리고개, 낭아래 등 8개 촌락으로 이루어져 있는데 박두성의 생가는 다릿멀에 있다. 다릿멀은 마을 우물에 달빛이 비치는 모습이 아름다워서 붙여진 이름이라고 하고, 우물물이 달아서 '단물' '단물' 이라고 불리다가 다릿멀로 굳어졌다는 설이 있다.

현재와 같이 상룡리가 된 것은 행정구역을 개편하면서 동면의 상방리와 남면의 용정리 일부를 합치면서 각 마을의 첫 자를 차용하여 생긴 결과이다. 지번은 일본이 조선 통치를 원활하게 하려는 목적으로 들여온 것이므로 박두생의 출생 당시엔 '516번지'란 용어를 사용하지 않았을 것이다.

1914년 교동군은 강화군에 편입되면서 화개면과 수정면 2개면 13개리로 나누어졌다가, 1934년 화개면과 수정면을 합쳐서 (강화군)교동면이 되었다.[4] 강화군이 경기도에서 인천광역시 편입된 것은 1995년부터이다.

현재 박두성이 태어나고 자란 생가터에는 아무런 흔적도 없지만 교동교회 조기순 할머니의 증언은 남아 있다.

---

3   황인병, 『교동향토지』, 재인교동면민회, 1995, 29쪽.
4   출생지의 변천 : 경기도 교동군 동면 상방리 다릿멀 → 경기도 강화군 화개면 상방리 다릿멀 → 경기도 강화군 교동면 상룡리 516 → 인천광역시 강화군 교동면 상룡리 516

17살 때 교동으로 시집왔어요. 그 때 12칸 큰 집이 하나 있었는데 박기만 권사님이 살고 계셨지요.[5] 제가 시집 온지 2년 후에 박기만 권사님은 황해도 연안 원천으로 이사를 가셨어요. 연안에 살고 있던 아드님이 모시고 간거지요. 갈 때 자신이 살던 집(상룡리 516)을 교회에 기증하고 가셨어요. 그 집엔 여러 사람들이 와서 살다 갔고요. 이병설 목사님 때부터 교회사택(목사관)으로 사용했어요.

조기순 할머니는 1919년 생으로 현재 97세이다. 그가 교동으로 들어온 것이 17살이면 1935년이 된다. 그리고 2년 후(1937년) 박기만은 아들을 따라서 연안으로 이사를 가면서 자신의 집을 교회에 내 놓은 것이다.

박기만은 박두성의 부친이다. 그는 자신이 살던 집을 내놓을 만큼 믿음이 투철했고 교회 권사로서 자신의 사명을 감당했던 신앙인이었음이 분명하다. 그는 집 외에 자신의 땅을 교회에 바치기도 했다.

감리교 자료[6]를 보면 1937년 상룡리교회(교동교회 옛 이름) 박기만이 밭 600평(시가 110원)을 기증한 것으로 나와 있다. 또 다른 기록에서는 박기만이 교동면 상룡리 527번지(대지 74평)를 주택기지로,[7] 교동면 상룡리 534번지(밭 600평)는 기증한 것으로 나와 있다.

여기서 밭 600평을 기증한 것은 분명한데 주택기증은 불분명하다. 상룡리 527번지와 상룡리 516번지가 각기 다른 것인지, 같은 지번을 실수로 잘못 쓴 것인지는 알 수 없다. 두 개의 감리교 자료가 1938년에 나온 것을 감안한다면 박기만이 땅을 기증한 것은 1937년이 될 것이다. 1937년 박기만이 자신의 집을 교회에 바치고 연안으로 떠났다는 증언과 일치한다.

조기순 할머니의 증언에 따르면 박기만이 남겨 놓은 주택(상룡리 516번지, 박두성 생가)에는 여러 사람들이 와서 살았다고 한다. 집이 12칸이나 될 만큼 크다 보니 교회에서 관리

[5] 권사는 감리교단의 평신도 직제 중 하나이다. 80년 전 감리교회 권사는 담임 목사가 없는 교회에서 설교와 심방, 교회치리를 담당하는 평신도 지도자였다. 박기만이 권사 직첩을 받았는지 확인할 수는 없지만 교동 교회 교인들은 박기만을 권사라고 부르고 있다.
[6] 『朝鮮監理會報』, 1938. 9.16; 이덕주·조이제, 『강화기독교100년사』, 강화기독교100주년기념사업역사편찬위원회, 1994, 345~346쪽 재인용.
[7] 『財團法人 基督敎朝鮮監理會 維持財團規側及說明書』(附 財産目錄), 基督敎朝鮮監理會總理院, 1938, 75~80쪽; 이덕주·조이제, 『강화기독교 100년사』, 347~349쪽 재인용.

하는 것도 힘들고 해서 집을 돌보며 살 수 있는 사람을 구했던 것 같다.

그러다가 이병설 목사 때부터 교회 주택으로 사용했다고 한다. 이병설 목사가 교회에 부임한 것은 1949년으로 이때부터 박기만의 집(박두성의 생가)은 목사관으로 사용되었다.

이후 (언제인지 증언해줄 사람이 없다) 관리상의 문제로 집을 축소해서 목사관으로 계속 사용되다가 1990년 초에 완전히 헐려 없어지고 말았다.

2. 박두성, 기독교로 개종하다

강화문화원에서 나온 자료에서는 박두성을 이렇게 소개하고 있다.

> 구한말 고종 25년 교동에서 박기만 씨의 6남 3녀 중 장남으로 송암은 출생하였다. 본관
> 은 무안으로 선조들이 경기도 양평군 지평에 사시다가, 7대조가 교동도에 이주하여 이곳에
> 일가를 이루었으며, 당시 친척들은 중선(重船)을 부리고 어업에 종사하여 부유한 가정이었
> 으며, 송암의 집안은 가업이 농업으로 부유한 편이었다. 송암은 집에서는 두현으로 불렸고
> 호적에는 두성으로 기재하였다.[8]

박두성이 기독교로 개종한 것은 1901년 그의 나이 14세 때라고 한다.[9] 1901년은 극심한 가뭄으로 흉년이 들고 모두들 살기가 힘들 때였다. 그 때 박두성은 외국에 나가 공부를 하면서 돈을 벌어야겠다는 생각으로 가족 몰래 인천에서 일본상선을 타고 오사카로 갔다고 한다. 그곳 상점에서 두 달간 점원생활을 하다가 눈병을 앓게 되었고, 또 맏이라는 책임의식 때문에 귀국하게 되었다. 귀국 후 신교육에 대한 향학열과 조국이 처한 암담한 현실 속에서 갈등하다가 감리교회 권신일 목사에게 세례를 받았다.[10]

---

8   김용기, 「시간을 넘어 위인의 삶을 접하다」, 『송암 박두성 선생의 생애 관련 학술집』, 강화문화원, 2009, 69쪽.
9   박두성은 1901년 14세에 기독교인이 되었다. 기독교인이 된 것은 박두성의 딸, 박정희 장로의 증언을 통해서도 확인된다. 박정희, 「아버님 송암」, 『송암 박두성 선생의 생애 관련 학술집』, 강화문화원, 2009, 3쪽. "내 아버지는 14세 소년으로 기독교인이 되어 76세까지 한결같이 꿋꿋하게 사셨습니다."라는 박정희 장로의 증언.
10 위의 책, 69쪽.

박두성이 일본으로 건너간 시기와 체류한 기간에 대한 약간의 이견도 있다. 『증보 강화사』[11]에서는 "교동 봉산의숙을 졸업하고 16세(1903년)에 일본으로 건너가 오사카에 있는 어느 상회 사환으로 고생하다가 1년 만에 귀국하여 한성사범학교를 마쳤다"라고 하고, 『교동향토지』[12] 에서도 "교동 보통학교를 졸업하고 16세(1903년) 때 일본으로 건너 갔다 1년 만에 귀국하여 서울 한성 사범학교를 졸업하였다"고 기록하고 있다.

박두성과 그 집안이 1901년 경 예수를 영접하고 독실한 기독교 집안이 된 것은 박정 희 장로의 증언에서 이미 나온 바 있다. 그러나 위에서 언급한 것처럼 박두성이 일본으 로 건너간 때가 1901년인지, 1903년인지 그리고 체류 기간이 2개월인지 1년인지는 약간 의 혼동이 있다.

『훈맹정음 창안자 박두성 전』[13]에서는 박두성 등 4형제가 강화도에서 4년간 기숙생활 을 하며 교육을 받다가 이동휘의 권유로 보창학교를 다녔고 1906년 한성사범학교에 입학한 것으로 되어있다.

정황상으로 교동도 토호 출신인 박두성이 기독교인이 된 것은 1901년 대기근과 일본 에서의 개인적 경험이 큰 영향을 미치지 않았을까 생각된다. 실제로 1902년 12월 정부 주도하에 발생한 하와이 이민은 대기근으로 먹고 살길이 막막했던 국민들의 삶과 깊은 관련이 있다.

박두성이 권신일 목사에게 세례를 받았다는 기록은 다시 확인할 필요가 있다. 권신일 은 홍의교회(1896년 설립, 강화군 송해면 상도리에 있음) 권사로 있다가 1899년 여름에 교동도 에 들어와서 전도를 했고 교동교회를 설립했다. 그리고 1901년부터 1906년까지 교동구 역 본처전도사로 활동을 했다.[14] 그가 목사 안수를 받은 것은 1907년이다. 그렇다면 1901년 권신일은 전도사였고 세례를 베풀 자격이 없었을 것이다. 박두성에게 세례를 베푼 사람은 인천 내리교회를 담임하고 있던 존스목사였을 것이다.[15]

---

11 『증보 강화사』, 강화문화원, 1994, 527쪽.
12 『교동향토지』, 1994, 272쪽.
13 박병재, 『훈맹정음 창안자 박두성 전』, 서울, 1985, 4쪽.
14 본처전도사는 교회 담임자란 말이다. 그 당시에는 속장과정(1년), 권사과정(2년), 본처전도사 과정(4년)을 거쳐야 목사 안수를 받을 수 있었다. 그리고 목사가 되어야 세례를 베풀 자격이 있다.
15 존스는 1892년부터 1903년까지 인천지역과 내리교회를 담당했던 목사이다. 그는 인천 외에도 강화도, 경기도 김포 와 남양, 황해도 연안까지 선교구역을 확장했고 교회를 설립했다.

3. 박두성은 어디에서 공부를 했을까?

박두성이 근대적인 교육을 받았다는 것은 분명한데 그에 대한 기록은 제 각각이다. 문화관광부 자료에는[16] "어려서는 서당에서 한학을 수학하고, 8세가 되던 1895년 7월 무관 출신 성제 이동휘가 강화도에 세운 보창학교에 입학하여 4년간 보통학교의 신학문을 수학했다"라고 하고 『증보 강화사』[17]에서는 "봉산의숙을 졸업하고 16세(1903년)에 일본으로 건너갔다"라고 하며, 『교동향토지』에서는[18] "교동 보통학교를 졸업하고 16세 (1903년) 때 일본으로 건너갔다가 1년 만에 귀국했다."라고 한다. 이완우[19]는 "1899년 강화도 보창학교를 거쳐서 한성사범학교를 졸업했다."라고 주장한다. 이완우는 문화관광부 자료에서 "1895년 강화도 보창학교에 입학했다."라고 하다가, 학술자료집에서는 "1899년 보창학교를 거쳤다."라고 각기 다른 말을 하고 있다.

박두성은 봉산의숙, 교동보통학교, 강화도 보창학교 중 어디서 공부를 한 것일까? 우선은 '어려서 서당에서 한학을 공부했다는 기록은 맞을 것이다. 옛날에는 5살 때부터 천자문을 공부했다고 하니까 양반 출신인 박두성이 서당에서 한학을 공부했다는 것은 지극히 당연했을 것이다. 문제는 어디서 근대적인 교육을 받았는가이다.

1895년 혹은 1899년 보창학교에서 공부했다는 기록은 잘못된 것이다. 보창학교가 설립된 것은 1904년 경이다. 이를 증명해 주는 케이블 선교사[20] 기록이 있다.[21]

강화읍에 있는 남자 매일학교는 한국에서 가장 큰 매일학교 중 하나입니다. 이 학교는 1년 여 전(1904년)에 설립되었는데 전에 조선군 지휘관이었던 이(동휘) 씨가 세웠습니다.

교동보통학교(현재 교동초등학교)를 졸업했다는 기록은 또 어떤가? 교동보통학교는 1906

---

16 이완우, 『2002년 4월의 문화인물 박두성』, 3쪽.
17 『증보 강화사』, 5쪽.
18 『교동향토지』, 272쪽.
19 이완우, 「시각장애인의 문자형성과 시각장애인의 생애」, 『송암 박두성 선생의 생애 관련 학술집』, 강화문화원, 2009, 29쪽.
20 1903년부터 존스 목사의 뒤를 이어서 인천지역을 담당했던 선교사.
21 E.M.Cable, *The Kang-Wha Boy's Day School*, KMF., Dec., 1905, p.37; 이덕주·조이제, 『강화기독교 100년사』, 184쪽 재인용.

년, 김현규가 설립된 화농학교에서 시작된다. 화농학교가 교동보통학교가 된 것은 1917년 경이다. 『교동초등학교 백년사』를 보면 1913년 1회 졸업식이 있었고 5명이 졸업장을 받았다고 나온다.[22] 1906년 교동보통학교(당시에 화농학교)가 설립되던 때, 박두성은 한성사범학교(현재 경기고등학교) 졸업과 동시에 양현동 보통학교 교사로 취임했다.

박두성이 봉산의숙에서 공부했다는 것은 어느 정도 신빙성이 있어 보인다. 박두성이 봉산의숙에서 공부했다는 기록은 『증보 강화사』와 『강화인물고』[23]에 나온다. 『교동향토지』에 의하면, 봉산의숙은 1898년 박성대, 박용우 등이 교동 봉소리에 설립한 학교였다. 여기서 공부한 학생들은 50여 명 정도였고, 봉산의숙은 수 년 동안 유지되었다고 한다. 봉산의숙이 설립된 해(1898년), 박두성은 11살이었다. 5살 때부터 서당에서 한학을 공부하고 그 다음에 봉산의숙을 다녔을 가능성은 충분하다.

4. 이동휘와 만남, 보창학교 입학

서정민은[24] "1901년(14세) 박두성이 일본 오사카를 다녀온 후 기독교로 개종했고, 그 해 강화읍으로 나와서 잠두의숙(현재 합일초등학교)[25]에서 4년간 공부하면서 신앙생활을 했고, 1904년(17세) 이동휘의 권유로 보창학교(1904년 설립)에 들어가서 공부했을 것"으로 보고 있다. 『대한제국관원이력서』[26]에 나와 있는 박두성의 기록을 보면 다음과 같다.

이름 : 박두성, 본관지 : 무안, 생년월일 : 1888년 3월 16일, 현주소 : 京畿道 橋洞郡 東面 上坊里

학력 : 1891년(4세) 9월 受漢文于家塾 / 1903년(16세) 5월 休學 / 1904년(17세) 2월9일 入學于私立普昌學校 / 1906년(19세) 5월30일 普昌學校 休學 / 동 6월10일 入官立漢城師範

---

22 『교동초등학교백년사』, 교동초등학교 총동문회, 2006, 46·130쪽.
23 『강화인물고』, 강화문화원, 1987, 121쪽.
24 서정민, 『이동휘와 기독교』, 연세대학교 출판부, 2007, 153~154쪽.
25 『합일초등학교백년사』, 합일초등학교 총동문회, 2002, 24쪽. 1901년 조원시(존스) 선교사와 강화중앙교회 박능일 전도사가 설립했다. 초기엔 학생 3명이 수학하다가, 1908년 경 학생 수가 37명으로 증가했다. 1913년 1회 졸업생으로 7명을 배출했다.
26 서정민, 위의 책, 153쪽.

學校速成科 / 동 9월10일 졸업

　경력 및 활동 : 1906년 9월11일 任官立養賢洞普通學校副敎員 敍判任官七級, 1907년(20세) 6월22일 任官立於義洞普通學校副敎員 敍判任官七級

　위의 기록을 근거로 해서 확실한 것은 박두성이 4살 때부터 한학을 공부했다는 것, 학교를 다니다가 휴학했다는 것, 1904년 2월 보창학교[27]에 입학했다가 1906년 5월 휴학한 것, 1906년 6월 한성사범학교 속성과에 입학했다가 9월에 졸업했다는 점이다.[28]

　서당에 다니며 한학을 공부했고 보창학교와 한성사범학교를 다녔다는 것은 분명한데, 1903년 휴학 당시 어떤 학교를 다니다가 휴학했는지는 불분명하다. 교동의 봉산의숙과 강화읍의 잠두의숙 모두 가능성이 있다.

　1901년 대기근과 일본방문 이전에는 서당과 봉산의숙에서 공부했고, 1901년 기독교로 개종하고 세례를 받은 뒤에는 강화중앙교회에서 설립한 잠두의숙을 다니지 않았을까? 그리고 잠두의숙 학생이었던 박두성은 1902년 이동휘가 강화도 진위대장으로 부임하고 강화중앙교회 교인으로 활동하게 되면서 자연스런 만남을 갖게 되었을 것이다.

5. 보통학교 교사 박두성(1906년~1913년)

　1906년 한성사범학교를 졸업한 박두성은 양현동 보통학교와 어의동 보통학교에서 교편을 잡았다. 1911년 데라우치 총독 암살 미수사건이 터졌다. 물론 일본이 민족지도자들을 제거하기 위해서 벌인 조작극이었다. 이 사건으로 이동휘는 만주로 망명을 가게 되었다. 이동휘는 박두성에게 같이 망명할 것을 권했다. 그러나 박두성은 "대결은 행동이지만, 도전은 실력배양에 있습니다. 저는 남아서 후배 양성에 힘쓰겠습니다."라고 간

27　장동수, 「송암 박두성의 생애와 사상」, 『감리교 신학대학교 역사자료관 자료집』, 박두성 장로 추모 기도회 및 강연회 모임, 2003, 3쪽. 장동수는 박두성이 보창학교를 다녔을 가능성은 없고, 잠두의숙(합일초등학교)을 다니다가 이동휘의 권유로 한성사범학교에 들어 갔을 것으로 추정하고 있다.

28　한성사범학교는 1894년 9월 설립되었다. 본과(100명) 2년과정, 속성과(60명) 6개월 과정이 있었다. 박두성은 1906년 5월에 보창학교를 휴학하고 동년 6월에 한성사범학교 입학, 동년 9월에 졸업했다. 아마도 2년 동안의 보창학교 교육과정을 인정받아서 3개월 만에 속성과를 졸업한 것은 아닐까 한다.

곡하게 거절했다. 이동휘는 그의 뜻을 존중했다. 그리고 "자네는 암자의 소나무처럼 절개를 굽히지 않도록 송암이라 부르고, 남이 하지 않는 사업에 평생을 바치게"라고 말하며 송암松庵이란 호를 지어주고 떠났다. 그때 박두성의 나이는 24살이었다.

6. 제생원 맹아부 교사 박두성이 훈맹정음을 반포하다

8년 동안 보통학교 교사로 활동했던 박두성은 1913년(1월 6일, 26세) 제생원(현재 서울 서대문구 천연동에 위치) 맹아부 교사로 발령을 받았다. 제생원 맹아부는 1913년 설립된 부서인데 당시 일본이 우리나라에서 뭔가 좋은 일을 하고 있다는 것을 표시하기 위해서 시작된 것이다.[29] 박두성이 맹아부 교사로 발령난 것은 그가 기독교인이라서 맹아를 돌보는 교육 현장에 적합할 것이라는 이유에서였다.[30]

총독부에서 조사한 자료에 따르면 1921년 8,699명, 1927년 11,085명의 시각장애인이 있었다. 그런데 이들을 수용할 교육시설은 터무니 없이 적었다. 1913년 제생원에 입학한 시각장애인은 16명, 1910년 인가가 난 평양맹아학교 인원은 23명에 불과했다.[31]

박두성은 맹인 교육에 온 힘을 기울였다. 동료 일본인 교사들이 "그 쓸모없는 장님들이 오면 다행이고 안 오면 그만이지, 뭐 그리 야단이오?" 하고 빈정댈 때, 박두성은 "맹인 교육을 등한히 한다면 국민에게 행복을 주기는커녕 문화 창조에 역행할 것입니다. 능한 목수는 아무리 굽은 나무라도 버리지 않는다고 했는데 여러분이 진정 한국 맹인의 복지를 위한다면 자선을 가장한 탈을 벗어야 할 것입니다."[32]라고 당당하게 대답했다.

박두성은 먼저 점자 교과서가 있어야 한다고 생각했다. 그의 요청으로 일본에서 점자 인쇄기를 들여왔고(1913. 8.14) 한국 최초로 점자 교과서를 만들 수 있었다. 그가 학교에서 조선말을 가르치는 것은 쉬운 일이 아니었다. 제생원에서 조선어 과목을 폐지하려고 했는데 박두성은 "앞 못보는 사람에게 모국어를 안 가르치면 이중의 불구가 되어 생활을

29 장동수, 「송암 박두성의 생애와 사상」, 4쪽. 재인용한 박두성의 증언.
30 위의 글, 4쪽.
31 백남중, 「일제시대 장애인 복지 교육에 관한 고찰 - 제생원 맹아부를 중심으로」, 중앙대학교 대학원, 2000, 61~63쪽.
32 박병재, 『훈맹정음 창안자 박두성 전』, 7쪽.

못합니다. 눈 밝은 사람들은 자기만 노력하면 얼마든지 읽고 쓸 수 있지만 실명한 이들에게 조선말까지 빼앗는다면 눈먼 데다 벙어리까지 되란 말인가요?" 하고 항의하기도 했다.[33] 또 어떤 날은 일본인 교사가 "성한 사람도 살기 힘거운데 그 장님들 직업 교육을 시킨들 자립할 수 있겠소? 그저 일어日語나 해독시켜 일본문물이나 전해주면 그만이지" 하고 말하면 박두성은 "모르는 소리지요, 언어란 수단이지 목적은 아닙니다. 우리 조선말만 익혀도 직업인이 될 수 있어요. …… 일본말 시간을 줄이는 한이 있더라도 안마, 침구, 마사지 시간을 늘려야 합니다." 하고 맞받아치기도 했다.

그가 맹인들을 위한 우리말 점자에 관심을 갖게 된 계기는 매년 돌아오는 일본 점자기념일이었다. 1920년(33세) 박두성은 마음으로 "일본 점자는 있어도 우리 말을 기록할 수 있는 한글 점자는 없으니, 저 가엾은 맹인들을 어찌한단 말이요?[34] 하는 탄식했다. 그는 우리 말 점자를 만들어서 시각장애인들이 점자를 읽고 쓰는데 어려움이 없었으면 했다. 여기에 일부 시각장애 학생들이 박두성에게 쉬운 점자를 만들어 줄 것을 요청하기도 했다.

그 당시 홀여사가 운영하는 평양맹아학교에서는 4점형 한글점자(혹은 평양점자)를 사용하고 있었다. 평양 4점식 점자는 하나의 자음이나 모음을 표기하는데 두 칸을 사용하는 경우가 많았고, 초성 자음과 종성 자음이 구별되지 않아 문자로서는 큰 결함이 있었다.

박두성은 홀여사에게 연락을 해서 6점식 점자를 함께 만들자고 했다. 그러나 홀여사가 4점식을 고집하는 바람에 실현되지 못했고, 6점식 점자 연구는 박두성의 몫이 되었다. 박두성의 한글점자 연구는 해를 넘겨 진행되었다. 그는 점자 창안을 위해서 한글의 원리와 한글 창제과정을 연구했다. 그리고 매일 새벽 4시에 일어나서 기도하고 점자연구를 했다.

1921년(34세) 12월 한글의 초성(자음) 14자를 3점 점자로 옮기는데 성공했고, 이듬해(1922년, 35세) 중성(모음) 10자를 2점식 점자로 옮기는데 성공했다. 그리고 노학우, 전태환, 왕석보 등 시각장애 학생 3명을 불러서 "이게 내 시안인 3.2점식 점자이다. 즉 초성은 3점, 중성은 2점으로 구성되었으니 가지고 가서 한 번 읽어 보고 결과를 말해 주렴" 하면서 점역된 종이를 나누어 주었다. 결과는 성공적이었다. 전국에 있는 시각장애인들

33   위의 책, 13~14쪽.
34   위의 책, 17쪽.

이 3.2점식 점자를 배우기 시작했다.

그러나 3.2점자엔 약점이 있었다. 초성과 중성만으로 구성되어 있기 때문에 받침, 즉 종성도 초성과 같은 점자기호를 갖다 붙이게 되었고, 그러다보니 중성과 초성이 혼돈되어 오독하기 쉬웠다. 박두성은 이 문제를 해결하기 위해서 1923년 4월 유도윤, 이종덕, 노학우, 전태환, 이종화, 황이채, 김영규, 김봉황 등 8명을 규합해서 〈조선어 점자 연구위원회〉를 비밀리에 결성하고 점자연구에 더욱 매진했다.

이번에는 외국 점자의 기원과 원리를 연구했는데 특히 루이 브라유의 6점식 점자를 분석했다. 마침내 1926년(39세) 8월 12일 한글점자를 완성했다. 한글점자를 반포하는 것은 세종대왕이 훈민정음을 반포한 것과 같은 시기(『세종실록』엔 '세종 28년 9월 끝에'라고 나와 있음)를 근거로 해서 '음력 9월 끝날'을 양력으로 환산한 11월 4일로 정했고, 한글점자 이름은 훈맹정음이라 하여 세상에 발표했다.[35]

7. 육화사, 점자 통신교육을 실시하다

1926월 8월 13일, 한글점자를 완성한 다음 날, 박두성은 '육화사'라는 맹인 조직을 만들었다. 육화사는 눈雪의 결정체가 6각형이라는 점과, 눈雪과 눈目이 같은 발음을 쓴다는 점에 창안해서 만든 명칭이다. 박두성은 육화사를 만들고 동아일보, 조선일보 등 신문사의 협조를 받아서 새로운 한글점자의 완성과 점자 통신교육에 관한 홍보를 했다.[36]

이 소식을 들은 시각장애인 중 김천년[37]을 비롯한 4~5명이 박두성에게 편지를 보냈다. 그들은 박두성이 보내준 회중용 점자기와 점자판, 점자 설명서, 점자 용지로 공부를 했다. 이후 많은 시각장애인들이 통신교육을 받았다.

---

35 이후 훈맹정음은 제헌국회 때인 1949년 12월 국회승인을 받아 시행 공포된 교육법에 따라서 시각장애인 문자로 지정되었고, 1997년 12월 17일 문화체육부에서 1997-58호로 한글점자를 우리나라 시각장애인 문자로 고지하였다.
36 이완우, 앞의 논문, 2009, 35쪽.
37 위의 책, 36쪽. 통신교육으로 점자를 터득한 김천년은 일본으로 건너가서 동경맹학교 사범과에서 공부했고, 귀국해서는 국립맹학교에서 재직했다.

옛 교동교회

8. 사람이 떡으로만 살 것인가? 맹인들을 위한 점자 성경을 만들자

박두성의 교육철학은 기독교 신앙에서 출발한다. 14세 되던 해(1901년) 교동도에서
기독교인이 되어 교동교회에 출석한 이후, 서울(정동제일교회 출석), 인천(내리교회 출석)으
로 나가 살면서도 신앙 생활을 계속했다.[38] 그런 박두성이었기에 시각 장애인 중 하나
가 "저의 집은 시골에서 부자라고 합니다. 그러나 부모들마저 저런 액물은 죽어 없어져
야 한다고 하니 어디 마음 붙일 곳이 없습니다." 하고 하소연을 하면, "신체적 조건이
인간 문제를 다 해결하는 것은 아니다. 그것은 인간이 물질과 정신의 두 세계를 갖고
있기 때문이다. 그러므로 사람이 떡으로만 살 수 있는 것이 아니라 하나님의 말씀으로

---

38 이완우, 앞의 책, 2002, 33~34쪽.

사느니라 뿐만 아니라 사람이 내일에의 희망이 없다면 현실은 무의미하다. 너희들이 현세는 시각장애인으로 태어났으나 내세 영혼의 광명을 위해 종교에 귀의하거라"라고 권면했다.[39]

박두성이 성서의 점역을 결심한 것은 훈맹정음 반포 다음 해(1927년 40세)라고 한다. 그는 시각장애인들에게 정신적 지주를 세우기 위해서는 성경을 읽힐 필요가 있다고 생각했다. 먼저 신약을 점역했다. 구약보다는 신약이 시각장애인들에게 마음의 양식이 되기에 적합하다고 생각한 결과였다. 1932년(45세) 9월 마태복음의 점역을 완성하고 뒤이어 마가복음, 누가복음을 점역했다.

그러나 점자 성경을 만드는 과정에서 박두성은 결막염으로 시력을 잃었다. 일제의 억압으로 우리 말을 쓸 수 없었던 시절, 한글 점자 성경을 만든다는 것은 큰 용기가 필요했다. 아연판에 점자를 찍어내는 제판기 소리가 밖으로 빠져나갈까봐 삼복 더위에도 문을 안으로 걸어 잠그고 작업을 했다. 이렇게 몸을 혹사하며 제대로 먹지도 못했으니 병이 나는 것은 당연했다.

"캄캄한 저희들 가슴 속에 복음을 전하려다, 선생님 눈마저 잃게 되면 어찌 합니까?"라며 안타까워하는 시각장애학생들의 부축을 받아 병원에 입원하고 치료받은 지 2년, 비록 치료와 수술을 통해서 시력을 회복하기는 했지만, 회색으로 변한 동공은 훨씬 흐려져 예전 같지는 않았다.

1935년(48세) 박두성은 22년동안의 제생원 교사직을 사임하고, 이듬해(1936년, 49세) 인천 영화학교 교장으로 부임했다. 그는 영화학교에서 5년 동안 있다가, 1940년(53세) 영화학교를 사임했다. 박두성은 영화학교에 있는 동안에도 성경점역을 계속하였다. 그가 영화학교를 사임한 다음 해(1941년, 54세) 신약성서 점역이 모두 완성되었다. 그가 만든 점역 신약성경은 성서공회에 맡겨두었다.

1945년(58세) 우리나라가 일본으로부터 독립을 했다. 그가 해방 후 제일 먼저 시작한 것은 시각장애인을 위한 소식지 『촛불』을 점자로 발행한 일이었다. 1950년(63세) 6.25 전쟁이 터졌다. 전쟁 중에 성서공회에 불이 나서 신약성경이 불에 타 없어지고 말았다. 전쟁이 끝난 후(1954년, 67세) 박두성은 다시 성경 점역에 매진했다. 전쟁으로 신약성경

---

39   위의 책, 33쪽.

점자 아연판을 잃어 버린 후 한동안 실의의 빠진 적도 있었지만, 매일 성경을 읽다가 "사람이 감당하지 못할 시험을 당하지 않게 하시고 또한 당할 즈음에는 피할 길을 내사 능히 감당케 하시느니라."(고린도전서 10장 13절) 라는 구절을 보다가 성경점역을 결심하게 된다.[40]

그런데 박두성의 나이와 건강이 문제였다. 고혈압으로 중풍에 걸린 박두성은 펜글 씨조차 쓸 수 없었다. 그가 1955년(68세) 기록해 놓은 『맹인사업일지』는 그의 마지막 기록이 되었다.

> 10년 야역으로 완성을 본 점자 신약성경 10권은 전화로 오유에 귀한지 오래다. 금일 성탄 익일을 기하여 성경 개간을 시하여 우식으로 구약성경부터 순차로 간출하기로 시작 하다
> 1955년 12월 26일

고혈압에 의한 중풍으로 쓰러진 박두성은 아들 박순태에게 "중단……안 돼. 아비가 못다한 일 네가……" 박두성은 중풍으로 더 이상 말조차 할 수 없었다. 구약성경 14권은 아들 박순태 씨의 수고로 완성되었다. 구약을 점역한 후에 신약성경을 재점역했다. 이 때는 자원봉사자 이경희 씨가 큰 수고를 했고, 1957년(70세) 12월 25일 신약성경 10권이 완성되었다. 1954년 성경 점역을 시작하여 1957년 신구약 성경 점역본 총 24권(신약 10권, 구약 14권) 즉 아연판 2,400장이 세상에 나왔다.

1962년(75세) 8월 15일 박두성은 국민포장을 수상하였다. 이듬해(1963년) 8월 25일 76세로 인천 중구 율목동 자택에서 소천召天했고, 인천시 남동구 수산동에 안장되었다. 그가 죽음의 문턱을 넘고 있을 때 제자 전태환이 찾아와서 "선생님 저 태환입니다. 얼마나 힘드십까?" 하고 묻자 박두성은 눈물을 흘리면서 "음……. 점자책……. 쌓지 말고 꽂아……" 그리고 아무 말하지 못했다. "점자책 쌓지 말고 꽂아"가 그의 마지막 유언이었다.

사후死後 1992년 10월 9일 은관 문화훈장이 추서되었다. 1997년 12월 17일 한글 점자가 시각장애인 문자로 고시되었고, 박두성은 2002년 4월의 문화 인물로 선정되었다.

---

40 이완우, 앞의 논문, 2009, 38쪽.

참고문헌

『강화인물고』, 강화문화원, 1987.

『교동초등학교백년사』, 교동초등학교 총동문회, 2006.

『朝鮮監理會報』, 1938. 9.16.

『증보 강화사』, 강화문화원, 1994.

E.M.Cable, *The Kang-Wha Boy's Day School*, KMF., Dec., 1905.

김용기, 「시간을 넘어 위인의 삶을 접하다」, 『송암 박두성 선생의 생애 관련 학술집』, 강화문화원, 2009.

박병재, 『훈맹정음 창안자 박두성 전』, 서울, 1985.

박정희, 「아버님 송암」, 『송암 박두성 선생의 생애 관련 학술집』, 강화문화원, 2009.

서정민, 『이동휘와 기독교』, 연세대학교 출판부, 2007.

이덕주·조이제, 『강화기독교100년사』, 강화기독교100주년기념사업역사편찬위원회, 1994.

이완우, 『2002년 4월의 문화인물 박두성』, 문화관광부, 2002.

_____, 「시각장애인의 문자형성과 시각장애인의 생애」, 『송암 박두성 선생의 생애 관련 학술집』, 강화문화원, 2009.

장동수, 「송암 박두성의 생애와 사상」, 『감리교 신학대학교 역사자료관 자료집』, 박두성 장로 추모 기도회 및 강연회 모임, 2003.

황규열, 『교동사』, 교동문화연구원, 1995.

황인병, 『교동향토지』, 재인교동면민회, 1995

제 3 부

교동도의 해양, 식물, 조류, 지리

교동도 주변 하구의 해양학적 특성

최중기
인하대 해양학과 교수, 해양학

1. 서론

교동도는 서해중부지방 한강하구와 예성강 하구가 만나는 강화도 서북면 하구역에 위치한다. 하구역은 민물과 바닷물이 만나는 기수역으로 담수의 유입 영향으로 환경변화가 크고, 육상으로부터 유입되는 영양염과 토사의 퇴적으로 생물생산력이 높은 독특한 생태환경을 이룬다. 하구는 해양과 육상 담수 생태계를 연결하는 전이지대로 바다에 사는 해산종과 강에 사는 담수종이 출현하며 하구에만 서식하는 기수종이 출현하고, 강과 바다를 왕래하는 회유성 종류가 출현하는 등 다양한 생물상을 보인다. 하구의 높은 생산력과 다양한 서식환경으로 해양생물들의 산란장과 어린생물들의 성육장으로 이용되기 때문에 하구역은 생태적 가치가 높고, 수산자원 증가의 바탕이 된다. 그러나 한편으로 하구역은 접근이 용이한 육상과 해상의 운송로이며, 수자원의 이용이 용이하기 때문에 많은 산업단지가 들어서고 개발 욕구가 높다. 또한 담수를 이용하기 위하여 댐 건설이 많이 이루어진다.

우리나라의 큰 강들은 대부분 하구에 댐이 만들어져 바다와 강이 분리되어 하구로서의 역할을 제대로 못하고 있다. 그러나 한강하구는 상류쪽에 신곡수중보가 있지만 4대강 중 유일하게 자연 하구로서의 특성을 잘 간직하고 있다. 한강하구에서 인천연안에 이르는 넓은 의미의 경기만 하구는 큰 조석변화로 해수와 담수가 잘 섞이므로 혼염성 하구역으로 분류할 수 있으며, 그 특징으로 많은 조수로와 갯고랑이 발달하고 넓은 하구 갯벌 조간대가 발달하였다. 본 장에서는 교동도 주변 하구역의 해양환경 특성과 해양생태 특성을 소개하고자 한다.

2. 교동도 주변의 해양특성

교동도가 위치한 한강하구는 지형적으로 만장년기에 속하는 지형으로 과거에 육지였다가 약 8000년 전에 해수면의 상승으로 바다가 된 지역이다. 그러나 육지로부터 한강, 임진강, 예성강 등을 통하여 많은 토사가 유입하여 해저에 퇴적되어 연안에 갯벌이 잘 발달하고, 수로에 모래가 퇴적되어 모래등이 들어나는 모래풀등이 곳곳에 발달하였다. 교동도 주변의 수심은 교동대교가 건설된 호두곶 근처에 21m 까지 되는 곳도 있으나 대부분 10m 미만의 낮은 수심을 보인다. 강화도 인화리와 교동도 호두곶 사이 수로가 수심 20m가 넘어 비교적 깊은 편이고 남쪽의 동진나루와 응암(상여바위) 사이와 서쪽의 말탄포 앞 말탄각 일대가 수심 10m 정도로 깊은 편이다. 그 외는 대부분 5m 이하 수심 이다. 특히 북쪽의 예성강 하구에서 교동도 북단의 조강지역은 수심 3m 미만을 보이고 썰물시에는 수십 cm에 이르는 곳도 많다〈그림 1〉 해도).

교동도 동북쪽에 위치한 청주초(청주벌)는 한강과 예성강에서 유입된 모래뻘이 쌓여 형성된 모래풀등으로 수백만평에 이른다. 이 모래풀등에는 조개종류가 많아 과거에는 교동도 주민들이 들어가 조개를 채취한 바 있다. 그때에 오래된 기와장이 나와 교동도 주민들 사이에는 이곳에 마을이 있었다는 전설도 있다. 전 대통령중에는 이 일대를 나들섬으로 개발하겠다는 선거공약을 한 대통령도 있었다. 이 청주초 외에도 교동도 서북단에 위치한 무인도 요도 주변의 모래뻘도 수십만평에 이른다. 교동도 남쪽의 기장도(서도)와 미법도 사이에도 대규모 갯벌이 발달되었고 미법도와 교동도 사이에도 갯벌이 발달하였다. 교동도 서남단 말탄포 남쪽으로도 대규모 갯벌이 발달하고 북쪽 대부분은 갯벌이 발달하여 사리때는 황해도 연안쪽으로 놋다리를 놓고 건너다녔다고 한다.

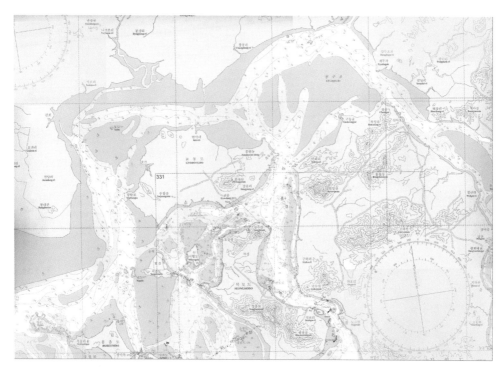

<그림 1> 교동도주변 해도　국립해양조사원 발간

황해도 연백과 교동도 북단 사이의 조강은 수심이 낮아 한강과 예성강에서 유입된 담수는 대부분 강화도 동쪽의 염하수로와 석모도와 강화도 사이의 석모수로 및 교동도 와 석모도 사이 교동수로로 빠져 서해로 흘러 들어간다.

특히 교동도는 경기만의 최 북단에 위치하고 있어 바닷물이 밀려들어와 쌓였다가 정 기적으로 빠져나가기 때문에 밀물과 썰물의 조차가 크다. 인천 앞 바다는 세계적으로 조차가 큰 해역으로 평균 572cm 조차를 보인다. 교동도 인근 강화도 외포리의 조차도 평균 561cm로 사리때는 780cm의 조차를 보이고, 조금때는 340cm 조차를 보인다. 보통 300cm가 넘는 조차를 대조차라 한다. 이런 대조차 환경으로 인하여 교동도 주변은 갯벌 이 발달하고 조류가 강하다. 특히 교동대교가 건설된 강화도 인화리와 교동도 호두곶 사이 수로는 최강 유속이 초당 1.80m/sec 이상이어서 배를 정박하기 어려울 정도이다. 교동도와 석모도 사이의 교동수로도 조류의 유속이 빠른 편으로 최강유속은 썰물 때 초당 1.42m/sec이고, 밀물 때 1.34m/sec로 인천연안에서 가장 조류가 센 곳 중 하나로

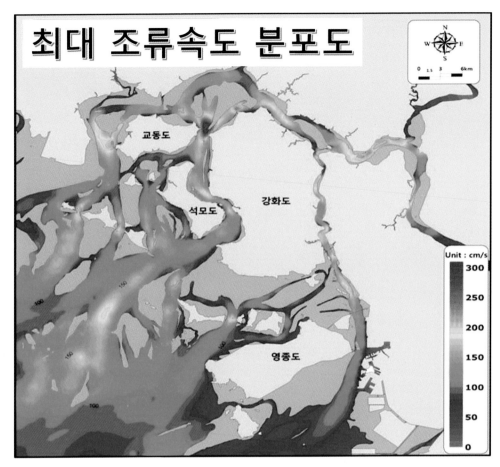

최대 조류속도 분포도

Unit : cm/s
300
250
200
150
100
50
0

〈그림 2〉 교동도 주변 최대유속도   한국해양연구원

꼽을 수 있다.[1] 이런 특징으로 교동대교 건설시 교각이 건설되면서 수로가 더욱 좁아지
고 유속은 더욱 강해져 건설중인 교각이 무너지고 교동도 동쪽 축제식 양식장의 축대가
무너지고, 동쪽 해안가가 깎여 나간 바 있다(〈그림 2〉 교동도 주변 최대유속).

교동도 주변 해수의 수온은 강화도와 석모도 사이 석모수로상에서 여름에 22.0~25.2
℃로 높고, 겨울(1월경)에 1.5℃ 정도로 낮다. 일반적으로 강물은 여름에 바닷물보다 수온
이 높고 겨울에 바닷물보다 낮다. 교동도 주변 수온은 여름에 한강물보다 수온이 낮고,

---

1   인하대학교해양과학기술연구소, 「한강하구 개발에 의한 하구환경 변화의 연구와 개발 이전의 환경과의 비교」,
1990.

겨울에 한강물보다 수온이 높다. 한 겨울에는 한강으로부터 얼음이 흘러나와 교동도 해안가에 유빙이 빙하처럼 싸이기도 한다. 염분은 석모수로가 여름에 비가 많이 와서 7.0까지 떨어지고, 겨울에는 건기 영향으로 29.1까지 올라간다. 그러나 석모수로에서 여름철 밀물일때는 바닷물의 유입으로 염분이 21.0까지 올라가고 썰물일 때 5.0까지 떨어지는 조석주기에 따라 큰 변화가 있음을 보여준다.

석모수로의 수중 탁도를 결정하는 부유물질의 농도는 5월에 표층에서 460mg/L, 저층에서 749mg/L이고, 8월에 표층에서 537mg/L, 저층에서 1536mg/L로 한강하류나 염하수로, 인천 앞바다보다 높다.[2] 이는 석모수로가 한강과 임진강, 예성강으로부터 토사가 유입되고, 강한 조류에 의해 해저에 쌓였던 세립질의 토사가 다시 수층으로 떠오르기 때문이다. 특히 여름철에 육지로부터 유입된 많은 토사가 강 하구에 퇴적되었다가 재부유하기 때문에 높은 부유물질의 농도를 보이고, 물의 탁도가 높게 나타난다. 이런 높은 부유물질의 농도와 높은 탁도는 조석변화에 따라 크게 차이가 난다. 하루에도 밀물 때(창조시)는 바깥 바닷물이 들어와 탁도가 떨어지나 썰물 때(낙조시)는 하구의 탁도가 높은 물이 들어와 탁도가 증가한다. 또한 사리 때는 조차가 크고 조류가 강해져 세립질 퇴적물의 재부유가 많이 일어나 조금때보다 탁도가 높아진다. 사리는 보통 음력 그믐과 보름때 생기므로 이 때는 물의 탁도가 높아지고 투명도가 떨어진다. 토사와 함께 유입된 유기물량은 한강 상류에서 퇴적물의 0.7%인 반면에 하류에서는 1.2%로 증가한다. 하구에서는 2.0~3.0%로 증가한다.[3] 특히 펄갯벌에서는 유기물의 농도가 높아지고, 수층에서도 뻘에 쌓였던 유기물이 재부유되어 높은 농도를 보인다. 즉 교동도 주변 하구 수역은 염분이 바다보다 짜지 않고, 탁도가 높으며, 유기물이 많다. 이런 하구수역의 환경특성에 의해 어린 개체들이 생존율이 높아 많은 종류의 어류와 새우류 등이 강화도와 교동도 주변에 와서 산란을 한다.

교동도 주변은 탁도가 높아 수심 20cm아래로는 보이지 않는다. 한강 하류에 행주대교 부근의 투명도가 여름철 50cm, 가을철 180cm인 반면에 교동도 주변은 거의 년중 20cm 미만이다. 이는 수중의 부유물질 농도가 높아 빛의 투과가 잘 안되기 때문이다.[4]

2   장현도, 「한강종합개발 이후 한강하구 및 경기만에서 퇴적환경의 변화」, 인하대학교 이학석사논문, 1989.
3   위의 논문.
4   권순기·최중기, 「한강하류 및 하구역의 식물플랑크톤 생태연구-1.환경요인과 일차생산력」, *Yellow Sea Res* 6,

3. 교동도 주변 해역 생태환경과 생물상

수질의 상태를 보여주는 영양염 농도를 보면 석모수로에서 암모니아 농도는 2.44~25.66µM, 아질산염 농도는 1.09~5.29µM, 질산염 농도는 16.58~82.44µM, 인산염 농도는 1.80~6.52µM, 규산염 농도는 21.78~62.70µM로 전반적으로 높게 나타나 부영양화되어있음을 알 수 있다.[5] COD 또한 4.9~9.2 mg/L로 수질 또한 3등급이상으로 좋지 못한 상태이다. 이와같이 한강하구는 한강 상류로부터 유기물과 영양염이 많이 유입되어 부영양상태이나, 투명도가 낮아 빛이 충분히 투과되지 못하므로 식물플랑크톤의 광합성이 활발하지 못하여 이들에 의한 1차 생산은 적은 편이다.[6] 그러나 한강하류와 인천 앞바다에서 많은 식물플랑크톤이 밀려들어와 식물플랑크톤의 양은 석모수로에서 엽록소 농도가 10µg/L가 넘고, 개체수는 1리터에 70만~250만개 넘는 많은 양을 보인다. 석모수로에서 조사된 식물플랑크톤은 총 185종으로 이 중 연안에서 주로 서식하는 종은 65종이고, 담수에서 사는 종은 49종이며, 하구에서만 사는 종은 5종에 불과하다. 즉 대부분이 인천연안과 한강하류에서 많은 종들이 밀물과 썰물에 의해 유입되었음을 보여준다. 특히 강물이 증가하는 여름철에는 담수종이 연안종보다 더 많이 출현하고 있다.[7] 또한 갯벌에 사는 저서성 규조류가 강한 조류에 의해 갯벌에서 수층으로 떠 올라와 식물플랑크톤으로 75종이나 출현하고, 양적으로도 여름에는 식물플랑크톤의 26%, 겨울에는 87%나 차지하고 있어, 갯벌의 식물인 저서성 규조류가 갯벌과 수층에서 모두 중요한 역할을 하고 있음을 알 수 있다.[8]

한강 하구에서 식물플랑크톤을 먹고 사는 동물플랑크톤은 야광충, 화살벌레, 해파리류, 지각류, 요각류, 단각류, 곤쟁이, 큐마류, 십각류 등 30종이 출현하였다. 이 중 0.2~2mm크기의 소형 갑각류인 요각류가 15종 출현하여 가장 많이 출현하였다. 동물플랑크톤의 개체수는 여름에 1입방미터에 1만 개체까지 출현하였고, 봄에도 비교적 많이 출현

1994.
5 인하대학교해양과학기술연구소, 앞의 논문, 1990.
6 권순기 · 최중기, 앞의 논문, 1994.
7 최중기 · 권순기, 「한강하류 및 하구역의 식물플랑크톤 생태연구 - Ⅱ. 식물플랑크톤 군집 구조」, *Yellow Sea Res* 6, 1994.
8 위의 논문.

하였으나 겨울에는 100개체 미만 출현하였다.[9] 대부분 요각류가 다른 종류에 비해 월등히 많이 출현 하였다(75%). 야광충도 12%에 달할만큼 많이 출현하였다. 동물플랑크톤은 먹이가 풍부한 봄, 여름에 많이 출현하였고, 특히 하구종인 중국칼라누스요각류 Sinocalanus senensis가 여름에 많이 출현하였다. 석모수로 남단에서 채집한 새우류는 총 25종으로 봄에 19종, 여름에 16종, 가을에 22종, 겨울에 15종이 출현하여 봄과 가을에 가장 많은 종이 출현하였다.[10] 이 중 중국젓새우Acetes chiensis가 가장 많이 출현하였고 년중 출현하였다. 돗대기새우Leptochela gracilis도 년중 많이 출현하였다. 그 외에 강화도에서 줄곤쟁이 또는 말곤쟁이로 불리우는 넓적뿔꼬마새우Latreutes planirostris와 그라비새우 Palaemon gravieri, 고등무늬긴뿔새우Palaemon tenuidactylus, 밀새우Exopalaemon carinicanda 등이 많이 출현하였다. 중국젓새우는 우리나라 새우젓의 주 원료로 6, 7월에 최대 개체수가 출현하여 6~8월에 산란한다. 돗대기새우도 6, 7월에 가장 많이 출현하며 이 때 산란한다. 넓적뿔꼬마새우는 봄과 늦가을, 겨울철에 많이 출현하며 봄부터 가을까지 산란한다. 밀새우도 전 계절에 출현하나 늦가을과 겨울에 많이 출현한다. 그라비새우는 전 계절에 걸쳐 고른 분포를 보이나 5월과 10월에 비교적 많이 출현한다. 어획노력량 (CPUE)로는 10월에 돗대기새우가 1482.5g으로 가장 많았고, 그 다음으로 중국젓새우가 1414.2g으로 많았다. 크기가 큰 밀새우가 많이 잡히는 1월이 5월과 10월 다음으로 많이 잡혔다. 이들 세 종류의 어획량이 총 새우 어획량의 2/3 이상을 차지하였다.[11] 특히 중하인 밀새우를 12월, 1월에 교동도와 강화도 사이 창후리 어장에서 많이 잡는다 (박용오 외포리 어촌계장). 강화도 주변 새우잡이는 전국 최대규모로 충청도 배들도 올라온다. 석모수로와 그 연해에서 잡는 새우는 년간 3만 드럼 정도로 드럼당 0.25톤씩 총 7500톤으로 주로 가을에 많이 잡힌다(박용오 어촌계장). 소형새우종류 중에는 동물플랑크톤으로 출현하는 곤쟁이가 봄철에 강화도, 교동도, 석모도 주변에서 많이 잡히고 있다.

어류는 석모수로에서 5~8월에 서대류, 멸치, 학꽁치, 전어, 밴댕이 등이 주로 산란한다. 양적으로는 전어가 6~8월에 가장 많이 산란한다. 전어, 망둑어, 멸치, 보구치, 베도라

---

9 Youn, S. H. and J.K. Choi, "Distribution pattern of zooplankton in the Han River Estuary with respect to tidal cycle", *Ocean Science J.* 43(3), 2008.

10 박영철, 「강화도 연안 새우류 군집에 대한 생태학적 연구」, 인하대학교 이학석사논문, 1994.

11 위의 논문.

치, 밴댕이, 돛양태류, 양태, 개서대, 참서대, 흰베도라치, 싱어, 까치복, 실고기 등의 어린 자치어가 석모수로에서 발견된다. 전어가 7~8월에 가장 많고, 망둑어는 2월, 6~8월에 그 다음으로 많이 출현하였다.[12]

교동도와 강화도 창후리 사이 석모수로 갯벌 조간대에 설치한 건강망으로 채집한 해양생물은 총 57종으로[13] 어류가 34종으로 가장 많고, 갑각류 20종, 두 종의 두족류, 그리고 한 종의 해파리가 잡혔다. 채집된 유영생물은 가숭어, 숭어, 풀망둑 등의 기수성 어류와 그라비새우, 밀새우 등의 기수성 갑각류 및 꽃게, 황강달이 등의 연안 회유종이 잡혔다. 채집한 종류 중 꽃게가 전체 개체수의 50%이상으로 가장 많았고, 그라비새우, 황강달이, 무늬발게, 밀새우 순으로 우점하였다.[14] 무게로는 기수성식용해파리가 전체의 32.7%를 차지하였고, 꽃게가 26.8%, 가숭어, 숭어, 풀망둑 순이었다. 그 외 웅어, 참서대, 아작망둑, 싱어, 갯가재, 범게 등도 자주 채집되었다. 황 등[15]에 의하면 4월에는 숭어가 가장 많이 잡혔고 갯가재, 참게도 출현하였다. 5월에는 풀망둑, 가숭어, 웅어 등이 많이 잡혔으며, 붕어도 잡히었다. 새우류로 그라비새우와 밀새우가 많이 잡혔고, 방게도 많이 잡혔다. 6월에는 황강달이, 민태, 싱어, 가숭어, 민어 순으로 잡히었다. 새우로는 그라비새우류가 많이 잡혔고, 바다와 강을 왕래하는 참게가 다량 출현하였다. 7월에는 황강달이, 싱어, 민태, 웅어 등의 순으로 잡혔고, 갑각류로는 밀새우가 많이 잡혔고, 참게와 대하가 소량 출현하였다. 8월에는 기수성식용해파리가 다량 출현하여 그물이 막히었다. 9월에는 풀망둑, 황강달이, 참서대 순으로 잡히었고, 회유성 어종인 황복도 소량 출현하였다. 이때 꽃게와 기수성식용해파리가 다량 출현하여 무게의 대부분을 차지하였다. 10월에는 황강달이, 가숭어, 싱어, 풀망둑 순으로 잡히었고, 꽃게와 밀새우도 많이 잡히었다. 11월에는 개체수는 많지 않으나 어류 17종, 갑각류 12종이 출현하였다. 12월에는 어류 8종, 갑각류 7종 등 종수도 적었고 양적으로도 크게 감소하여 나타났다. 한강하구역 석모수로에 출현한 가숭어, 풀망둑, 싱어, 웅어, 그라비새우, 밀새우는 하구역에 주로 서식하는 종류이며 황강달이, 숭어, 참서대, 꽃게 등은 연안에서 이동하여 이 수역

12　최용필, 「한강하구에 출현한 부유성 난, 자치어의 분포 특성 연구」, 인하대학교 이학석사논문, 2002.

13　황선도·노진구·이선애·박지영·황학진·임양재, 「한강하구역 강화 갯벌 조간대 건강망에 어획된 유영생물 군집구조」, 『한국해양학회 바다지』 15(4), 2010.

14　위의 논문.

15　위의 논문.

을 산란장과 보육장으로 이용하며,[16] 황복, 참게, 뱀장어 등은 하구역을 바다와 강을 왕래하기 위한 통과수역으로 이용한 것으로 보인다. 석모수로의 수심이 깊은 곳에서는 밴댕이, 멸치, 청멸, 풀반댕이, 풀반지, 전어, 반지, 까나리, 병어, 갈치 등이 출현하여 다양한 어류상을 보여주었다. 교동수로에서는 가을철에 참게가 많이 발견된다. 참게 Eriocheir sinensis는 십각목 바위게과에 속하는 종으로 담수역에서 성장하다가 가을철에 기수역으로 이동해 산란을 하고 사망하거나 또는 상류로 다시 이동한다. 가을에 교동도 일대에 내려와 부화하여 유생시기(zoea와 megalopa 시기)를 거친후 7월경 치게로 담수역 상류로 이동해 성장한다.

교동도 갯벌은 민간인 통제 지역이라 조사가 많이 안되었다. 다만 남산포 갯벌에 들어 갈 수 있는데, 갯벌 상부에 갈대 밭이 있고 아래 갯벌에는 펄털콩게, 털콩게, 칠게, 방게 류 등의 게종류와 옆새우가 많이 출현하였으나 다른 지역 갯벌에 비해 생물상이 빈약하 였다. 일부 문헌에 의하면(정연학, 2008), 교동도 주변 해안에서 총알고등, 굴, 낙지, 맛, 대합, 홍합 등의 일부 연체동물과 농게, 세스랑게, 붉은발사각게, 수동방게, 칠게, 가지게 갈게 등의 게류가 다양하게 출현하는 것으로 알려지고 있다.

4. 교동도 주변의 어업

교동도 주변의 어업은 교동도와 석모도 사이의 교동어장과 교동도와 강화도사이의 창후리 어장에서 이루어 진다. 1955년 교동 어장에 어로한계선(〈그림 3〉)이 설정되기 전 에는 교동도, 미법도, 기장도(서도)사이의 어장이 새우잡이로 유명하여 많은 배들이 밤에 불을 밝히고 잡는 것이 장관이어서 교동팔경 중 하나에 서도어등黍島漁燈이라 할 정도로 새우잡이 어업이 활발하였다. 이때 미법도와 교동도 죽산포와 빈장포에 새우잡이 파시 가 서고 두곳에 많은 어선이 정박하여 선원들을 위한 술집과 색주가가 있었다고 한다. 조선시대에는 새우잡이 뿐만 아니라 교동도 주변에서 가숭어가 많이 잡혀 이 가숭어의 알을 건조시켜 만든 어란은 그 맛이 일품이라 임금님께 진상하는 중요한 물품이었다.

---

[16] 위의 논문.

〈그림 3〉 교동도 어로한계선

그러나 교동어장에 어로한계선이 설정되고 어업이 자유롭지 못하면서 교동도의 어업은 급속도로 쇠락하였고 현재 어가 8세대가 10척의 어선을 가지고 남산포를 근거로 교동어장에서 새우와 밴댕이, 숭어, 농어, 꽃게 등을 소규모로 잡고 있다. 교동도에서 많이 잡히는 어종중 하나가 망둥어로 망둥어는 낚시로 잡아 건조하여 판매한다. 새우는 교동도에서 생과리라고도 한다. 새우잡이는 일명 멍텅구리배 또는 곳배라 불리우는 해선망海船網을 이용하여 잡는데 이배는 동력이 없이 수로에 닻을 내려 놓고 밀물과 썰물시 그물을 내렸다가 조류를 이용하여 잡는 방법으로 보통 한 번 나가면 3~4개월 해상에서 조업후

귀환한다. 잡은 새우는 배에서 소금으로 염장(10:3)한 후 새우젓 운반선으로 운반한다. 오월에 잡는 새우는 오젓, 6월에 잡는 새우는 육젓, 가을에 잡는 새우는 추젓을 만든다. 이중 육젓을 최상품으로 친다. 밴댕이는 5~6월에 주로 잡는데 5월에 잡는 밴댕이를 오사리밴댕이라 하며 이때 맛이 가장 좋다. 숭어는 겨울에 많이 잡는데 교동도에서 가장 작은 숭어 새끼를 모치라 하고, 그다음으로 저푸리, 태푸리, 잠대, 동어(겨울) 등으로 부르기도 한다(한기출). 농어는 3~6월사이 주로 잡는다. 과거에는 민어, 조기, 홍어 등을 잡았다는 기록도 있다.[17] 교동어장과 창후리 어장에서 잡히는 것 중 특이한 것은 기수식용해파리 Rhopilema esculentum로 이 종류는 우리나라에서는 이 일대와 무안에서만 잡히고 있는 기수성식용해파리로 쏘지 않는 종류로 맛이 좋고 콜라겐이 많아 중국에서는 건강식품으로 널리 알려진 종이다. 교동도 주변에서 굴과 바지락, 낙지, 홍합, 맛조개 등을 채취하고 있으나 군부대의 허가를 득하고 해안으로 나가 채취한다. 흔히 설이나 추석을 앞두고 민간인 통제선을 개방하여 일시적으로 마을 주민들이 조개류를 채취한다. 이외에 교동도에는 해안가에 축제식 양식장을 만들어 숭어,농어, 우럭 등을 양식하는 곳이 상룡리에 2, 동산리에 2, 대룡리에 1, 양갑리에 1 등 총 여섯 곳에 55.6ha의 양식면적을 가지고 있다.

5. 교동도의 포구

교동도는 해안선 길이가 37.5km로 비교적 큰 섬이나 1997년에 해안가에 25.5km에 달하는 철책을 둘러쌈으로 바다를 빼앗긴 섬이 되었다. 더구나 북쪽 황해도를 바라보는 조강 해안은 수제봉(해안 침식이 일어나지 않게 강쪽으로 방망이 모양으로 축조한 소규모 둑)을 수없이 설치하여 뻘흙이 퇴적되어 수심이 얕아져 포구로서 기능을 상실하고 밀물시 수로로서의 기능만 있는 것 같이 보인다.

교동도에는 해방전에는 10개 이상의 포구 및 나루가 있었다. 북쪽 조강쪽으로 황해도를 바라 보는 인사리에 북진나루가 있어 황해도 연백군 백석포를 왕래하였고, 벽란도나 개풍 백천 쪽으로도 출발하는 중요 포구였다. 북쪽에는 북진나루 외에도 율두포와 인접

---

17   정연학, 『인천 섬 지역의 어업문화』, 인천대학교 인천학연구원, 2008.

포, 소심포, 무시포, 낙두포 등이 있었다. 인점포에는 어부가 많았다고 한다. 서쪽으로는 황해도 연안읍으로 가기 위하여 말탄포를 많이 이용하였고, 남쪽으로 죽산포(동산리), 서장포(동산리), 동장포(동산리), 빈장포(양갑리), 남산포와 동진나루가 있었다. 죽산포는 새우잡이 어선들이 집결하여 마치 대나무를 쌓아 놓은 것 같이 많았다고 하여 죽산포라 이름지었다고 한다. 남산포는 고려시대와 조선시대에 중국사신들이 먼바다로 나가기 전에 들리는 사신관이 있었고, 인조때 읍내리에 삼도수군통어영이 세워지면서 삼도수군의 군선들이 정박하던 곳으로 주변에 군기고, 군창등이 있었고, 지금도 배를 정박 할 때 이용하던 계류석이 하나 길가에 남아 있다. 현재는 교동도의 어선 대부분이 남산포에 정박한다. 읍내리 앞에는 송가도(석모도)와 강화도를 오가는 선박이 드나들던 동진나루가 있다. 동진나루는 조선조에 가장 큰 나루터로 황해도에서 오던 세곡선이 주로 머물렀고, 일제시대에는 인천과 서울 마포에서 오는 정기여객선이 들렀던 큰 나루터였다. 1931년 5월 7일자 동아일보에 이곳에 잔교를 설치하였던 기사가 나오고, 해방후에도 이곳에 대대적으로 나루터를 정비하였다고 한다(한기술). 그러나 민통선 설정후 나루터가 폐쇄되어 선박의 왕래가 끊겼다. 동쪽으로는 월선포와 호두포가 있다. 월선포는 민통선이 설정된 후 교동도와 강화도를 다닐 수 있는 여객선이 유일하게 들어 올 수있는 포구로 교동대교가 완공되기 전까지 카페리가 강화도 창후리에서 매시간 정기적으로 다녔다. 그러나 창후리 앞바다에 모래가 퇴적되어 사리 때 간조가 되면 여객선이 운항하지 못하고 수 시간씩 기다리거나 반시간 이상을 돌아 가야했다. 호두포는 범머리포라고도 하였고, 강화도 인화리에서 건너다니던 포구로 강화도에서 가장 가까운 포구였으나 물살이 세어 많이 이용되지 못하였다.

교동도의 포구로는 위와 같이 여러 곳이 있었지만 대부분 수심이 낮고, 뻘이 많아 항구로 개발하기에는 적당하지 못하였고, 이제는 강화도와 연육 됨으로 남산포에 어항 기능만 남게 되었다.

6. 강화조력발전

인천광역시와 강화군, 한국중부발전(주)과 (주)대우건설이 콘소시엄을 이루어 2007년

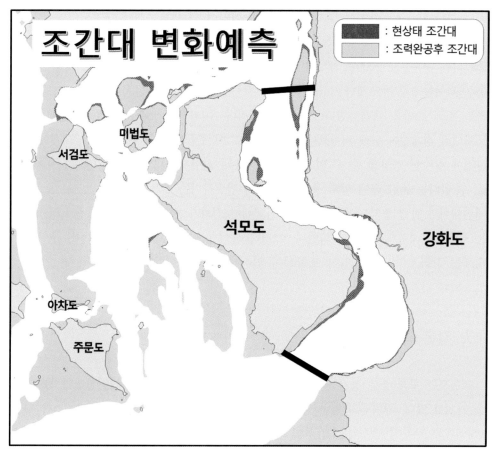

〈그림 4〉 강화조력발전댐 건설전후갯벌 변화도 한국중부발전(주). 2009

부터 교동도와 강화도를 연결하는 제 1방조제와 강화도와 석모도 등을 잇는 3개 방조제를 건설하여 조력발전소를 건설하는 계획을 추진하여 왔다. 이 계획은 조력발전을 위하여 조력댐 8.3km, 수차발전기 28기를 설치하여 썰물때 발전하는 방식으로 840MW를 생산하는 사업으로, 국가 간 이산화탄소 감축의무를 달성하고 신재생에너지를 생산하려는 발전회사와 도서 지역의 연육도로 개통으로 관광개발을 통한 지역발전을 이루려는 지자체의 목적이 일치되어 추진되어 왔다. 그러나 방조제 건설로 인한 한강하구의 홍수 가능성, 교동도 남단과 석모도 주변의 천연기념물 지역 훼손, 대규모 갯벌의 훼손, 생태계및 퇴적환경의 심각한 변동, 교동어장과 석모도 어장의 변화로 인한 막대한 어업손실

등 환경문제와 조력발전이 투자대비 경제적 이익이 적다는 문제가 제기되었다. 지역시민단체와 지역어민들의 강력한 반대에 사업자 측은 환경문제를 최소화하고 어업피해를 줄인다는 명목으로 2009년 계획을 축소하여 1조 2470억원의 예산으로 강화도와 석모도를 연결하는 2개 방조제만 4km 건설하고 수차발전기 14기를 설치하여 420MW를 생산하는 소규모 안을 채택하였다〈그림 4〉. 그러나 2011년 구성된 민관검증위원회에서는 투자대비 경제성이 원래 계획보다 더 떨어지고, 이 소규모 안도 한강하구 생태계와 퇴적환경에 심각한 영향을 줄 수 있고, 회유성어종과 한강하구의 산란장 기능에 큰 영향을 줄 수 있다는 논란 끝에 향후 충분한 검토가 필요하다는 결론을 짓고(2011. 6), 공유수면매립계획과 관련 중앙연안관리심의 위원회에서 심의가 제외되었다. 2012년 10월31일에는 공유수면매립계획이 철회되었다. 그러나 산업통상자원부의 제 6차 전력수급 기본계획에는 강화조력발전 사업이 포함되어 있어 계속 논란이 되고 있다.

7. 결론

교동도는 황해 중부 경기만의 한강하구에 위치하고 있어 독특한 해양환경과 하구환경을 가지고 있다. 경기만의 일반적인 특성인 조석차이가 크고 조류변화가 크게 나타나며, 3개의 강으로부터 담수가 유입되어 염분변화가 크다. 이러한 물리적인 변화로 인하여 하구갯벌이 발달하고, 모래풀등과 사주 등이 발달하여 다양한 서식환경을 형성하고, 강과 바다의 전이지대로 다양한 생물종이 서식한다. 교동도 주변 수역은 예전부터 각종어류와 새우의 산란장과 회유장소로 알려져 왔고, 단위면적당 우리나라 최대 새우 어획량을 보여 경제적인 가치가 높은 수역이다. 교동도 주변 수로는 과거에는 세곡선의 조운수로로, 수군의 기지로, 새우잡이 어선의 기지로, 연안항로와 중국으로 가는 해운 수로 등으로 다양하게 이용되어 왔다.

그러나 현재는 어업한계선이 설정되고 민간인 통제구역이 설정되어 교동해역은 바다로서의 기능을 제대로 못하고 있다. 앞으로 통일 후의 교동도의 바다를 다시 활용 할 계획을 가지고 장기적인 교동도 바다와 연안 관리 계획을 세울 필요가 있다.

참고문헌

권순기·최중기, 「한강하류 및 하구역의 식물플랑크톤 생태연구 – 1.환경요인과 일차생산력」, *Yellow Sea Res* 6, 1994.

박영철, 「강화도 연안 새우류 군집에 대한 생태학적 연구」, 인하대학교 이학석사논문, 1994

인하대학교해양과학기술연구소, 「한강하구 개발에 의한 하구환경 변화의 연구와 개발 이전의 환경과의 비교」, 1990.

장현도, 「한강종합개발 이후 한강하구 및 경기만에서 퇴적환경의 변화」, 인하대학교 이학석사논문, 1989.

정연학, 『인천 섬 지역의 어업문화』, 인천대학교 인천학연구원, 2008.

최용필, 「한강하구에 출현한 부유성 난, 자치어의 분포 특성 연구」, 인하대학교 이학석사논문, 2002.

최중기·권순기, 「한강하류 및 하구역의 식물플랑크톤 생태연구 – II. 식물플랑크톤 군집 구조」, *Yellow Sea Res.* 6, 1994.

한국중부발전(주), 『강화조력발젖소 건설 사전환경성 검토서』, 2009.

황선도·노진구·이선애·박지영·황학진·임양재, 「한강하구역 강화 갯벌 조간대 건강망에 어획된 유영생물 군집구조」, 『한국해양학회 바다지』 15(4), 2010.

황선도·노진구, 「한강하구역 유영생물의 종조성과 계절 변동」, 『한국해양학회 바다지』 15(2), 2010.

Youn, S. H. and J.K. Choi, "Distribution pattern of zooplankton in the Han River Estuary with respect to tidal cycle", *Ocean Science J.* 43(3), 2008.

교동도의 조류

김대환
인천야생조류회 회장

1. 교동도의 자연, 지리적 환경

교동도는 행정구역상 인천광역시 강화군 교동면에 속하며 강화도의 서북쪽에 위치한다. 동경 126° 13′~126° 21′, 북위 37° 48′~37° 45′에 해당하며 한강과 임진강, 예성강이 합류하는 지점에 위치한다.

전체 면적은 약 47.15km²로 강화도의 부속도서 중 가장 큰 섬이다. 원래 3개의 섬으로 나누어져 있었으나, 고려시대 이후 매립되어 하나가 되었다. 교동도의 지형은 동서로 역 12km, 남북으로 약 8km로 동서 길이가 남북 길이에 비해 긴 형태이다. 동쪽에는 화개산(260m)과 서쪽에는 수정산(100m), 북쪽의 율두산(89m)이 솟아 있고, 이들 산지 사이로 매립에 의해 생긴 넓은 농지가 펼쳐져 있다. 이 농지는 과거 갯벌이었던 곳으로 고려시대에 조정이 강화로 천도했을 때부터 간척사업이 진행되어 만들어진 곳이다.[1]

〈표 1〉 교동도의 토지이용 현황(한국토양정보시스템)

토지이용	논	밭
면적(㎡)(%)	30,128,221(68.2)	5,306,828(12.0)
토지이용	초지 및 임지	임지
면적(㎡)(%)	3,308,921(7.5)	5,414,448(12.3)

산지는 섬 남동쪽에 위치한 화개산을 중심으로 발달해 있으며, 대부분 100m 이하의 구릉성 산지로 이루어져 있다. 평지는 산지 사이를 간척해 조성된 대

[1] 인천광역시립박물관, 『강화 교동 무학3지구 대구획 경지정리사업 문화유적 지표조사 보고서』, 2004.

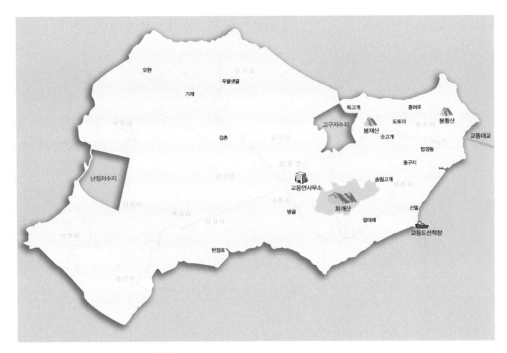

〈그림 1〉 교동도 지도　국립환경과학원 자료

규모의 농경지와 취락지가 형성되어 나타난다. 연중 물이 흐르는 하도가 형성될 정도의
규모를 가진 자연하천은 존재하지 않으며, 간척지의 논에 농업용수를 공급하기 위한
인공하천과 그 하천에 물을 공급하는 대규모의 난정저수지와 고구저수지가 축조되어
있다. 간석지, 염습지, 모래해안, 해식애, 파식대, 암석해안 등 해안 침식 및 퇴적지형이
잘 발달해 있고, 섬 전체가 대부분 편암류와 충적층으로 이루어져 있으며, 제4기 충적지
를 중심으로 간석지 및 충적토가 형성되어 있다. 조류 관찰과 관련한 서식 환경은 크게
해안지역의 간석지와 평지에 발달한 농경지, 인공저수지 주변, 산지지역으로 구분할 수
있다.[2]

2　국립환경과학원, 『석모도, 교동도, 볼음도의 자연환경』, 2010.

〈그림 2〉 난정저수지 전체 전경 2014년 11월 2일 촬영

〈그림 3〉 수로가 잘 발달된 교동도

교동도에도 2014년 7월 본섬인 강화도와 연결되는 길이 3.44km의 교동대교가 놓였다. 강화도가 김포와 강화대교로 이어져 있으니, 교동도는 이제는 육지나 다름없는 셈이

다. 현재 행정구역으로는 인천광역시 강화군 교동면. 이 섬은 서울에서 지척이고 우리나라에서 14번째로 큰 섬이지만, 민통선(민간인출입통제선) 안에 자리해 섬 안으로 들어가려면 엄격한 통제를 받았다. 더구나 조수간만의 차가 커 간조 때는 3, 4시간씩 배 운항이 정지됐고, 물이 덜 빠질 땐 직선으로 15분(강화도 창후리 선착장~교동도 월선포 선착장)이면 닿을 뱃길을 1시간 넘게 돌아가기도 했다. 그래서 오랫동안 외면 받았고 개발의 사각지대에 놓여 있었다. 우리가 들어갔을 때는 이미 많은 건설 장비들이 들어와서 하천, 도로 등을 정비하고 있었다. 앞으로 이곳이 어떻게 개발될지 지켜봐야겠지만 무분별한 개발이 진행될까 걱정이 앞선다.[3]

2. 교동도의 조류 – 현지 조사

1) 인천야생조류연구회 현지조사(2014년 11월 1일~2일)

2014년 11월 1일에서 2일 사이에 교동도 조류조사를 실시하였다. 날씨는 비교적 흐린 상태로 해무가 약간 있었으며 간간히 비가 오는 경우도 있었다. 오후가 되면서 날이 개에 맑은 날씨가 되었고 결빙은 없었다. 관찰된 조류의 목록은 다음과 같다.

〈표 2〉 인천야생조류연구회 교동도 조류조사(11월 1~2일)

천연기념물	멸종위기	국명	영명	개체수	우점도	종다양도지수
		꿩	Ring – necked Pheasant	3	0,01	0,00
	II	큰기러기	Bean Goose	3,270	14,58	0,28
		쇠기러기	Greater White – fronted Goose	17,840	79,55	0,18
		알락오리	Gadwall	23	0,10	0,01
		청머리오리	Falcated Teal	3	0,01	0,00
		청둥오리	Mallard	143	0,64	0,03
		흰뺨검둥오리	Spot – billed Duck	78	0,35	0,02
		넓적부리	Northern Shoveller	46	0,21	0,01

3 인천야생조류연구회, 『인천 섬의 생태, 문화, 역사를 돌아보며 – 인천 섬관광을 위한 기초 자료』, 2014.

		고방오리	Northern Pintail	14	0.06	0.00
		쇠오리	Eurasian Teal	23	0.10	0.01
		흰죽지	Common Pochard	167	0.74	0.04
		댕기흰죽지	Tufted Duck	13	0.06	0.00
		검은머리흰죽지	Greater Scaup	28	0.12	0.01
		흰뺨오리	Common Goldeneye	34	0.15	0.01
		논병아리	Little Grebe	4	0.02	0.00
		해오라기	Black-crowned Night Heron	3	0.01	0.00
		중대백로	Great Egret	5	0.02	0.00
		쇠백로	Little Egret	1	0.00	0.00
		민물가마우지	Great Cormorant	3	0.01	0.00
323-8		황조롱이	Common Kestrel	9	0.04	0.00
	II	새홀리기	European Hobby	1	0.00	0.00
		말똥가리	Common Buzzard	1	0.00	0.00
		물닭	Eurasian Coot	7	0.03	0.00
		꺅도요	Common Snipe	1	0.00	0.00
		민물도요	Dunlin	24	0.11	0.01
		괭이갈매기	Black-tailed Gull	36	0.16	0.01
		재갈매기	Vega Gull	27	0.12	0.01
		한국재갈매기	Mongolian Gull	3	0.01	0.00
		멧비둘기	Oriental Turtle Dove	241	1.07	0.05
		쇠딱다구리	Japanese Pygmy Woodpecker	1	0.00	0.00
		오색딱다구리	Great Spotted Woodpecker	1	0.00	0.00
		때까치	Bull-headed Shrike	2	0.01	0.00
		어치	Eurasian Jay	3	0.01	0.00
		까치	Black-billed Magpie	22	0.10	0.01
		큰부리까마귀	Large-billed Crow	3	0.01	0.00
		박새	Great Tit	8	0.04	0.00
		곤줄박이	Varied Tit	2	0.01	0.00
		붉은머리오목눈이	Vinous-throated Parrotbill	67	0.30	0.02
		흰배지빠귀	Pale Thrush	1	0.00	0.00
		노랑지빠귀	Naumann's Thrush	2	0.01	0.00
		딱새	Daurian Redstart	2	0.01	0.00
		검은딱새	Eurasian Stone Chat	7	0.03	0.00

		참새	Eurasian Tree Sparrow	174	0.78	0.04
		알락할미새	White Wagtail	2	0.01	0.00
		밭종다리	Buff - bellied Pipit	3	0.01	0.00
		방울새	Grey - capped Greenfinch	14	0.06	0.00
		멧새	Meadow Bunting	2	0.01	0.00
		쑥새	Rustic Bunting	42	0.19	0.01
		노랑턱멧새	Yellow - throated Bunting	16	0.07	0.01

〈표 3〉 인천야생조류연구회 교동도 조류조사 주요 생태지표

관찰장소	강화군 교동도	관찰 일자	11월 1일-2일
총개체수	22,425	총종수	49
다양성지수	0.7950	종풍부도	4.7914
균등도지수	0.2043	보편도지수	2.2145

총개체수는 22,425마리이고 총종수는 49종이 관찰되었다. 그 중 멸종위기 Ⅱ급에 해당하는 큰기러기(3,270)와 새홀리기(1)가 관찰되었으며 우점종은 쇠기러기였다.

시기적으로 겨울철새들이 본격적으로 이동하는 시기인 만큼 많은 수의 오리, 기러기류들이 관찰되었다. 특히 교동도는 넓은 경작지로 인해 많은 수의 기러기가 도래할 수 있는 입지적인 조건을 가지고 있다. 추수가 끝난 논은 이동하는 기러기들에게 훌륭한 서식지 및 취식지 역할을 하고 있었다. 같은 시기에 강화도에는 교동도만큼 많은 새들을 관찰할 수 없었다. 또한 추측하건대 지리적 조건이 비슷한 석모도의 경우에도 많은 수의 기러기들이 도래했을 것으로 사료된다. 기러기의 경우만 살펴보면 현실적으로 교동도나 석모도 만한 넓은 경작지를 가지고 있는 지역도 없다. 따라서 기러기류 관찰의 최적지는 교동도와 석모도가 아닐까 사료된다. 수도권 인근에서 한 장소에 20,000마리의 기러기를 관찰 할 수 있는 장소는 흔치않다.

오리류의 경우도 교동도 안의 난정저수지와 고구저수지는 도래하는 오리들이 취식하기에 아주 적당한 장소로 판단된다. 주변에 도래하는 조류를 교란시킬만한 특별한 구조물도 적은 편이다. 따라서 교동도는 이동시기에 다양한 오리류를 관찰할 수 있는 최적지로 판단된다.

〈그림 4〉 쇠기러기

〈그림 5〉 쇠기러기 군무

오리, 기러기가 많이 도래하는 지역은 맹금류의 출현도 빈번해진다. 조사팀이 섬에 들어간 시기는 좀 일러서 아직은 맹금류가 본격적으로 이동하지 않은 시기였기 때문에 맹금류를 관찰할 수는 없었지만 12월이 되면 많은 수의 맹금류들을 관찰할 수 있을 것으로 판단된다.

2) 임광완(한국야생조류협회)님 관찰 기록(2014년 11월 22일)

2014년 11월 22일에 교동도 고구저수지에서 관찰된 개리이다. 도래한 개체수는 53마리로 근래 도래 개체수 중 최대 개체수가 관찰되었다. 또한 많은 수의 맹금류들도 함께

〈그림 6〉 고구저수지에서 관찰된 개리

관찰되었다고 한다.

관련하여 겨울철새 도래와 관련하여 교동도의 역할을 살펴보면 도래 조류가 보다 더 남쪽으로 이동하는 과정에서 잠시 쉬어가는 중간 기착지 역할을 하는 대표적인 장소로 판단되며 겨울철 철새 탐조 활동의 측면에서 교동도는 수도권 인근에서 대표적인 철새 도래지로 평가받을 만한 장소로 사료된다.

3. 교동도의 조류 - 문헌 조사

1) 국립환경과학원, 『석모도, 교동도, 볼음도의 자연환경』 자료, 2010

① 2009년 현지조사 결과 112종, 37,159개체로 나타났으며, 개체수가 많이 관찰된 종은 쇠기러기(21,760), 흰뺨검둥오리(4,285), 가창오리(2,806), 멧비둘기(938), 참새(894), 청둥오리(816) 순이었고, 문헌 및 현지조사결과 158종(문헌자료 127종)이 조사되었다.[4]

② 멸종위기조류는 2009년 조사에서 새롭게 관찰된 여름철새인 노랑부리백로, 큰덤불해오라기, 새홀리기와 겨울철새인 개리, 참매, 흑두루미를 포함한 총 19종이 확인되

---

4 강종현, 「GIS기법에 의한 인천 연안도서의 조류 분포특성과 생태적 우수지역 분석」, 인천대 박사학위논문, 2012.

었다.

③ 난정저수지와 인근 해안가에서 가창오리 2,600개체가 확인되었다.

〈표 4〉 교동도의 조사연도별 관찰된 멸종위기 조류

구분	종명	조사 연도별 관찰종		천연기념물	서식유형
		2007	2009		
멸종위기 Ⅰ급	노랑부리백로		●	√	여름철새
	저어새	●	●	√	여름철새
	종수	1	2	2	
멸종위기 Ⅱ급	큰덤불해오라기		●		여름철새
	개리		●	√	겨울철새
	큰기러기	●	●		겨울철새
	벌매	●	●		통과철새
	솔개	●			겨울철새
	조롱이	●	●		텃새
	참매		●	√	겨울철새
	큰말똥가리	●	●		겨울철새
	새홀리기		●		여름철새
	흑두루미		●	√	겨울철새
	뜸부기	●		√	여름철새
	검은머리물떼새	●	●	√	텃새
	알락꼬리마도요	●	●		통과철새
	수리부엉이	●	●	√	텃새
	종수	9	12	6	

④ 동산리 야산의 백로 번식지(2009년) : 동산리 야산에는 1,000여쌍의 백로류(중대백로(100), 중백로(450), 쇠백로(250), 황로(150), 해오라기(50), 흰날개해오라기(3) 등)가 집단으로 번식한다. 수도권 지역에서 다양한 백로, 해오라기류가 집단으로 번식하는 최대 번식지로 판단된다.

⑤ 화개산 남쪽, 읍내리 남산포 아래에 위치한 상여바위는 소수의 괭이갈매기, 한국재갈매기, 저어새가 번식하는 곳으로 저어새는 2쌍의 번식이 확인되었다.

2) 국립생물자원관, 『겨울철 조류 동시 센서스』 자료, 2008~2013

교동도를 대상으로 실시된 겨울철 조류 동시 센서스 자료는 2008년부터 실시되었으며 2013년까지 자료를 합산하여 분석하였다.

〈표 5〉 국립생물자원관, 겨울철 조류 동시 센서스 자료(생태지수), 2008~2013

	전체	2008	2009	2010	2011	2012	2013
총개체수	33,238	5,236	7,522	6,201	3,663	6,919	3,697
총 종수	48	13	15	32	25	23	29
과	22	11	10	16	15	12	17
목	10	7	6	7	5	5	7
다양성지수	0.7739	0.149	0.238	0.958	1.509	0.524	1.086
종풍부도	4.5143	1.401	1.569	3.55	2.925	2.488	3.408
균등도지수	0.1999	0.058	0.088	0.277	0.469	0.167	0.322
보편도지수	2.1682	1.161	1.269	2.607	4.522	1.689	2.962
우점도	86.3890	97.4980	95.9186	81.3094	60.9882	90.5911	77.0895
우점종	쇠기러기	쇠기러기	쇠기러기	쇠기러기	쇠기러기	쇠기러기	쇠기러기
Sv	0	0	0	0	0	0	0
Wv	22	6	7	12	10	10	11
Pm	0	0	0	0	0	0	0
Res	26	7	8	20	15	13	18
Vag	0	0	0	0	0	0	0

〈표 6〉 국립생물자원관, 2008~2013, 겨울철 조류 동시 센서스 자료(관찰조류 목록)

천연기념물	멸종위기	CITES	학명	국명	개체수	우점도	종다양도지수
			Coturnix japonica	메추라기	2	0.006	0.0005848
			Phasianus colchicus karpowi	꿩	16	0.0481	0.0036772
	II		*Anser fabalis serrirostris*	큰기러기	268	0.8063	0.0388677
			Anser albifrons frontalis	쇠기러기	28,714	86.389	0.126395
			Anas platyrhynchos platyrhynchos	청둥오리	19	0.0572	0.0042684
			Anas poecilorhyncha zanorhyncha	흰뺨검둥오리	49	0.1474	0.0096113

			Ardea cinerea jouyi	왜가리	1	0,003	0,0003132
323-8		II	Falco tinnunculus interstinctus	황조롱이	39	0,1173	0,0079177
		II	Falco columbarius insignis	쇠황조롱이	2	0,006	0,0005848
243-4	I	I	Haliaeetus albicilla albicilla	흰꼬리수리	7	0,0211	0,0017829
323-4		II	Accipiter nisus nisosimilis	새매	4	0,012	0,0010861
		II	Buteo buteo japonicus	말똥가리	91	0,2738	0,0161548
	II	II	Buteo hemilasius	큰말똥가리	25	0,0752	0,0054099
		II	Buteo lagopus menzbieri	털발말똥가리	3	0,009	0,0008406
			Fulica atra atra	물닭	1	0,003	0,0003132
			Larus vegae vagae	재갈매기	18	0,0542	0,004073
			Larus cachinnans mongolicus	한국재갈매기	2	0,006	0,0005848
			Streptopelia orientalis orientalis	멧비둘기	497	1,4953	0,0628444
324-2	II	II , III	Bubo bubo kiautschensis	수리부엉이	1	0,003	0,0003132
			Dendrocopos kizuki seebohmi	쇠딱다구리	1	0,003	0,0003132
			Dendrocopos major japonicus	오색딱다구리	2	0,006	0,0005848
			Lanius bucephalus bucephalus	때까치	4	0,012	0,0010861
			Lanius sphenocercus sphenocercus	물때까치	2	0,006	0,0005848
			Garrulus glandarius brandtii	어치	1	0,003	0,0003132
			Cyanopica cyana koreensis	물까치	24	0,0722	0,005223
			Pica pica sericea	까치	594	1,7871	0,0719235
			Corvus dauuricus	갈까마귀	2	0,006	0,0005848
			Corvus macrorhynchos macrorhynchos	큰부리까마귀	61	0,1835	0,0115631
			Parus major minor	박새	79	0,2377	0,0143606
			Parus palustris hellmayri	쇠박새	3	0,009	0,0008406
			Aegithalos caudatus magnus	오목눈이	15	0,0451	0,0034765
			Alauda arvensis japonica	종다리	579	1,742	0,0705528
			Microscelis amaurotis amaurotis	직박구리	17	0,0511	0,003876
			Paradoxornis webbianus fulvicauda	붉은머리오목눈이	130	0,3911	0,0216833
			Turdus naumanni	노랑지빠귀	9	0,0271	0,0022242
			Turdus eunomus	개똥지빠귀	1	0,003	0,0003132
			Phoenicurus auroreus auroreus	딱새	5	0,015	0,0013241
			Passer montanus saturatus	참새	376	1,1312	0,0507004
			Carduelis sinica ussuriensis	방울새	29	0,0872	0,006146
			Uragus sibiricus ussuriensis	긴꼬리홍양진이	7	0,0211	0,0017829

			Carpodacus roseus roseus	양진이	10	0.0301	0.0024396
			Coccothraustes coccothraustes japonicus	콩새	11	0.0331	0.0026521
			Emberiza cioides castaneiceps	멧새	233	0.701	0.0347727
			Emberiza rustica	쑥새	202	0.6077	0.031014
			Emberiza elegans elegans	노랑턱멧새	370	1.1132	0.0500704
			Emberiza pallasi pallasi	북방검은머리쑥새	434	1.3057	0.056648
			Emberiza schoeniclus pyrrhulina	검은머리쑥새	9	0.0271	0.0022242
			Calcarius lapponicus kamtschaticus	긴발톱멧새	269	0.8093	0.0389826

교동도의 겨울철 조류 동시 센서스 자료에서 보이는 가장 큰 특징은 많은 수의 기러기류가 관찰된다는 것이다. 일반적으로 동시 센서스가 실시되는 시기는 매년 1월 셋째 주 주말에 시행된다. 이 시기는 이미 기러기류가 대부분 이동이 끝난 시기이지만 그럼에도 불구하고 기러기류가 가장 많이 관찰된다는 것은 그만큼 교동도라는 지역이 기러기가 취식하기 좋은 입지 조건을 가지고 있다는 것을 의미한다. 실제로 이동 시기에는 하루에 관찰되는 기러기류의 개체수가 20,000마리가 넘는 경우도 많다. 조류의 이동이 끝난 시기에 시행되는 동시 센서스의 경우 6년간 누적 개체수가 30,000마리 정도로 관찰되는 것을 보면 교동도에 얼마나 많은 기러기류가 찾아오는지 알 수 있다.

또한, 이렇게 기러기류가 많이 도래하기 때문에 교동도에는 많은 수의 맹금류가 다양하게 찾아온다. 2011년도 동시 센서스 조사 중 박건석(한국야생조류연구회) 씨에 의해 털발말똥가리의 아종인 '검은털발말똥가리(가칭) Buteo lagopus sanctijohannis'가 관찰되기도 하였다. 특히 교동도 농경지에는 많은 수의 전신주가 있어서 맹금류가 휴식을 취하고 먹이를 관찰하기 좋은 조건을 가지고 있다. 또한 넓은 농경지는 많은 수의 멧비둘기와 쥐가 서식하기 좋은 조건을 가지고 있다. 이 역시 맹금류를 부르는 좋은 조건이 된다. 특히 맹금류 중에서도 겨울 철새인 말똥가리류의 도래가 특징적이다.

교동도는 농경지에 물을 대는 수로가 잘 발달해 있어서 수로를 중심으로 주변 갈대밭에 서식하는 새들도 많이 찾아오는 것으로 확인되었다. 가장 대표적인 새가 북방검은머리쑥새와 멧새이다. 이들은 갈대밭에서 서식을 하면서 먹이 활동을 한다. 겨울철 교동도는 작은 새들의 천국이라 할 수 있다.

3) 교동도에서 관찰 기록된 저어새

저어새는 월동지인 중국 남부의 홍콩, 타이완, 베트남, 일본, 제주도 등에서 번식을 위해 북상하여 4월 초~중순 경에 번식지에 도착한다. 저어새는 번식지에 도착하자마자 쌍을 이루고 둥지를 틀기 시작한다. 4월말에 산란을 시작하는 저어새는 25~26일간의 포란 기간을 갖는다. 포란 기간에는 암수가 교대로 3~4시간씩 알품기를 담당한다. 포란의 임무를 교대하는 저어새 쌍은 가까운 지역의 채식장소를 왕래하는데, 포란에 영향을 미치지 않는 거리의 장소, 간조 시 들어나는 갯벌과 수로, 인근 유인도의 물 고인 논에서 채식 활동을 하는 것이 관찰되곤 한다.

교동도에서 저어새로 가장 유명한 곳은 역섬이다. 교동도와 북한 사이에 위치한 작은 돌섬인 역섬은 국내 최대의 저어새 번식지로 이름을 날리던 곳으로 2000년부터 저어새 번식 기록이 정리되면서 2006년에는 저어새 번식 둥지가 70개가 넘는 것으로 확인이 되었다. 또한 2010년에는 교동도 남단의 상여바위에서도 저어새가 번식하는 것으로 확인되었다.

〈표 7〉 교동도에서 관찰된 저어새 기록

날짜	장소	개체수
2000년 4월	역섬	30쌍
2001년 4월	역섬	30쌍
2003년 5월 17일	역섬	26쌍 번식
2003년 5월 18일	삼선리, 지석리 논	2 마리
2004년 10월 23~24일		93 마리
2006년	역섬	둥지 70개
2009년 10월 15일		5 마리
2010년 7월 5일	상여바위	둥지 2개
2010년 10월 23일		120 마리
2012년 9월 13~18일		167 마리
2012년 10월 18일	인사리, 지석리	60 마리

교동도는 저어새의 번식지 및 취식지로 예전부터 이용되었던 섬이지만 최근 점차 줄

어드는 양상을 보이고 있다. 또한 강화도와 연결된 연육교가 완공된 이후 저어새 번식이 어려워질 것은 자명해 보인다. 관련하여 종합적인 대책이 필요한 부분이다.

4. 고찰

1) 교동도에 도래하는 조류의 특성

교동도는 여름철에 도래하는 조류의 종수와 개체수가 가장 적으며, 봄과 가을철에 도래하는 종수의 차이는 크지 않다. 그러나 개체수의 경우에는 가을에 찾아오는 조류의 개체수가 월등하게 높은 것으로 조사되고 있는데 그 이유는 이 지역을 중간기착지로 도래하는 쇠기러기 때문이다.[5]

이들은 가을철 추수가 끝난 농경지와 섬 해안의 갯벌을 취식지 또는 휴식지로 이용하기 때문이다. 이는 교동도 논의 면적이 인근의 섬에 비해 넓기 때문으로 파악된다. 자료에 의하면 논의 면적은 교동도 30.1km², 석모도 16km², 볼음도 2.3km²인 것으로 조사되었다.[6]

교동도는 가창오리도 많이 찾아오는 섬으로 난정저수지에 도래하는 가창오리의 개체수는 봄철의 경우 1,456개체, 가을 1,350개체가 도래하는 것으로 조사되었다.

전체적인 조사에서 아쉬운 점은 봄, 가을철에 도래하는 도요, 물떼새에 대한 조사가 미흡하여 관련 자료를 찾을 수 없었다. 이는 보다 정밀한 조사가 이루어지지 않은 결과로 해석되며 추후 도요, 물떼새에 대한 정밀조사가 필요할 것으로 사료된다. 교동도의 지리적 특성을 고려했을 때 이동기에 많은 수의 도요, 물떼새가 도래할 것으로 판단된다.

---

5   강종현, 「GIS기법에 의한 인천 연안도서의 조류 분포특성과 생태적 우수지역 분석」, 인천대 박사학위논문, 2012.
6   한국토양정보시스템; http://asis.rda.go.kr/

2) 탐조와 관련한 교동도의 특성

교동도는 수도권 인근에서 기러기류와 말똥가리류를 관찰할 수 있는 최적의 장소라는 것에 대해 이견이 있을 수 없는 섬이다. 최근 강화와 연결된 연육교로 많은 탐조인들이 쉽게 교동도를 찾을 수 있을 것이며 과거에 비해 다양한 자료가 누적될 것으로 판단된다. 또한 관련 조류 관찰을 주제로 한 생태 관광이나 탐조 교육 등의 활동도 가능할 것으로 사료된다. 따라서 관련 활동에 대한 세부적인 기획과 프로그램 개발 및 안내자 교육이 필요한 실정이다.

수도권에 사는 사람들은 겨울 철새를 보기 위해 천수만이나 철원을 찾는다. 그러나 그에 못지않은 훌륭한 대안이 있다. 그곳은 교동도다.

참고문헌

강종현, 「GIS기법에 의한 인천 연안도서의 조류 분포특성과 생태적 우수지역 분석」, 인천대 박사학위논문, 2012.
국립환경과학원, 『석모도, 교동도, 볼음도의 자연환경』, 2010.
김대환 외 6, 『형태로 찾아보는 우리 새 도감』, 지성사, 2013.
인천광역시립박물관, 『강화 교동 무학3지구 대구획 경지정리사업 문화유적 지표조사 보고서』, 2004.
인천야생조류연구회, 『인천 섬의 생태, 문화, 역사를 돌아보며 - 인천 섬관광을 위한 기초 자료』, 2014.
한국토양정보시스템; http://asis.rda.go.kr/

교동도의 식생

송홍선
민속식물연구소 소장

1. 서언 - 조사 배경 및 목적

최근에 발족한 '인천섬연구모임'은 인천 연안 도서의 체계적인 조사와 연구를 통하여 도서 정체성을 확립하고 도서문화의 보존과 발전에 기여함을 목적으로 하고 있다. 이에 따라 '인천도서연구모임'은 매년 정기적으로 답사지역을 선정하여 도서의 전반적인 상황을 조사키로 하였다.

본 식물모니터링은 이의 일환으로 간략하게 수행하였다. 식물모니터링의 중점은 대상지역의 소산식물, 문화식물(또는 식물문화), 민속식물의 조사 및 정리이었다.

2. 조사 지역 및 방법

1) 모니터링 조사지역 개황

모니터링지역은 인천 강화군 교동면(교동도) 전 구역이다. 교동도는 행정구역상 강화군에 속하며 강화도에서 서북쪽으로 4km 정도 떨어진 곳에 위치한 민통선 북쪽의 섬이다. 또한 교동도는 강화군에서 2번째로 큰 섬이며 예성강, 임진강, 한강이 만나는 곳에 발달한 도서이다. 가장 높은 산은 화개산(260m)이다.

기후는 온대성이며, 사면이 바다로 둘러싸여 있어 해풍이 심하다. 연평균기온은 11.0℃ 정도이고, 연강수량은 1,317mm 정도이다.

2) 조사일시

모니터링은 2013년 1월 19일부터 20일까지의 정기적 조사와 그 이전(2003년, 2006년) 조사자 개인의 부정기적 현장 방문으로 이루어졌다.

3) 모니터링방법

모니터링의 조사 대상은 관속식물이며, 그 관속식물의 소산식물, 문화식물, 민속식물 이다. 조사는 대상지역을 따라 이동하면서 확인되는 모든 관속식물을 야장에 기록한 후 총목록을 작성하였다. 또한 식물문화, 민속식물의 실태를 파악하였다.

정기적 조사경로는 읍내리, 교동향교, 느티나무 고목지, 화개산성, 화개산 정상, 화개 산 봉수대, 고구저수지, 물푸레나무 고목지, 은행나무 고목지 등이다. 모니터링의 식물 목록 작성 등은 널리 통용되는 국명을 채택하였다.

3. 조사 결과

1) 전체 관속식물 출현현황

인천 강화군 교동면(교동도)에 출현한 관속식물은 86과에 딸린 366분류군(종류)이었다 (〈표 1〉). 이는 문헌조사 이와 김[1]의 263분류군보다 103분류군이 증가한 것이다.

〈표 1〉 인천 강화군 교동도의 출현식물

구분	과	분류군(수)	비고
필자 조사	86	366	2003, 2006, 2013년 조사
문헌 조사	83	263	이태수·김성환(2003)

---

[1] 이태수·김성환, 「인천광역시 강화도, 교동도, 석모도의 식물상에 관한 연구」, 『인천대 교수논총』, 2003.

총 출현식물의 주요 과별 분류는 〈표 2〉와 같으며, 이중 가장 많은 분류군이 출현한 과는 국화과(38분류군, 10.4%)이었고, 다음으로 벼과(34분류군, 9.3%), 장미과(19분류군, 5.2%), 백합과와 콩과(각각 15분류군, 4.1%), 마디풀과(12분류군, 3.3%), 십자화과와 사초과(11분류군, 3.0%) 순이었다.

〈표 2〉 인천 강화군 교동도의 주요 과별 출현식물

과명	분류군(수)	비율(%)[1]	과명	분류군(수)	비율(%)[1]
국화과	38	10.4	십자화과	11	3.0
벼과	34	9.3	사초과	11	3.0
장미과	19	5.2	미나리아재비과	9	2.5
백합과	15	4.1	명아주과	7	1.9
콩과	15	4.1	꿀풀과	7	1.9
마디풀과	12	3.3	석죽과	6	1.6

[1] 총 출현식물 366 분류군에 대한 백분율

2) 주요 특산식물 및 희귀식물

본 조사지역에서 관찰된 한반도 특산식물은 개나리, 고광나무, 병꽃나무, 은사시나무, 호랑버들 등이었으며, 본 조사지역에서 관찰된 희귀식물은 벗풀, 쥐방울덩굴, 창포 등이었다〈표 3〉, 〈사진 1〉).

〈표 3〉 인천 강화군 교동도의 특이식물

구분	식물	비고
한반도 특산식물[1]	개나리,[3] 고광나무, 병꽃나무, 은사시나무,[3] 호랑버들 등	필자 판단 포함
한반도 희귀식물[2]	벗풀, 쥐방울덩굴, 창포 등	필자 판단 포함

[1] 한식재종반도 특산 관속식물(국립수목원, 2005) 중점 기준
[2] 한국 희귀식물 목록집(국립수목원, 2009) 및 산림청 희귀식물 보완목록 기준
[3] 식재종

고광나무   병꽃나무   쥐방울덩굴

〈사진 1〉 인천 강화군 교동도의 한반도 특산식물 및 희귀식물의 사진

3) 주요 귀화외래식물

본 조사지역의 귀화외래식물은 모두 44분류군이었으며, 총 출현식물에 대한 비율은 12.0%이었다〈표 4〉, 〈사진 2〉).

귀화외래식물은 가는털비름, 개망초, 개비름, 개소시랑개비, 개쑥갓, 까마중, 나래가막살이, 다닥냉이, 단풍잎돼지풀, 달맞이꽃, 닭의덩굴, 도깨비가지, 도꼬마리, 돼지풀, 둥근잎나팔꽃, 땅빈대, 뚱딴지, 말냉이, 망초, 미국가막살이, 미국개기장, 미국쑥부쟁이, 미국자리공, 방가지똥, 백령풀, 붉은서나물, 붉은토끼풀, 서양민들레, 서양오엽딸기, 소리쟁이, 수박풀, 아까시나무, 애기땅빈대, 어저귀, 오리새, 전동싸리, 족제비싸리, 좀명아주, 지느러미엉겅퀴, 취명아주, 코스모스, 큰방가지똥, 털별꽃아재비, 토끼풀 등이었다.

출현 귀화외래식물 중 단풍잎돼지풀, 도깨비가지, 돼지풀, 미국쑥부쟁이 등은 환경부가 지정한 생태계교란야생식물(위해식물)이었다.

〈표 4〉 인천 강화군 교동도의 귀화외래식물

구분	식물국명	분류군수	비율(%)[1]
출현식물	가는털비름, 개망초, 개비름, 개소시랑개비, 개쑥갓, 까마중, 나래가막살이, 다닥냉이, 단풍잎돼지풀, 달맞이꽃, 닭의덩굴, 도깨비가지, 도꼬마리, 돼지풀, 둥근잎나팔꽃, 땅빈대, 뚱딴지, 말냉이, 망초, 미국가막살이, 미국개기장, 미국쑥부쟁이, 미국자리공, 방가지똥, 백령풀, 붉은서나물, 붉은토끼풀, 서양민들레, 서양오엽딸기, 소리쟁이, 수박풀, 아까시나무, 애기	44	12.0

돼지풀   도깨비가지   미국쑥부쟁이

〈사진 2〉 인천 강화군 교동도의 귀화외래식물 사진

땅빈대, 어저귀, 오리새, 전동싸리, 족제비싸리, 좀명아주, 지느러미엉겅퀴, 취명아주, 코스모스, 큰방가지똥, 털별꽃아재비, 토끼풀	

1) 총 출현식물 366 분류군에 대한 백분율

4) 주요 문화식물 및 민속식물

본 조사지역의 주요 문화식물은 은행나무, 느티나무, 물푸레나무 등이었으며, 모두 고목이었으며, 주요 민속식물은 약용식물 60분류군, 민속채소 25분류군, 기타유용식물 40분류군 등 모두 125분류군(34.2%)이었다〈표 5, 사진 3〉.

〈표 5〉 인천 강화군 교동도의 문화 · 민속식물

구분	식물국명	분류군수	비율(%)[1)
주요 문화식물	은행나무(1), 느티나무(1), 물푸레나무(1) 등	3	0.8
주요 민속식물	약용식물(60), 민속채소(25), 기타자원식물(40)	125	34.2

1) 총 출현식물 366 분류군에 대한 백분율

무학리 은행나무(고목)　　　　읍내리 느티나무(고목)　　　　고구리 물푸레나무(고목)

〈사진 3〉 인천 강화군 교동도의 문화식물 사진

5) 덧붙이는 글

　　다음은 본 조사지역의 식물을 10년 전과 비교할 수 있는 자료가 있어 첨가한 것이며, 송[2]의 자료에서 교동도 일부분을 첨삭없이 그대로 소개하였다.

　　…(상략) 섬에 도착하자마자 선착장 입구에 세워진 안내판을 들여다본다. 조사경로를 설정하고 민박집을 찾기 위해서다. 그런데 안내판을 보는 순간, 눈을 의심할 만큼의 특별한 문구를 찾아낸다. 안내판에 물푸레나무 고목의 위치가 표시돼 있고 그 아래에 괄호로 묶어 수령 1500년이라고 적혀 있는 것이 아닌가. 필자는 안내판을 잘못 보지나 않았나 하고 다시 한 번 쳐다본다. 분명히 1,500년의 물푸레나무라는 표시다. 이 정도의 수령이라면 울릉도의 향나무와 용문사의 은행나무보다도 더 오래도록 살고 있는 것이기에 우리

2　　송홍선『서해북부 섬마을 풀꽃나무 백과도감』, 인천녹색연합, 2003.

나라 최고령의 나무가 되는 셈이다. 마음속으로 그럴 리가 없다는 생각을 하면서도 혹시나 하는 마음으로 그 물푸레나무를 찾아가기로 한다. 그 표시의 물푸레나무 쪽으로 발길을 재빨리 옮긴다. 그러나 물푸레나무 고목은 어느 구석에 꼭꼭 숨어버렸는지 시야에 들어오지 않는다.

필자는 땀을 식히고 갈증해소를 위해 가던 길을 멈추고 조그만 가게로 들어간다. 사실 가게에 들른 진짜 이유는 갈증해소를 겸해서 그 가게주인에게 물푸레나무 고목의 위치를 알아내기 위해서다. 그래서 가게주인에게 물푸레나무의 위치를 물었으나 가게주인은 물푸레나무의 위치를 알지 못한다. 지나가는 주민에게도 물어봤으나 잘 모른다는 대답만 돌아온다. 어쩔 줄을 모르고 있다가 문득 생각해낸 것이 이곳 면사무소에 연락해 보는 일. 처음부터 면사무소에 연락했으면 그 위치를 곧바로 알 수 있었을 텐데……. 면사무소에 전화로 연락하자 한 직원이 물푸레나무의 위치를 자세하게 알려준다. 그것도 모자라는지 그 직원은 하던 일을 멈추고 "그 물푸레나무의 위치를 직접 가서 안내해 주겠다"며 필자를 찾아온 것이 아닌가. 그저 감사할 따름이다.

면사무소 직원은 마을 뒤쪽의 숲을 헤쳐 물푸레나무가 있는 곳까지 안내하고 나서 "이 나무는 수령이 400여년으로 추정하고 있다"며 "현재 보호수로 지정해 관리하고 있다"고 말한다. 필자는 그 물푸레나무가 300여년의 수령으로 보았지만 그 직원이 400여년이라고 하니 그 말에 공감할 수밖에 없다. 그렇다면 선착장의 안내판에 표시된 수령 1500년의 물푸레나무는 이 나무가 아니란 말인가. 그렇지 않다. 이곳의 물푸레나무는 안내판의 지도로 보아 그 위치가 분명하다. 그렇지만 그 직원은 안내판의 수령표시를 잘 모르고 있는 듯 "안내판에 수령 1500년으로 적혀 있는 것을 확인하지 못했다"며 "만약 안내판을 확인해 보고 그렇게 씌어 있다면 바로잡을 필요가 있다"고 말하고는 업무 중이라서 바로 돌아간다.

면사무소 직원이 돌아간 후 필자는 물푸레나무를 여유 있게 둘러본다. 밑동이 지름 1m 정도로 굵었지만 3개의 동공이 큰 구멍으로 패어 있어 썩어 들어가고 있다. 밑동이 굵은 이유도 어릴 때부터 동공이 생겨 이상적으로 발육한 것처럼 보인다. 그럼에도 불구하고 생육상태는 양호한 편이다. 필자는 한참동안이나 물푸레나무를 유심히 관찰한다.

…(중략)… 교동도에서는 귀화식물도 제법 많이 관찰됐는데, 교동도에 들어서자 귀화식물인 단풍잎돼지풀이 선착장 부근에서 나타나기 시작한다. 그러나 넓게 퍼져 있는 상태는

아니다. 면사무소가 있는 마을 부근에는 나래가막살이가 길가 주변에서 높이 자라나 노란 빛의 꽃을 피운다. 나래가막살이는 여러 곳에서 눈에 띈다. 귀화식물이라도 꽃이 활짝 피어있으니 아름답다. 가시가 많아 도깨비처럼 무섭다고 해서 이름이 붙여진 도깨비가지도 관찰된다. 이들 귀화식물은 다른 서해 섬에서는 매우 드물거나 거의 출현하지 않는 것이지만 교동도에서는 비교적 쉽게 볼 수 있다. 나래가막살이는 길가와 마을 주위에 자라는 것으로 보아 관상식물로 재배했던 것이 퍼져 나간 것으로 생각된다. (하략)…

4. 결론 및 요약

본 자료는 '인천도서연구모임'의 정기 답사지역 식물모니터링 조사결과이다. 인천 강화군 교동면(교동도)에 출현한 관속식물은 모두 366분류군(종류)이었고, 과별 분류는 국화과(38분류군, 10.4%)가 가장 많이 출현하였다. 한반도 특산식물은 개나리, 고광나무, 병꽃나무, 은사시나무, 호랑버들 등이었으며, 희귀식물은 벗풀, 쥐방울덩굴, 창포 등이었다. 귀화외래식물은 모두 44분류군이었으며, 총 출현식물에 대한 비율은 12.0%이었다. 주요 문화식물은 은행나무, 느티나무, 물푸레나무 등이었으며, 주요 민속식물은 약용식물, 민속채소, 기타유용식물 등 모두 125분류군(34.2%)이었다.

본 모니터링 조사지역은 '인천도서연구모임'의 목적에 맞는 대략의 식물조사만으로도 소산식물, 문화식물, 민속식물이 다양하게 출현하였고, 보다 체계적인 조사가 이루어질 경우 관속식물 400여 분류군이 출현할 것으로 예상되어 학술조사 성격의 세밀한 조사가 필요하였다. 또한 고목의 은행나무, 느티나무, 물푸레나무에 대한 표지판 수령이 필자의 견해보다 최저 100년에서 최고 400년 정도 많은 것으로 여겨지므로 이에 대한 정확한 연대측정도 요구되었다. 이와 함께 교동도는 귀화외래식물의 비율(귀화율)이 높은 편이고, 나래가막살이 등은 화개산 정상까지 분포하고 있을 뿐만 아니라 단풍잎돼지풀, 도깨비가지, 돼지풀, 미국쑥부쟁이 등 생태계교란야생식물(위해식물)이 넓게 퍼져 있어 이에 대한 대책이 시급하였다.

참고문헌

김성민·신동일·송홍선,『자원식물학』, 도서출판 풀꽃나무, 2012.
송홍선『서해북부 섬마을 풀꽃나무 백과도감』, 인천녹색연합, 2003.
_____,『인천외래식물도감』, 도서출판 풀꽃나무 – 인천녹색연합, 2008.
이태수·김성환,「인천광역시 강화도, 교동도, 석모도의 식물상에 관한 연구」,『인천대 교수논총』, 2003.

교동도의 마을 유래와 특징

한기출
교동도 향토사학자

1. 교동도 마을별 유래와 특징 – 상룡리

답사일시 : 2011. 6. 1.
답사장소 : 상룡리

1) 현장조사내용

상룡리의 역사와 야사 및 마을별 이름의 유래
조사, 마을에서 태어난 인물, 구전되는 전설, 교동
내의 위치조사 등이 이미『교동사』나『교동향교지』
에 수록되어 있어 이를 참고한다. 이 글에서는 전
래 이야기를 바탕으로 마을에서 구전되고 답습되
는 이야기들을 첨언, 기술하고자 한다.

마을에 구전된 역사와 이야기 등을 소개하고 협의
해 주신 분들은 아래와 같다.
　① 성명 : 전재순　　주소 : 상룡리　직업 : 농업
주요 경력 : 한전소장, 향토사학자.
　② 성명 : 이재선　　주소 : 상룡리　직업 : 농업
주요 경력 : 농협장

2) 문제점 및 개선책

제일 먼저 해결되어야 할 문제는 이 마을 태생인
훈맹정음의 창시자 '박두성 선생 탄생지의 성역화'
이다. 문화적 관광명소로 자리 잡을 수 있도록 하여
야함에도 행정차원의 적극적인 지원이 부족하다.
하루 빨리 이 사업이 추진될 수 있도록 매진해 줄

것을 관계기관에 요청한다.

상룡리는 교동의 동남향에 위치하여 유일하게 군사지역(철조망이 없는)에서 벗어나 있는 지역으로 아름다운 해변을 가지고 있다. 교동을 명품섬으로 개발하려는 계획이 진행되고 있는 작금에 이곳 해안에 제부도의 해변목교海邊木橋 보행시설과 같이 해변 산책로와 자전거 전용 도로를 개설하고 주변 경관을 보존하고 공원 조성 사업을 실행한다면 이는 교동의 빼어난 명소가 될 것이다. 훈맹정음 공원과 연계되는 시설로 설치하는 것이 바람직하다.

답사참여자 : 전재순, 최호성

구분	조사 내용					
	마을명	년도	면적	가구	인구	마을 특징
마을 현황	상룡리	2011. 6. 1	92	92	총186 남90 여96	고대 : 교동군 5개면일 때로 보면 상방리(법재, 달우물, 뚱구지, 쑤꾸개)는 동면으로, 용정리(선멀)는 남면으로 편입되었고, 교동군 2개면일 때는 화개면에 속한 곳이다. 이곳에는 고려때부터 있었던 월정사라는 아주 큰 절이 선멀 뒷산에 위치하고 있었다 하며, 오래전에 소실되어 지금은 초석만 남아있다. 현대 : 상룡리는 교동의 관문인 월선포를 포함하며, 화개산록의 읍내리와 봉소리 사이에 길게 걸쳐 동남향에 위치하고 전래부락으로 월정동(月井洞), 법장동(法杖洞), 부고동(浮鼓洞), 탄현동(炭峴洞), 선멀(구동, 船村), 월선포(月仙浦)가 있다. 상룡리는 화개산 자락의 동편에 봉소리와 함께 위치하여 예로부터 맑은 물과 좋은 토질에서 생산되는 교동의 일등미 중에서도 더욱 품질 좋은 쌀이 생산되며, 특히 월선포가 있는 선멀 에는 고구마가 맛좋기로 유명하다.
세거 성씨	상룡리에는 특별히 집성촌을 이룰 만한 성씨가 없으며, 전씨, 이씨, 박씨, 김씨, 조씨, 방씨, 최씨 등을 비롯한 각 성이 부락을 이룬다.					

출신인물 : 작고인물

성명	생년	주요 경력(관직)
박두성	1888~1963	훈맹정음 점자 창안(1926년)
황찬용		교동면장
황찬혁		초교교장

김항배, 농협장 이재선, 농협장 전재순 한전소장

역대 이장

박용업, 박순태, 주세창, 오봉열, 이영근, 김창교, 이영근, 박용환, 조휘돈, 이재선, 김세남, 나성남, 전표문, 방유일, 방제남, 한상윤, 김관선, 방제대, 김관선 (1대부터 나열순)

3) 마을의 유래

다릿멀

원래 이 마을에는 샘이 풍요로운 우물이 있었는데 달 밝은 밤이면 우물에 비친 달빛이 너무도 아름다워 달우물月井마을로 불리던 것이 '수의적 음운변동'에 의하여 '달우물'이 '다릿멀'로 와전되어 불려진다.

법재

법재마을의 원 이름은 법장동法杖洞인데 이 마을에는 대추나무가 아주 많았다 한다. 고려 이후 교동은 송도(개경)와 한양의 관문이었고 따라서 숭불사상崇佛思想이나 숭유사상崇儒思想 등의 경도사상 파급이 직시職施된 곳으로 교동의 어느 곳이나 사지寺址가 많다. 따라서 교동에 절터가 많은 것으로 미루어 예전에는 스님 또한 많았을 것으로 짐작되며, 승려들이 이곳의 대추나무를 재료로 지팡이를 만들어 경향 각지로 보냈다는 설도 이해할 만하다. 그런 연유로 이 마을 이름을 법장동이라 부르게 되었다고 전해 오고 있으나 지금은 이 마을에서 내세울만한 대추나무 군락은 찾아볼 수 없다.

뚱구지

이 마을은 화개산의 지산支山인 부고산浮鼓山 자락에 위치하며 그 아래 마을이 뚱구지이다. 긴 세월을 지나면서 우리말 음운音韻변화에 의하여 '뜬북이'가 '뚱구지'로 변음되어 불리게 된 듯하다.

배다리

우리나라 연해의 타지방에도 배다리란 지명이 여럿 있는 것과 같이 월선포와 봉소리 호두포 사이에 위치한 포구였던 배다리는 긴 갯골이 양안으로 파여들었고 천혜의 바람막이 산세를 두른 곳이다. 옛날에는 서해로부터 경강(한강, 임진, 예성강)으로 오르는 서해의 고깃배들이 악천후나 창조류를 피해 이곳에 수없이 많이 정박하였고 술도가며 객사들이 문전성시를 이루었다고 전한다. 근래 30여 년 전까지는 강화의 인화리와 마주한 최단거리의 해로이므로 부정기적으로 물건이 이곳에서 배편으로 이동하였고, 가축(소, 돼지 등)과 곡물을 실어나르기 위해 선창으로 유지되던 것이 방조제의 개수와 창후리와 월선포를 잇는 도강선의 취항으로 지금은 인적 없는 곳이 되어버렸다.

마빵

숙구개에서 고읍 고개 사이에 폐교된 화동초등학교 자리가 있고 그 옆이 마빵이다. 이곳은 옛날 고려시대에 역원驛院이 있었고, 역원에서 역마驛馬를 사육하던 곳이어서 마방馬坊이라 했다. '마방'이 편의적 음운변동으로 '마빵'으로 와전되어 불려진다.

낭아래

낭아래란 원래 악산의 절벽 아래를 뜻하는 말로 통하나 법재와 숙구개 사이의 월래산 밑에 있는 이 마을은 낭아래라고 부를 만한 흔적이 없는 곳이다, 옛날 월래산은 산이 높고 산세가 험한 벼랑으로 이루어진 산이었고 그 벼랑 밑에 마을이 있었는데 어느 날 밤 천지개벽의 폭풍우가 몰아쳐서 월래산이 무너져 내렸고 이때 이 마을이 무너진 돌과 흙더미에 모두 묻혀버리고 말았다. 지금 이곳에 마을은 없어져 버렸지만 아직까지 이곳을 낭아래로 부르고 있다.

북다리고개

옛 고려 시대부터 교동의 읍지는 지금의 고구1리 고읍부락이며, 이곳과 상룡리가 아주 가파른 구릉지대다. 이곳에는 고읍 현감이 백성의 청원이나 급보를 알리게 할 목적으로 큰 북을 매달아 두었었다 하여 북다리고개라 칭한다. 20여 년 전까지도 이곳은 옥아래 구릉과 함께 경사가 가팔라서 상룡리와 봉소리로 통하는 난관의 길로 우마차가 오르기 힘든 돌길이었지만 토목기술의 발달로 48번 지방도가 정비되면서 그리 가파르지 않은 포장도로로 변화되었다.

선멀

선멀은 옛 '용정리龍井里'에 속했던 마을인데, 월래산 남쪽 기슭에 위치한 마을이다. 이 마을이 예전에는 배를 제작하는 곳이어서 수많은 배들이 선박 수리를 위해 장사진을 이루었던 부촌이라 한다. 지금은 그 흔적이 없지만 배다리와 가까이에 있고 '다리멀'로 넘어가는 산기슭의 지형이 '삼태기'와 같은 형태여서 이곳이 왜 선멀인지 머리가 끄떡여질 만하다. 선멀이라 불리는 것은 아마도 '선촌船村'이었던 마을 이름이 '선마을'로, '선마을'이 '선멀'로 변화된 듯하다.

월정사지月井寺址

선멀부락 뒤 위쪽에는 고려시대에 창건한 사찰로 월래산 자락에 월정사라는 큰 절이 있었는데 인근은 물론 경향 각지에서 많은 사람이 예불하기 위하여 찾아들었던 도량이었으나 어느 해인가 큰 화재가 일어나 사찰이 전소되었고 탑과 석등이 남아있었으나 지금은 탑이 없어지고 주초석만이 남아 절의 윤곽을 어렴풋이 미루어 짐작할 수 있다.

숯구개炭峴洞

숯구개는 현재 봉소리 종모루로 넘어가는 경계지와 접해있는 마을로 숯고개가 와전되어 '수꾸개'로 칭해지며, 상룡보건소와 화동교회가 위치하고 있는 마을이다. 이곳은 옛날에 숯을 굽던 곳이라는 구전이 있으며, 1960년대까지 이곳에 '한증막'이 자리하여 치병하였으나 근래 들어 외래 치병시설의 내입 및 연료(火木)의 부족으로 자연 폐쇄 되어 흔적만이 남아있다.

월선포月船浦

월선포는 선멀 남동쪽 아래 해변의 곶串에 있는 포구로, 현재 카페리가 운행하는 교동의 관문이며 하점면 창후포구와 마주한다. 1960년대까지는 그리 중요한 포구가 아니었으나 내가면 외포리에서 교동의 남산포를 왕래하는(편도 1시간 30분) 여객선로를 근거리인 창후리에서 교동의 월선포(편도30분)로 개설하면서 도강선이 화물과 여객을 하루에도 수십 차례 토해내는 중요한 포구가 되었다.

월선포는 지금도 소나무가 많은 편이나 예전에도 수령 많은 울울한 소나무가 무성하여 달 밝은 밤 선멀에서 바라보는 월선포의 정경이 바다 그림자와 어우러져 너무나 아름다워 달의 신선이라 불릴 만큼 빼어났다 하며, 그 광경을 이름하여 월선月仙이라 칭하여 전해오고 있다.

바라건대 배다리 나루에서 읍내리 동진포를 잇는 해변은 봄, 여름, 가을, 겨울 사계절의 정취가 너무 아름다워 이곳에 제부도 해변의 자연친화적 목제 도보 회랑을 설치한다면 교동의 명승지가 될 듯하며, 또한 방문객의 추억만들기로는 최적의 코스가 될 듯하다.

4) 상룡리의 사진

월선포 전경

교동의 관문인 월선포의 모습이다.
달 밝은 밤 고고한 자태 월해에 비추이고/ 초롱한 별빛도 하늘 맑음에 시새움하여 깜박이는 그런 저녁이면/ 아마도 선멀 동리의 늦은 저녁연기가 비릿한 갯바닥 철벙이며/ 귀가하는 어부의 코끝에 스며들어/ 긴 그림자 밟아 걸음이 일각이 여삼추라!

월선포구는 인천과 교동을 이어주는 여객항로가 시대의 변천으로 물동량이 늘어나면서, 1960년 11월 노사용이라는 인천인이 노선 허가를 얻어서 운행함을 계기로 우여곡절 끝에 M보트(카페리)가 운항되었다. M보트의 최초 운항은 대룡리의 이성실, 박병억 씨를 시작으로 고구리의 한상현 씨가 운항을 하였고, 그후 농협을 거쳐 대룡리의 박혁준 씨가 인수하여 본 괘도에 올랐다.

화개해운 접안 장면

1970년대 농지개량조합에서 시행된 저수지 축조와 경지정리사업, 방조제 수축 등의 사업으로 물동량이 늘어나면서 운항사업의 수입성이 증대되어 번창하다가 현재의 업주에게 매각하여 지금에 이른다.

교동의 발전과 더불어 함께해 온 화개해운도 주민의 한맺힌 숙원인 교동 연륙교의 2014년 개통에 따라 역사의 뒤안길로 긴숨을 내려놓아야 하겠지만, 60여 년 철창 속에 갇혀서 숨막힘을 참아 지내온 교동주민의 마음에 서린 한을 생각하며 그간의 노고에 대해 연민의 정을 보낸다.

교동 연륙교는 교동의 봉소리 호두포와 하점면 인화리의 양쪽에서 전력을 다해 건설에 매진하여 왔다. 조수의 흐름이 너무 빨라 교각의 안전성을 정밀조사하며 진행하느라 완공에 많은 시간이 걸렸다.

(1) 마을 사진
달우물

사진은 월선포에서 선멀마을 진입 전에 달우물月井로 가는 삼거리에서 촬영하였다.

왕개산 아래 솔숲 너머에는 고 박용호 씨가 농업용수를 얻기 위하여 지하수를 굴착하던 중 우연히 발견한 온천이 있다. 이 약수는 '마리쓴물'이라 명명하여 피부병 환자나 위장병 환자에게 특효가 있다 하여 지금도 많은 이들

달우물

이 찾아드는 곳이며, 또한 훈맹정음의 창시자이신 '고 박두성 선생'의 생가터 이기도 하다.

현재 고 박두성 선생의 생가 복원과 업적을 기리기 위해 성지복원사업 및 기념공원 조성사업을 위한 '박두성 선생 문화사업선양회'(회장 이정주)가 강화문화원과 함께 활발히 움직이고 있으나 부지매입 등 공사 재원의 확보가 미흡하여 안타까운 일이다.

선멀 마을 전경

선멀마을

선멀마을은 상룡리에서 제일 큰 마을이며 고구마, 땅콩, 고추 등 밭작물을 많이 생산한다. 왕개산 남쪽에 위치한 양지바른 동리이며, 월선포에서 들어오는 초입에 위치한다.

오래된 감나무가 가을정취를 풍요롭게 하고, 따뜻한 마음의 소유자들이 옹기 종기 모여산다.

좌로부터 뚱구지, 법재, 숯구개

부고동과 법장이, 탄현

부고동(뜬북 또는 뚱구지)과 법장이(법재), 탄현(숯고개)마을 사진이다, 마을 앞 넓은 들판이 '배다리들'이다.

이 교회는 교동에 처음 기독교가 안착하여 1906년 읍내리에 건립된 교동교회의 후신으로 상룡리의 박성대, 박성남 부자가 헌신 봉사한 곳이다. 초가 지붕을 벗겨내고 지붕을 개량했지만 옛 교회의 모습을 그대로 간직한 기독교 예배당의 원본이라 볼 수 있다.

달우물 마을 송암 박두성선생의 생가터 옆에 위치한 옛 교동교회

6 · 25동란 민간인 학살지

1951년 6.25전쟁 당시 교동의 선량한 민간인들이 그들도 모르는 사상적 부역자로 몰려 피아간에 집단 사살당한 곳이다. 이들은 전쟁 전에는 콩 한 톨도 나누어 먹던 일가친척이며 이웃이었으나 전쟁이 발발하자 공산주의와 민주주의라는 이념적 차이도 모른 체 양 집단의 점령적 지시에 따라 협조했다는 이유로 대다수가 억울한 죽음을 당한 이땅의 아름다운 백성이었다.〈안개산 골〉
이 표지판은 상룡리 달우물마을 옆의 후미진 골짜기이며, 아마도 배다리에서 강화로 이치 도중 배다리 선창과 가까운 이곳 골짜기에서 학살이 이루어지지 않았나 유추해 본다.

(2) 상룡리 마을지도

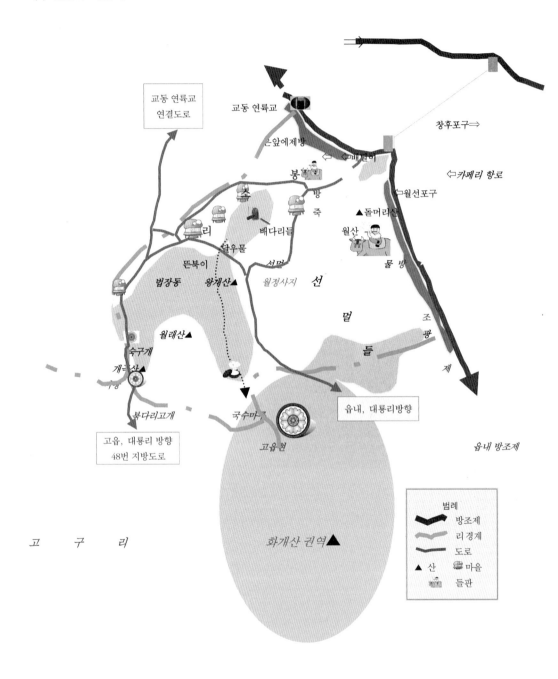

교동 연륙교
연결도로

교동 연륙교

창후포구⟹

은앞에제방

⟸배말이

⟸카페리 항로

봉

월선포구

▲돌머리산

소

방

월산

죽

물 방

리

배다리들

달우물

뜬북이

서멀

선

법장동

왕개산▲

월정사지

월래산▲

멀

조

숙구개

들

광

개구산▲

제

북다리고개

국수마

읍내, 대룡리방향

고읍, 대룡리 방향
48번 지방도로

고읍청

읍내 방조제

고 구 리

화개산 권역▲

놀이문화

상룡리에는 교동의 타 지역에서 언급한 놀이문화를 함께 수용하였으며, 타리와 상이한 별도의 놀이문화는 없다.

민속신앙

화양사華養寺 – 화개산 남록 장다리골에서 읍내리 쪽 기슭 장수약수터 부근에 화양사지가 있는데 『동국여지승람』에 연혁이 기록되어 있을 정도로 그 규모가 국사國寺에 버금가는 아주 큰 절이다. 법장동의 '법장사지', 선멀의 '월정사지'와 더불어 불교의 신앙적 뿌리가 오랫동안 이어온 듯하다. 위 상룡리의 사지寺址는 대개 석축이나 주춧돌이 남아 있으며, 간혹 고려시대 이전의 자기편과 와편이 출토되고 있어 계획적 발굴작업도 시도해 볼 만하다고 보겠다.

상룡리는 교동 기독교회의 최초 본산인 읍내리와 인접하며, 교동교회의 상룡리 이전으로 기독교의 전파가 타지역에 비해 빠른 편이었다. 1개 리에 교회가 두 곳(선멀과 숯고개)인 곳도 상룡리이다.

1980년대를 전후하는 때까지 토속신앙(무속신앙)을 숭상하였으나 무속신앙의 큰 맥을 이어가던 '숯고개 만신'이 작고하면서 그 신앙도가 약화되어 지금은 거의 사라져 가는 추세이다.

전설

상룡리 산59번지 화개산록의 동쪽 기슭 법장동에 대추나무로 스님의 지팡이를 제작하였다는 법장사가 위치하였다.

상룡리 199-1번지에 고려시대 초 창건한 안양사라는 큰 절이 있어 시냇물에 쌀 씻은 물이 섞여 항상 뿌옇게 변하여 흘렀다 하는데 왜구의 침입으로 절이 불타 없어져 이제는 주춧돌만이 남아있다.

2. 교동도 마을별 유래와 특징 – 봉소리

답사일시 : 2011. 6. 3.
답사장소 : 봉소리 일원

1) 현장조사내용

봉소리를 답사하고 마을 지명의 유래 및 놀이문화, 인물(현대/작고)의 파악, 2011
년 현재의 가구수, 인구, 주 생업 분포 및 변천사 등을 파악하여 내용을 정리하고자
한다.

현장(봉소리)에서 고증을 구설할 수 있는 아래인을 주축으로 마을회관 간담회를 개최
하였다.

① 성명 : 신원식 주소 : 봉소리 816 생년월일 : 1933년 3월 30일 직업 : 농업 경력
: 향교장의
② 성명 : 신봉균 주소 : 봉소리 822 생년월일 : 1941년 7월 20일 직업 : 농업 경력
: 향교전교
③ 성명 : 한영인 주소 :

2) 문제점 및 개선책

현존하는 노인 분들이 적은 마을이어서 고증과 향토지를 병행하여 참조하였다. 지역
주민들의 구술을 기준으로 하였기에 역사적인 기록과 실록에 비추어 추론적인 기술이
첨부될 수 있었음을 밝힌다. 이는 향리지라는 특성에 준하여 작성하였다.

답사참여자 : 신원식. 신봉균

구분	조사 내용					
마을 현황	마을명	년도	면적	가구	인구	마을 특징
	봉소리	2011. 12.31		78	총170 남86 여84	고대 : 옛 한양과 개성을 통하는 관문의 역할 현대 : 48번 지방도로 연장으로 교동의 관문이 될 것임 고려까지(고읍성) 외국 사신들이나, 봉물의 송도, 한양 이동을 위해 유 거했던 중요 장소(매시리)
세거 성씨	세거 성씨(20세대 이상) 안동(安東) 전씨(全氏), 청주(淸州) 한씨(韓氏), 평산(平山) 신씨(申氏), 전주(全州) 이씨(李氏) 등이 다성이며, 그외 다수의 성씨가 거주한다.					

출신인물 : 작고인물(유명인물)

성명	생년	주요경력(관직)
조전형(직원)	1912임명	
이정근(직원)	1931임명	
전종만(직원)	1941임명	
한기홍(전교)	1947임명	
조경근(전교)	1949임명	
신한문(전교)	1963임명	
조동현(초교장)		
신윤수(초교장)		
전표두(전교)	1998임명	
이원환(초교장)		

출신인물 : 현대인물(저명인물)

성명	생년	주요경력(관직)	저서
신봉균(전교)	1941		
한영상(초교장)			
이정주(교수)		서울대 교수	
이동재(교수)	1965		『민통선 망둥어 낚시』, 『20세기의 한국 소설사』, 『세상의 빈집』 등

역대 이장

이득재, 신동수, 이재훈, 한화현, 이강록, 신원식, 신봉균, 이상순, 전표균, 서완종, 전표구, 이정규, 전충재, 이익선, 전신섭, 신순식, 신언대 (1대부터 나열순임)

3) 소재시설물(유물, 유적, 관광지 등)

교동연륙교

강화군 하점면 인화리에서 교동면 호두포를(48번 지방도) 연결하는 다리로 2014년 4월에 완공되었다.

호두포

신골에서 동쪽 바다쪽에 위치한 해안의 야산인 포구로 그 형상이 마치 호랑이의 머리 형상이라 하여 호두포虎頭浦라는 지명이 유래한다.

매시리

매시리는 말등에 짐을 실어놓은 형국이라 하여 '마재馬載'에서 '말시리'로 '말시리'에서 '매시리'로 변했다고 전한다. 시거리柿居里마을 북쪽 해변에 있는 야산으로 북쪽바다 건너에는 황해도 개풍군을 마주하며, 앞바다에 예성강, 임진강, 한강 하구에서 퇴적되어 형성된 청주벌이 위치한다.

봉산의숙

1898년경 지방유지 박성대, 박용우 등이 세운 학문수학(한학)학교로 교동의 지식인 배출의 산실이었으나, 일제의 강제 폐교정책에 의해 폐지되고 지금은 그 터만이 남아 있다.

청주벌青州筏의 전설

인사리와 봉소리 사이에 간조(썰물) 때면 아주 큰 갯벌이 생기는데 구전에 의하면, 옛날 청주벌은 토양이 비옥한 부자동네였다고 한다. 육지를 건너는 다리로 놋다리(구리

다리)를 설치하고 찹쌀떡으로 붓돌을 만들어 살 정도로 문물이 아주 풍요로웠다. 모두가 부러워하는 마을이었지만 남이 잘됨을 시기질투하고 인심 또한 고약하였나 보다. 어느 날, 이 섬을 찾은 승려가 그중에서도 제일 잘사는 주민의 집에 찾아가 시주를 청하였으나, 공양은커녕 문전박대와 구정물을 퍼붓고 욕설을 하며 보시그릇을 깨고 입에 담지 못할 욕설과 함께 "다시는 내 문턱에 얼씬거리지도 말라"하고 대문을 닫아버렸다. 스님은 할 수 없이 피곤한 몸을 이끌고 놋다리 쪽으로 길을 가는데 마을에서 조금 떨어진 곳, 허름한 한 집의 마당에 어떤 노파가 머리를 백배 조아리며 "스님 우리 마을 모든 사람의 무례를 용서하시고 부디 저의 공양을 받아주십시오!"하고 사죄하며, 노승의 공양시주를 정성껏 준비하여 바랑을 채워주는 것이었다.

묵묵히 목탁으로 염불하며 답하던 스님은 그 마음 착한 여인에게 다음과 같은 예언과 당부를 하고 떠났다 한다. "모월 모일 자정에 이 섬에는 큰 재화災禍가 있을 터이니 시주께서는 육지로 가지 말고 앞에 있는 섬喬桐으로 건너가야 재화를 면할 것이요, 한 가지 꼭 지켜야 할 것은 내가 한 말을 절대 다른 이(청주벌 주민)에게는 발설하지 말아야 당신의 안전이 보장되리라! 내 말을 절대 잊지마시오." 그 여인은 노승이 말한 대로 예시된 날 저녁 개풍땅으로 이동하였고 그날 자정 엄청난 낙뢰와 폭우가 청주벌을 덮쳐 마을 주민과 가산이 순식간에 사라지고, 다만 개풍으로 건너온 할머니만이 생명을 건져 행복한 삶을 살았다고 전한다. 이 착한 할머니를 기리기 위해 개풍땅에는 할미당이란 당집을 짓고 마을의 지명도 할미당이라 한다.

현대(1970년대)에도 청주벌에 바지락 채취를 위해 드나든 향리민에 의하면, 바지락 채취시 옛 기와의 파편이 출토되었다 하는데, 전설의 내용을 그대로 인정할 수는 없으나 청주벌靑州筏에 사람이 거주했으리라고 추측할 수 있다.

청주벌 숭어

청주벌은 한강, 임진강, 예성강의 하구에 위치하고, 삼각주 형태로 노토鹵土와 미사토細沙土의 혼토로 퇴적 생성된 곳이며, 이곳에는 그 맛이 아주 별미인 숭어가 많이 서식한다. 4월과 9월에 이곳에서 잡은 숭어는 기장새우젓과 함께 임금님께 올리는 진상품이었다고 전해진다.

한증막터(한증골 우물)

붉은고개(紅峴마을)를 넘으면 좌측으로 '은앞에'라는 마을이 있으며, 이곳에서 동쪽 해변에 한증막터(조선시대)와 약우물이 있다. 이곳은 은앞에 만신의 침술(작고)로 유명해 6.25동란 이전에는 평양과 개성의 환자들이 마을을 이룰 정도로 많이 모여들었다고 전한다.

교동면에는 이러한 한증막汗蒸幕이 화개산과 수정산 계곡에 여러 군데가 있었으나 지금은 대부분 폐막閉幕되어 터만 남아 있고 고구리 연산골 한 곳에 한증막이 원형대로 남아있다. 한증汗蒸은 고유한 고열 물리치료법으로 옛 선조들의 치병治病과 목욕沐浴 문화를 연구할 수 있는 학술적 자료로서 가치가 매우 높은 시설물이다.

4) 마을 특징

봉소리의 제1산에 인접한 봉황산 동쪽 기슭에 신골, 남쪽 기슭에 통수골, 서쪽 기슭에 보르개, 서북간 기슭에 소설이 있으며, 제2산 봉재산에 인접한 동쪽에 소설마을 일부가 포함되고, 서쪽 골짜기에 종모루, 남쪽에 되투리 마을이 자리한다.

토속신앙(무속)으로 신물(터주가리, 성주, 대감, 주왕신)을 설치하여 모시고 있는 농가가 30% 정도 되며 불교와 유교사상을 각자 유지하고, 상룡리(숯고개)에 위치한 교회에 나가는 가구수도 10여 호에 이른다.

종머루 마을 전경

(1) 마을 사진
종머루

종머루宗峴는 전주 이씨의 집성촌이라 하여 종현으로 부른다는 설이 있다. 일설에 종소宗韶, 종현宗峴이라 부르는 이유는 이 마을에 큰 종鐘이 걸려 있어 붙여진 것이라고 한다.

따라서 현재 종머루라 불리는 이름은 원래 '종머리'에서 '종머루'로 긴 세월을 거치며 음운변화된 것으로 유추할 수 있다.

느티나무

(종머루 사진의 정면 오른쪽) 종머루에는 수령이 400년을 넘었다는 설을 가진 느티나무 3그루가 서북쪽으로 마을의 뒤편에 보호 수목으로 관리되고 있다.

신골 마을 전경

신골

신골은 신곡동(新谷洞)이라고도 불렸다. 이 마을은 신씨가 거주하는 집성촌이어서 신골이라 칭한다는 설도 있으나 마을 원로들의 전언으로는 이 마을이 옛부터 숲이 울창하여 숯을 굽던 곳이어서 섭골葉谷이라 하던 것이 와전되어 신골이 되었다고 한다.

신골은 일설에 연산군 귀양지라고도 전래되지만 당시의 상황으로 보아 호두포로 압송된 연산군이 잠시 머물다 그 시대의 읍성인 고읍성 인근인 연산골로 위리안치되었을 것으로 본다.

보르개

사진의 좌측 전주 두 개가 보이는 언덕 '보르개' 너머에 소설, 시거리柿距里마을이 자리하며 우측 산 너머에 '매시리'가 자리한다. 시거리마을은 마을 뒤편과 해안가를 연하여 감나무가 병풍을 두른 듯 아주 많이 있어 6.25사변 전에는 감을 따서 이고지고 황해도 연안장이나 온정장에 출하하여 호구지책糊口之策으로 좁쌀, 기장, 수수쌀 등을 구입하거나 혹은 주민의 생활에 필요 물품과 물물교환을 하는 등 생활경제에 큰 역할을 한 효자 품목이었다.

봉소리의 중심이 되는 보르개(아랫멀) 위 웃멀 마을 전경

(2) 봉소리 마을지도

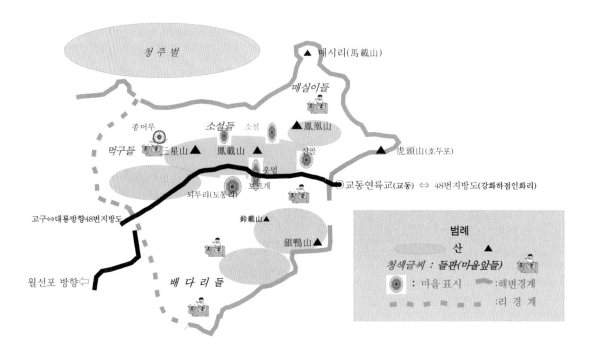

되투리

교동연륙교에서 붉은고개紅峴를 넘어오는 48번 국도가 이 마을을 향한다. 이 마을은 고대부터 한학漢學에 통달하여 도를 통한 인물들이 많이 거주하였다고 하는데 이 때문에 부르게 된 이름이 도통리이다. '도통리'가 음운의 변화로 '되투리'로 된 듯하다. 되투리道通里마을에는 예전 상방분교(교동초교의 분교) 교사가 마을 복판에 위치하여 폐교 전까지 수많은 인재들을 양성, 경향각지에 배출한 기초 교육의 산실이기도 하다.

되투리 마을 전경

무술 마을 전경

무술

　'보르개'와 '되투리' 사이에 있는 이 마을에 리민회관과 노인회관이 자리하며, 고개 위에 옛 상방분교(화동초교) 운동장 자리에 지금은 교동의 사회체육 종목이 된 봉소리 게이트볼 구장이 자리한다.

　상방분교는 1946년 우리나라가 일제의 침략에서 벗어나면서(1946.9.1) 교동초등학교의 분교로 개교하여 1960년까지 4학년까지 운영하였고 이후 상급반인 5, 6학년은 교동초등학교에서 수학하는 체계였으나, 1961년도에 6학년을 거느린 명실공히 동면의 초등교육을 아우르다 1990년 교동의 4개교 중 처음으로 폐교되었다. 지금은 고읍현 '마빵' 자리 옆에 그때의 추억을 간직한 몇 그루의 나무와 넓은 운동장 자리의 평지를 추억으로 간직하고 있다.

　서재書齋마루

　봉소리 신골을 안고 있는 봉황산 자락에 '서재마루'란 곳이 있다. 서재書齋란 원래 옛 사립교육기관으로 신골의 신씨 문중 시조로부터 21세손인 신천영申天榮이란 분이 서재를 세워 책을 쌓아두고 학문을 닦으며 후학을 훈도하였다. 현재 그 자리는 서재書齋의 흔적은 남아있지 않으나 주민들은 지금도 그곳을 '서재마루'라 부르고 있다.

　(3) 봉소리의 특이한 문화

　봉소리는 야산이 많고 샘(지표수 용천)이 많아 그에 따른 농경문화가 평지와는 다른 점이 있다.

　고대古代 이후 세 개의 섬이었던 교동은 수도방위의 중요한 거점이 되면서 둔전 형태의 간척에 의해 하나의 섬이 되었다. 물(農業用水)이 귀한 섬의 특성상 평야지대에는 수도작(米作)이 하늘의 힘(降雨)에 의존할 수밖에 없어 마른 논에 씨앗을 뿌리는 일명

건파농사를 이어왔고 화개산변의 마을(고구, 상룡, 봉소)은 산에서 흐르는 지표수와 골마다 산재해 있는 용천수를 이용하여 미질 좋고 수량 많은 수답水畓 논농사를 이어올 수 있었다.

수도작을 위해서는 봄에 해토解土된 전田, 답토畓土를 정리하고, 무너진 논두렁의 물 빠짐을 방지하기 위한 영농작업이 필요하였다. 봉소리는 쌍가래 작업이라는 특이한 농경 작업문화가 이어져 왔다. 쌍가래 작업을 하기 위해서는 우선 가래 장부 2인이 필요하고 평줄과 빗줄 역부가 최소한 4인 이상이 필요하다. 단체의 결속과 일의 능률을 올리기 위해 창가唱歌가 곁들여진다. 현재 이 놀이를 재현하여 보존하는 사람은 봉소리의 한영인 씨이다. 작업의 특성상 쌍가래꾼은 숙련된 장부壯夫들의 합일체슴一體로 구성되었고 창가는 일의 주축을 이루는 리더(가래장부)가 선창을 하면 후창은 줄다리 역부가 추임세 겸 창가唱歌하여 숙련도를 높이고 합력슴力을 도출하는 농작업으로 놀이문화화 되었으며, 이 놀이는 지금도 봉소리에서 이어진다.

(4) 봉소리의 빼어난 경관

교동의 경관을 말할 때는 늘 구 교동팔경과 신교동팔경을 말하는데 봉소리의 호포 虎浦는 신교동팔경新喬桐八景에서 '호포제월虎浦霽月'이라는 칭호로 불린다. 이는 달 밝은 저녁 호두머리와 인화진 사이의 잔잔한 바다 위를 기러기 떼가 날아가고 그 그림자가 산 그림자와 조화되어 교교히 흐르는 수면에 신선의 놀이터를 들여다보는 듯 보는 이를 황홀하게 한다. 2014년 교동연륙교가 완공되고 다리 위를 지나면서 보는 '호포제월'은 더욱 그 멋이 일품이라서 오고가는 밤 나들이객客들에게 아름다움을 선사하리라 생각된다. 다음은 신교동팔경新喬桐八景에 소개된 호두포 한시 '호포제월虎浦霽月'이다.

벽락무운 안영류   碧落無雲 雁影流
양동명월 적정추   攘東明月 適丁秋
허희창송 강남곡   墟嬉唱送 江南曲
포상유인 관주루   浦上遊人 款酒樓

위의 내용을 시상적 주관詩想的主觀으로는 필必할 수도 있을 것이나 만인의 "호포제월"로 시대적 감성感性을 개의開意함이 섣부른 심향心響을 피력함보다 나을 듯 하여 이에 함필涵筆한다.

(5) 봉소리의 산업産業

기와공장 : 봉소리 되투리道通里 마을에서 신골로 넘어가는 48번 지방도의 고개를 붉은고개라 함은 위에 설設하였는 바이다. 이곳의 흙이 한와(기와) 재료로는 최상품이어서 이곳의 흙으로 기와를 만드는 공장이 홍현동에 있었다 한다. 1920년대 신골 전귀만 씨와 신양수 씨가 설립하여 교동의 유일한 경공업으로 호황을 누리다가 1940년대에 이르러 수요가 없어서 자동 폐장되었다 한다.

3. 교동도 마을별 유래와 특징 – 대룡리

답사일시 : 2011. 6. 17.
답사장소 : 대룡리 일원

1) 현장조사내용

대룡리의 마을별 이름과 유래의 조사 및 인물, 구전되는 전설, 교동 내의 위치조건조사 등 현재의 가구수, 인구, 주 생업 분포 및 변천사 등을 파악하여 내용을 정리하고자 한다.

현장(대룡2리)에서 고증을 구설할 수 있는 아래인을 주축으로 한 마을회관 간담회를 개최하였다.

① 성명 : 송성학   주소 : 대룡리 718   생년월일 : 1933년 8월 4일   직업 : 농업   경력 : 초대 이장, 농협조합장
② 성명 : 한계용   주소 : 대룡리 653   생년월일 : 1938년 3월19일   직업 : 농업   경력 : 전직 이장, 감리교 강화군 장연합회장
③ 성명 : 권혁우   주소 : 대룡리 교동면 노인회장

2) 문제점 및 개선책

답사참여자 : 송성학, 한계용, 권혁우

구분	조사 내용					
	마을명	년도	면적	가구	인구	마을 특징
마을 현황	대룡2리	2011. 12.31.		59	총140 남67 여73	- 대아촌, 방곡, 연촌, 응현동 등으로 이루어진 마을이었으나 행정개편으로 교동군 5개면일 때는 남면에 속했던 부락이다. - 현재 대룡2리는 방골(매바지)부락이 행정리가 되었고 교동중.고등학교와 우체국이 자리하고 있다.
	대룡1리					- 읍내리의 관청이 대룡리로 이주하면서 면소재지가 되었고 대아촌, 제비(쥐비), 장골이 합체되어 대룡1리를 구성한다. - 현재 면사무소, 경찰파출소, 교동초등학교, 교동중.고등학교, 한국농어촌공사, 교동농협, 중앙교회, 천주교 공회소 등이 대룡1리에 위치한다.
세거 성씨	- 대룡2리는 방골의 이름에서 보듯이 방씨촌 이었으나 현재는 방씨 외에 다수의 각 성이 분포한다. - 대룡1리는 일부 원주민과 6.25동란 시 이주한 이주민의 집성촌으로 세거 성씨로 볼 만한 성씨가 없다고 볼 수 있다.					

역대 이장

1리 - 이기억, 김기섭, 김기호, 황인홍, 조순탁, 이재완, 한기걸, 박상록, 조건환, 김영국, 권혁우, 서경헌, 윤재호, 장상권, 한재현, 전표원, 문경헌
2리 - 송성학, 한계용, 한은규, 황인득, 권혁명, 박귀동, 황래하, 박용복, 이찬호, 황규태, 황긍복, 이찬호

3) 소재시설물(유물, 유적, 관광지 등)

금정

일제시대에 개발한 금 광산이 있는 곳으로 '금정산'으로 호칭하며, 현 교동중·고등학교 위 화개산 서록 끝에 위치한다.

방골소나무

방골(대룡리 630번지 소재)의 박우물(노천우물)가에는 수령 150년 이상으로 추정되는 노송이 독야청청하다. 이 나무는 방골의 수호목으로 칭송되며, 주민 방종식 씨가 관리보호하고 있는데 면 보호수로 지정할 만하다.

조개맨들

부시미산과 매바지마을 사이에 위치한 벌판으로 패총이 군집된 평야지대이다, 2006년 문화재청의 '조개맨들' 발굴 지표조사가 실시되었다.

부시미산은 조개맨들 벌판에 있는 야산이다. 풍수지리학적으로 보면, 대룡2리에 위치한 '부시미산'과 고구리에 위치한 '놀락산'은 교동의 명산인 화개산의 모산謨山이어서 화개산록의 고구, 대룡, 봉소, 읍내, 상룡, 에서 학자와 지식인이 많이 탄생하고 복록이 풍부한 이유라고 전해진다.

망지미산

교동에 간척사업이 이루어지기 전 조개맨들은 바닷물이 들고 나는 갯벌이었으며, 수정산 권역(서면)과 율두산 권역(북면)이 있어 이곳의 감시가 필요했으며, 이 시기 서쪽 바다를 감시하던 망루가 있었다. 이것이 망지미산이라는 호칭의 유래이다.

장승마루

읍내리에서 대룡리로 넘어오는 장승고개로 고려부터 존재했을 가능성이 있다. 이는 대빈창(남산포)에서 맞이한 외국사신 및 문물의 이동이 장승마루(장승고개)로 이동했을 것으로 유추할 수 있기 때문이다.

장마당(장거리)

장마당은 6.25 동란 이후 북에서 피란민의 연락소가 있던 대룡리로 정보를 알기위해 사람이 모여들면서 물물 교환 및 장사가 성행되어 장터로 발전하였다. 최근에는 옛 장터의 왁자지껄한 모습은 찾을 수 없으나 그때 장거리의 모습 등이 지금까지 보존되어 외지인들의 관광 명소로 각광을 받기도 한다.

교동면소재지

해방후 읍내리에 있던 행정기관(면사무소/주재소)을 초대 면장인 한기복 씨가 대룡리로 옮기면서 교동면 소재지로 발전되었다.

천지마루天字峴

일제강점기 교동의 모든 땅에 지번을 만들기 위해 토지측량이 이루어졌는데 이때 이곳이 지번의 맨 처음이라서 붙여진 이름이라 하며, 현재 대룡1리에 위치한 농어촌공사 아래 쉼터 고개를 말한다.

성황당

천지마루의 화개산 쪽 기슭(농어촌공사 교동지소 쉼터 아래)에 늙은 소나무가 한 그루 있다. 1960년대까지 그곳 소나무에 설이나 대보름에 오곡밥을 지어 던지며 가정의 안녕과 액막이 치성을 들였으며, 가정사에 질곡이 있을 시 성황당에 빌고 치성하던 곳이었다. 현재는 도로확장 등으로 소나무가 유실되고 그 자취가 사라졌다.

냉정冷井

화개산 서록(연산골 좌측)에 마시면 속병이 나아졌다는 연못이 있는데 뼈를 삭일 듯이 찬물이 사시사철 솟아난다 하여 냉정이라 부른다. 1970년대까지 많은 사람이 이곳을 이용하였으나 지금은 잡목이 우거져 사람의 접근 조차 어렵다.

화개봉수

화개산 봉수는 섬과 내륙 혹은 섬과 섬을 연결하는 의사소통 시설로 화개산의 서쪽 상봉에 있다. 지금도 봉수대의 석단이 그대로 있으며, 각 체육행사 때마다 성화 채화식을 하고 있다.

교동중 · 고등학교

1948년 2월 교동 면장 한기복이 교동중학강습소 설립 ⇒ 1948년 5월 교동농업실수학교 ⇒ 1949년 교동명륜고등공민학교 조경룡 교장 ⇒ 1950년 5월 20일 교동중학교 임시 교사校舍로 향교 명륜당과 동무, 서무를 사용 ⇒ 1955년 읍내리 김재화의 민가로 이사 ⇒ 1965년 6월 17일 대룡2리 현교사로 신축 이사 ⇒ 1971년 교동고등학교 설립 개교하여(당시 학생수가 1,300명에 달함) 현재에 이르렀다.

교동초등학교

1906년 김현규가 설립한 화농학교華農學校 ⇒ 1911년 교동보통학교가 되었다. 현재의 교동초등학교는 개교 100여 년이 넘는 역사 깊은 학교이다.

4) 마을 특징

대룡2리는 교동의 제1산인 화개산 서쪽 기슭에 위치하며, 방골마을(매바지)이 자리한다. 주민 거의가 농업에 종사하며 조개맨들에서 생산되는 쌀은 벼 한가마니를 도정하면 쌀 한가마니가 나온다고 할 정도로 벼의 여뭄이 알차고 그 쌀로 지은 밥맛이 일품으로 꼽는다.

대룡1리는 현재 면소재지로 관공서가 집결된 곳이며, 주민 70%가 상업에 종사한다.

조개맨들 참외(천수답 조건) - 조선시대부터 이곳은 참외 재배의 원산지로 참외배(외부)들이 부시미 개로 들어와 거래가 성행하였다. 따라서 부시미에는 일제말까지 가구(주막촌)가 몇 있었다 하니 참외 생산의 원조라 할 수 있으며, 조개무덤이 산재함도 이 시대의 문물 이동 중에는 조개 등 패류의 문물교환도 왕성했음을 촌로들의 전언으로 유추할 수 있다. 내지인은 참외와 감 등을 황해도로 출하하였는데 (인사리의 북진나루 ⇒

황해도 연백군 온정면) 교동의 참외와 감의 맛이 일품이어서 장날이면 그 인기가 대단했다 한다.

토속신앙(무속) - 교동의 모든 마을이 그러했듯이 예전에는 신물(터주가리, 성주, 대감, 주앙신)을 설치하여 모시고 있는 농가가 대부분이었다. 6.25동란 이후 대룡1리(대아촌)에 위치한 중앙교회에 나가는 가구수가 20여 호로 전체의 50% 정도여서 기독교인이 점차 증가되는 실정이다.

6.25동란을 기점으로 피란민의 정착에 의해 근대마을로 변모했으며 그로 의해 장마당, 막촌 등의 집단거주 부락이 탄생했다.

세시풍속 - 정월보름이면 달맞이 행사가 전개되었는데 이때 달이 떠오르는 광경에 따라 당년 농사의 풍흉을 점치는 기준으로 삼았다. 대룡2리에서 볼 때 떠오르는 달이 문무정 쪽으로 올려 붙으면 풍년이 들며, 절 아래 쪽으로 내려 붙으면 흉년이 든다는 속설이 전래된다.

대룡2리 마을 전경

(1) 마을 사진

대룡2리(방골, 매바지)

대룡2리는 단일부락으로 일명 '방골' 혹은 '매바지'라고 부른다.

방골方谷 유래 - 온양 방씨는 교동의 거족으로 일컬어지는 성씨로 대룡리, 난정리, 동산리에 분거하는데 이 마을이 방씨촌이라 하여 '방골'이라 부른 것에 유래한다.

매바지鷹峴의 유래 - 방골의 뒷산에 매가 많이 서식하였고 또한 지세의 생김새가 매가 날개를 펴고 나는 모습이라 하여 매바지라고 부른다고 전한다. 화개산 서록에 위치하며, 교동중·고등학교와 우체국이 있다.

대룡1리 쥐비 전경

대룡1리 쥐비

대룡1리는 제비동, 대아촌, 장골 세 마을이 합쳐져 대룡1리를 형성한다.

제비동燕村 유래 – 일명 '쥐비'라 부르며 이는 제비새燕鳥의 교동식 방언으로 '성황당' 아래 있는 마을의 생김새가 마치 제비집이 매달려 있는 것 같다 하여 이름 지어졌다고 한다. 2000년대까지 10여 호가 거주하였으나 지금은 4가구가 거주한다.

대룡1리 대촌과 장골 전경

대룡1리 대촌과 장골

대촌의 유래 – 대촌은 옛날 역마驛馬를 사육하였다 하여 '대역촌'으로 불리었고 후에 '대아촌'으로 부르다가 이것이 '대촌'으로 불리게 되었다는 설이 있다. 6.25동란 이후 사람이 많이 사는 마을이라 하여 대촌大村으로 부르게 되었다고 하는 설도 있다.

장골의 유래 – 일명 은행장터라고도 하며 이 마을에 옛날부터 장이 형성되다가 6.25동란 이후 피난민이 대아촌에 장을 형성하면서 그 자취가 없어지고 지금은 농업을 주로 하는 거주민이 마을을 형성하고 있다.

부시미산 현재는 거의 뿌리형태만 남아 있다

부시미산의 전설

옛날 이 산은 산의 생김새가 말과 같아

말산이라 불리었다. 말馬의 머리는 양갑리를 향하였고 엉덩이 부분은 방골(매바지)을 향한 형국이다. 이 산의 생김새에 대한 전설이 아래와 같이 구전된다.

옛날 양갑리에는 가난한 집이 많았고 딸들이 많이 태어나고 풍기가 문란한 마을이었는데 어느 날 마을 장로께서 잠을 자던 중 신령이 현몽하여 말산의 머리를 자르라 이르고 사라지는 것이었다.

이후 마을 주민들이 의논 끝에 용한 도인에게 그 원인을 묻고 해결책을 강구하고자 하였더니 도인 왈曰 "저 앞에 보이는 말산의 말 머리를 잘라내시오! 그리하면 앞으로 이 마을 아녀자가 현숙해질 것이며 더구나 마을이 풍요한 부자마을로 변할 것이오!"라고 하므로 마을사람들이 동원되어 말산의 머리를 잘라냈다. 그 후 이 마을은 도인이 예언한 대로 현모양처가 많이 탄생하고 곡식이 부족하던 마을이 부자마을이 되어 말산이 부시미산富示米山으로 이름이 변하였다 하는 전설이 전하여 온다.

선월이산 고양이산   율두산   놀락산

화개산 정상에서 내려다본 대룡리마을 전경

대룡리 마을

화개산 정상에서 내려다본 대룡리 전경이다. 밑으로 좌측 원거리에 '무학리 선월이산'이 보이고 우측 원거리 중간쯤의 '지석리' 사이에 '묘산'(고양이산)이 보인다. 정상 아래 좌측 마을이 대아촌(시장) ⇔ 장골 ⇔ 제비이며, 오른쪽 벌판 중간쯤의 작은 산이 '놀락산'이다. 띠두른 듯이 보이는 강너머 희미하게 보이는 육지가 북쪽의 황해남도 해성면과 연안읍, 연백평야이고 좌측 아래 지산支山이 사단터가 있는 '사단메'이다. 사진의 가운데 보이는 마을과 산이 가까이부터 삼선1리, 삼선2리, 지석리 순이며, 좌측 쑥밭이들 너머로 인사리가 보인다.

(2) 대룡리 마을 지도

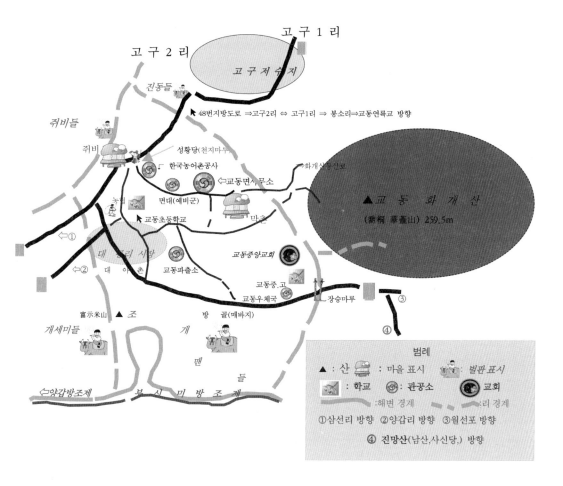

냉정천冷井川 이야기

화개산 서록 냉정에서 발원된 냉정천은 예전에는 꽤나 수량水量이 많고 차가워 여름의 더위를 이기기 위해 남녀노소를 막론하고 하천의 지나는 길 웅덩이마다 야간 목욕이 성행했다 한다. 냉정천은 두 갈래로 흐르며 원 줄기는 대아촌大村을 지나 부소교(부시미 다리)를 거쳐 부소산(남산의 또다른 이름) 앞 바다로 흘러 들었다고 하며, 또한 지천은 절골로 흘러들어 현 영산 '한증막' 문화를 만들고 연산골의 진동의 원수原水가 된 후 구산부락 앞과 놀락산 사이의 '굿개'로 이어져 청주벌 앞 바다로 흘러들었다.

이 냉정천은 그 한기寒氣가 대단하여 피서避暑에는 그만이었으나 처녀가 이 물로 목욕을 하면 불임된다는 설이 있어 아녀자의 목욕은 금했다 한다. 단 음용이나 한증에 의한 목욕은 다음해 여름까지 인체의 건강을 이롭게 하여 냉정천 아래 고구리 한증막은 농한기(봄 파종전)에는 이용객이 너무 많아 근처에 움막을 짓고 차례를 기다릴 정도로 근래까지 대단한 유명세를 이어왔다. 또한 저녁 후 한증막이 식어갈 즈음에 이용하는 '식은탕'이라는 이용법이 있었는데 이는 인근의 처녀 총각들이 야음을 이용한 재미있는 목욕 놀이문화로 많은 야사를 만들어 왔다.

대룡리의 들판

대룡리에는 개건너들, 비행장들, 연동아래들, 조개맨들, 한개, 한새지들 등의 고유이름이 불리던 들이 있었으나 1978년부터 시행된 경지정리사업이 끝난 현재에는 고유한 들 이름이 다 없어지고 조개맨들, 비행장들, 제비아래들 정도의 들 이름만이 존재한다.

들 이름이 없어진 이유를 살펴보면 옛날에는 지리적 구획이 자유자재여서 논배미의 생김새나 풍물과 연관된 연고성, 또는 풍수와 관계된 연고성 등으로 들 이름이 만들어져 관계인의 공감적公感的 인지認誌를 위한 필요 요인으로 작용하여 친근하게 긴 세월 전래되어 불려 왔으나 근래 들어 천지개벽적 농지의 구획정리가 이루어짐으로써 세인들의 개인소유 개념이 뒤바뀌어지면서 들 이름의 필요성이 반감되어 들 이름의 구획관계도 구분할 수 없고 고유성도 없어져 아름답고 해학스러운 우리의 친근한 들 이름들이 점차 잊혀지고 있다.

4. 교동도 마을별 유래와 특징 – 난정리

답사일시 : 2011. 12. 31.
답사장소 : 난정리 일원

1) 현장조사내용

난정리蘭井里는 옛날에 마을의 대동우물 안에 난초꽃이 피었다는 데서 이 마을 이름을 난정리라 부르게 되었다는 전설이 있다. 옛 난정리는 교동의 서면西面에 속해 있을 당시 '난곶리蘭串里'와 '동장리東場里' 그리고 '두산리頭山里' 일부가 합쳐져서 난정리가 되었다. 이 향리지에서는 이 마을의 유래 및 전설 등을 역사성을 가미하여 기술하고 고대, 근대, 현대의 변화된 모습 등을 유추하고 현재의 사진을 통하여 이곳의 현장을 재조명하고자 한다.

마을에 구전된 역사 이야기 등을 전언傳言하고 협의해 주신 분들은 아래와 같다.
① 성명 : 방광일 주소 : 난정리   직업 : 농업, 주요 경력 : 이장, 바르게살기위원장
② 성명 : 황교헌 주소 : 난정리   직업 : 농업, 주요 경력 : 이장, 주민자치위원장

2) 문제점 및 개선책

난정리는 교동의 타지역과 생활권이 동등하나 특히 동산리와는 한 마을이 분할 내지는 합쳐진 부분이 많아 리계 생활상이 구분되지 않는 특징이 다른 지역보다 많다.
또한 교동의 제2산인 수정산의 지정학적 위치가 고대부터 아주 중요해서 사적지(동산권의 테메, 옛해창고터, 수정봉수대) 등을 복원하는 필요가, 난정저수지의 유휴부지를 이용한 교육공간(박물관, 전망대, 생태체험장, 난蘭을 포함한 토종식물원 등)과 휴양 및 레크레이션 공간(수상레저시설, 서바이벌 등 게임 시설, 온천 개발) 등의 관광객을 유치할 현대적 시설의 설치가 가능한 지역이라 볼 수 있다.

답사참여자 : 방제희, 나봉환, 황명진

구분	조사 내용					
	마을명	년도	면적	가구	인구	마을 특징
마을 현황	난정1리	2011. 12.31		51	총106 남51 여55	고대 : 상고시대에는 수정산을 모산으로 하는 수정산권의 동쪽 지역과 빈장산의 서쪽 지역으로 이어지는 구릉지에 위치한 마을로 그 역사성이 깊고 교동의 3대 의숙 중 하나인 육영의숙이 있었을 정도로 선진교육의 산실이며, 교육열이 높았던 곳이다. 옛 서면의 중심에 위치하며, 샘이 많아 문전옥답(門前沃畓)이 전래(傳來)되던 곳이다. 현대 : 특산물로 고추와 마늘, 인삼 등이 많이 생산되고 교동의 젖줄인 '난정저수지'가 빼어난 청정수를 자랑하는 아름다운 곳이다.
	난정2리			66	총148 남75 여73	얼구리, 구정굴 등을 포함하여 난정초등학교와 게이트볼장, 난정보건소, 마을회관 등이 있다.
세거 성씨	난정리에는 온양방씨(溫陽方氏)를 세거 성씨로 볼 수 있으며, 황씨(黃氏), 김씨(金氏), 나씨(羅氏), 전씨(全氏), 한씨(韓氏), 이씨(李氏) 등을 비롯한 각 성이 부락을 이룬다.					

출신인물 : 작고인물(유명인물)

성명	생년	주요경력(관직)
방갑록, 방정록		교동면장, 교동향교전교
방의택, 방희돈, 한규동		교동향교전교

출신인물 : 현대인물(저명인물)

성명	생년	주요경력(관직)
방제완		동두천시장. 연천시장
방제희		인천시남부교육장
방제문		교장
방명일		길상면 면장

역대 이장

통합1리 – 방의탁, 방형근, 방경록, 한호현, 방희돈, 신춘식, 방갑일, 방원기, 나득환, 복진선, 방제홍, 나봉환, 방제창, 최봉용, 고산기, 나채환, 나승천, 황창환, 황명진, 신득균, 황교원, 황명진, 나승락, 방제상

통합2리 – 방영호, 박찬호, 김창식, 방제언, 방제일, 명제욱, 방광일, 이정환, 고영태, 이한준, 방덕기, 이기환, 정성기, 한영교

난구니

3) 마을 유래, 전설, 소재시설물, 유물, 유적, 관광지 등

난구니

난구니는 현 난정1리를 말하는데 수정산의 북쪽 끝자락으로 후정동後井洞, 간정동間井洞, 구석동口汐洞이 합쳐져서 이루어진 촌락이다. '난구니'라는 이름은 한문음의 난곶리蘭串里가 구개음화 현상으로 '난구니'가 되었다고 볼 수 있다.

뒤물이後井洞

뒤물이

난구니의 북쪽 끝에 있는 마을을 이르는데 난정蘭井의 정井에서 알 수 있듯이 난정리는 우물이 많아 우물 정井자가 지명에 포함된다. 후정동도 예외 없이 난정리의 뒤쪽우물 즉 후정동後井洞을 우리말로 부르면서 뒤우물이에서 뒤물이로 혹은 뒤물말(마을)이 다시 뒷말로 줄여 불리기도 한다.

뒤물이 마을은 2000년대를 전후하여 난구니들과 함께 '난정저수지'로 수몰되면서 마을이 '샛멀'의 고지대나 '큰멀'로 이주하였다. 이 일대(수정산 동록)를 굴착하여 난정저수지 둑을 조성함으로써 마을의 형태가 완전히 사라지고 지금은 아주 큰 소나무 한 그루가 보존되어 저수지를 굽어보고 옛마을 진입로 입구에는 수몰민들이 향수를

난정저수지

달래기 위해 건립한 '망향석'이 이곳이 옛날 난구니의 '뒤물이마을터'였음을 알려주고 있다.

샘멀 : 샛물이 : 간정동間井洞

이 마을은 간間이라는 지명에서 알 수 있듯이 큰멀(口汐洞)과 뒤물이(後井洞)의 가운데에 위치하고 있다. 우리말 '사이우물마을'에서 '사이'가 '샛'으로 '우물마을'이 '멀'로 변이되어 '샛멀이', '샘멀'로 축약된 것으로 보인다. 이 마을은 뒤물이와 더불어 옛부터 물이 풍부한 마을이었기에 문전옥답이 많았으며 이로 인해 서면의 장이 섰다고 한다. 그래서 이 마을은 '장골'이란 이름으로도 불리어지며, 특히 샘멀 우물근처에는 장수하는 사람이 많아 이 물을 마시면 장생한다는 소문이 퍼져 '장생불로정長生不老井'이라 불리었다는 전설이 전해 온다. 따라서 이곳의 장생불로정이 전설로 이어지는 난정蘭井(우물 속에 난초꽃이 피었다는 전설의 우물)이 이 우물이 아니었나 추정해 볼 수 있다.

큰멀 : 구석동口汐洞

난구니에서 제일 큰 이 마을은 지금은 난정저수지에 수몰되어 없어진 난구니동(옛 난곳리의 돌뿌리와 무서산리의 선월산 사이의 개골)을 따라 만조 시 큰멀 앞 마을 입구까지 바닷물이 밀려들었고 이때를 따라 정박했던 선박이나 내해로 입항하는 선박이 왕래하였던 곳으로 전해지는데 이를 이름하여 구석동口汐洞이라 불렀다고 전해진다.

얼구리

얼구리 : 월굴동月窟洞

옛 동장리東場里에 포함되었던 마을이다. 현재는 난정2리에 포함되는 곳이다. 마을 이름의 유래는 달의 뜨고 짐과 관계가 있다. 이 마을의 뒷산인 수정산으로 뉘엿뉘엿 넘어가는 초승달의 모습을 '구정굴九井洞'에서 바라보면 마치 굴속으로 집을 짓고 들어가는 듯하다 하여 이름 붙였다고 전한다. 이 마을을 지금 얼구리라 부르는 것은 '월굴리月窟里'가 '얼구리'로 구개음화되어 전래되는 듯하다.

얼구리에는 1902년에 설립된 육영의숙育營義塾이 있었다. 이는 신교육의 산실로 온양溫陽 방씨方氏 집안의 사랑채에 설립되어 조선어, 한문, 수학, 영어 과목 등을 교동인 한광우, 황긍환, 박용우 등이 가르쳤다고 전한다. 그러나 일제의 식민화 정책으로 우리의 언어와 풍습, 사상에 이르기까지 민족자존을 말살하려는 교육정책에 의해 수년 후에 폐교되었다.

구정굴 : 구정동九井洞

옛 두산리頭山里의 일부로 이 마을에 아홉 개의 우물이 있다 하여 붙혀진 이름이라 전하는데 지금은 상수도의 보급으로 옛 우물들은 메워지거나 유실되어 그 시절 구정九井이 어느 우물이었는지 찾을 길이 없다. 또한 이 마을은 달月과 연관 있다 하여 월굴동과 함께 '월정부락'이라 부르기도 한다. '구정굴'에는 역사 깊은 난정초등학교가 위치하며, 난정2리의 게이트볼장과 마을회관이 있다.

난정초등학교는 1935년 교동보통학교의 분교分校로 2년제의 간이학교로 설립되어 8년 후 정식으로 6년제로 인가되어 서면西面 초등교육의 산실로 오늘까지 이어온다.

돌뿌리

돌뿌리는 난곳의 뒤산인 수정산의 북쪽 끝 해변과 접하는 해안에 위치한 해변암이 바다에 이어진 곶串을 말한다. 이곳은 북쪽의 연백과 마주하는 곳이기도 하며 썰물 때면 발달된 사구砂丘가 육지陸地인 듯 남, 북을 거의 마주 닿을 듯 나타나고 먹이 찾는 겨울 철새들이 난정저수지와 사구벌을 넘나들며 한가로이 노니는 곳이기도 하다.

돌뿌리

돌부리와 선월산 사이에는 봄, 여름, 가을, 겨울 어족이 풍부하고 갯벌에는 나문재(바다갯벌의 해초海草로 식용)가 지천이어서 봄이면 나문재 뽑는 아낙들이 두루미떼와 구분하기 어렵고 갈게며, 죽갑, 가무락조개, 바지락이 많은 곳이지만 지금은 철조망이 가로막아 들어가기 어려운 해변이 되었다.

6.25 동족상잔同族相殘의 전쟁戰爭 시기에 이곳 돌부리 나루터 주변 후미진 수정산 기슭에서 수없이 많은 양민이 끌려나가 학살당하는 참혹한 일이 벌어졌다고 난구니 주민들이 증언하고 있다.

수정산水晶山

서면을 대표하는 교동의 제2산으로 난정리의 '난구니'와 '월구리'와 '돌뿌리'가 모두 다 수정산 정상 능선을 기준하여 동쪽 기슭에 위치한다. 수정산은 해발100m 내외의 낮은 산이나 교동의 모든 지역이 그러했듯이 나무가 울창하여서 조선(조선)과 해창고, 가마터가 있었고 북쪽 정상에는 봉수대가 있던 아름다운 산이다. 예부터 이 산 위에서 서한리 쪽 서해로 지는 낙조落照는 교동팔경喬桐八景 중 제5경으로 꼽을 정도로 너무나 아름다운 장관을 이루어 찾는 이의 발길이 지금까지 끊이지 않고 있다. 여기에 신교동팔경新喬桐八景의 제오경인 수정낙조水晶落照의 시 한 수를 소개한다.

수정산 자락 난정저수지 내 수몰민을 위해 세워진
"난정저수지 수몰헌정기념비"

금빛 물결은 수정산 봉우리에 넘실거리고
　바다는 온통 지는 햇빛으로 붉게 물들
었네

　덧없는 인생은 늙은 빛이 감도는데
　두 눈두덩이에는 나도 모르게 눈물이 지
노라.

수정산 아래 마을회관 옆 정리된 현대식 가옥이 저수지에 수몰된 수몰민을 위해 토지를 구입하여 이주한 주민촌으로 저수지 착공 당시 현지에 상주했던 주민이 이주한 집성촌이다. 일부 주민은 경향 각지로 생활터전을 옮겨 생활하고 있으나 경지정리된 넓은 벌판에는 일부 농토를 간직하고 있는 이들도 있다.

수정산의 동편 자락의 난정1리 전경

난정지유역 개발제안서蘭井池有域 開發提案書

난정지는 2000년대 준공된 저수지로 저수지 둑을 조성하기 위한 토량을 수정산 자락의 경사면을 할토하여 사용하였고 이로 인해 저수지 유역에 30,000평 이상의 유휴 토지가 발생하여 이를 지역주민들의 생활향상과 연계하여 저수지 내수면과 함께 개발하는 관광 인프라 구축을 실현하기 위하여 강화군과 농어촌공사에 2005년 개발제안서를 제출한 상태이다.

그 내용은 수정산 정상에 대북 전망 및 교동평야 내부를 조망할 수 있는 전망대설치 및 서바이벌 게임장, 번지점프장, 온천개발 및 위락시설, 농업농촌 체험장, 농수산박물관, 그리고 내수면에 수상스키장 등 수상시설 설치를 골자로 하는 개발구상이다.

난정리 마을 지도

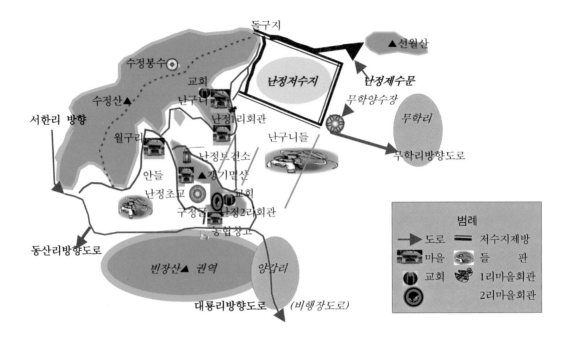

제4부

교동도의 생활문화와 현재성

교동도 주민 구술생애사

교동 600백년, 교동도의 생활문화
- 전웅섭(全雄燮, 1940년생), 황정자(黃貞子, 1940년생)

이세기

시인, 인천섬연구모임

구술자 전웅섭全雄燮 씨는 올해 76세로 1940년 교동도喬桐島 구산리龜山里에서 태어났다. 교동도 토박이 성씨 중에 하나인 안동安東 전全씨로 교동도로 입도한 전언全彦의 49세손이다. 채록자가 교동도에서 오랫동안 세거한 집안을 수소문하자 전웅섭 씨를 소개받았다. 전씨는 현재 교동도 대룡리大龍里에서 동갑내기 부인인 황정자黃貞子 씨와 함께 농사를 지으며 살고 있다. 인천에서 중·고등학교와 2년간 대성목재 전기실에서 근무를 하던 시기를 제외하면 평생을 교동도에서 농촌지도사로 농사를 지으며 살아온 분이다. 교동초등학교를 졸업하고 교동도를 떠나 인천사범병설중학교와 인천기계공고를 졸업하고, 22세 때 교동도 난정리蘭井里에서 태어난 부인과 중매 결혼하여 슬하에 2남 2녀를 두었다. 결혼후 농사를 짓다가 공무원 시험을 봐서 교동도 면사무소에 발령을 받아 근무하다가 다시 농촌지도사 공무원 시험에 합격하였다. 그 후 교동도에서 교동 농촌지도소 소장으로 정년퇴임을 하였다.

전씨는 1950년 한국전쟁 당시에 초등학교 4학년으로 피난을 가지 않고 교동도에서 학교를 다니며 지냈다. 그해에 교동도에 홍역과 마마가 창궐하고 3년 내내 흉년이 들어 섬 전체가 울음이 그치지 않았고, 먹을 것이 없어서 섬주민들이 어려움에 처했었다고 증언했다. 1951, 52년에는 교동도 들판에 메뚜기 떼들이 날아와 하늘을 시꺼멓게 뒤덮었다고 한다. 기근이 심해서 들판에 난 쇠비름으로 죽을 쑤어 먹거나 밤에 연백延白 등으로 건너가서 피난민이 구해 온 쌀로 목숨을 구했다고 했다. 좌우익 대립도 심했는데 친척

중에 경기도 인민위원장이 있어 집안이 쑥대밭이 된 기억도 있었다.

특히 교동도는 황해도黃海道의 영향을 많이 받아서 음식, 언어, 문화가 강화도江華島와 다르다며 떡, 결혼, 놀이 문화 등을 들려주었다. 또한 대룡시장의 유래와 피난민에 대한 이야기, 섬이면서도 해양 중심 생활이 아니고 육지처럼 농사를 짓게 된 연유 등 교동도의 특성에 대해서 이야기를 들려주었다. 농촌지도사로 오랫동안 일을 하면서 교동도의 쌀과 작물들에 대한 애정이 남달랐다. 또한 조상 대대로 살아온 교동도의 오랜 역사문화가 훼손되고 있다며 안타까워했다. 방치된 교동읍성喬桐邑城을 비롯한 연산군燕山君 적거지謫居址 등 역사 유적이 제대로 복원되기를 고대했다. 세 차례에 걸쳐 진행된 구술과 추가 보충질문에 답하는 방식으로 이루어진 구술내용을 통해서 교동도의 생활과 문화에 대한 흥미로운 이야기를 들을 수 있었다.

1. 600백년전 교동에 입도한 온전 전씨

저의 집안이 교동도에 들어온 것은 고려말이었어요. 교동에 처음으로 입도한 것은 전언全彦 할아버지였는데, 조선이 건국되자, 이성계李成桂가 전언 할아버지한테 함께 손잡고 일을 하자고 하니까는 아마 사양을 한 모양이에요. 나는 고려의 녹祿을 먹고 왔기 때문에 조선의 녹을 먹을 수 없다고 해서 관직을 버리고 낙향을 해서 이 섬에 들어온 거죠. 그 당시에 관직이 경주 부윤慶州府尹으로 고려의 충신이었어요. 처음 입도한 전언 할아버지는 온전 전全씨 30대손 정도 됩니다. 그러니까 제가 49대손이니 19대 정도 이곳 교동도에서 산 게 됩니다. 저희 집안은 강원도에서 교동도로 이주를 한 집안이었어요. 그런데 제가 항렬이 좀 높아요. 섭燮자 돌림자를 쓰는데 교동도 온전 전씨를 쓰는 세손들이 52대 손이 넘지만 저는 49세손이니 높은 셈이죠. 이곳 교동도에는 전씨 집성촌이 흩어져 있어요. 무학리舞鶴里, 양갑리兩甲里, 서한리西漢里, 봉소리鳳韶里, 고구리古龜里 등에 흩어져 있지요. 지석리芝石里에 전언 할아버지의 묘가 있어요. 매년 10월이면 지석리에서 모여서 시제를 지내곤 해요. 매년 10월이면 지석리에서 모여서 시제를 지내곤 해요. 교동에 처음으로 들어온 시조인 전언 할아버지에 대한 시제를 합동으로 지내죠. 교동에 전씨가 꽤 많아요. 황黃씨가 가장 많고 그 다음에 온전 전씨가 많아요. 그 나음에 나羅씨가 교동에 꽤 있어요. 인사리仁士里, 난정리蘭井里 등에 있어요. 그리고 교동엔 인印씨가 있어요. 거기도 이곳에 본을 해서 있고요. 한韓씨 등도 세거하면서 오랫동안 산 성씨들이에요. 딴 성씨들은 우리보다 먼저 온 지는 모르겠지만 꽤 오랫동안 살아온 성씨들이에요. 온전 전씨에는 평양 감사를 한 분도 있어요. 구산리에 계신 할아버지인데 몇 년 전까지만 해도 교지敎旨 등이 있었는데 훼손되었다고도 하더라구요.

2. 어린 시절 구산, 무서웠던 뚱구지

저의 아버지는 전영봉全英鳳으로 교동도에서 농사를 지었는데, 상룡리上龍里에 있는 교회의 최초 교인 중에 한분이었다고 해요. 성품이 온화한 분이었죠. 어렸을 적 아버지를 따라서 상룡리 교회를 다녔어요. 제가 태어난 곳이 구산리[1]인데 흔히 구산龜山이라고 해요. 구산에서 교회가 있는 상룡리까지 걸어 다녔어요. 거기를 부모님을 따라서 댕기고 지금은 아주 작은 산인데, 냇가도 아주 좁다란 곳인데 어렸을 적에는 고개를 넘고 냇가를 건너는데 냇가를 건너지도 못하고 혼난 적도 있고. 또 구릉이라고 뚱구지[2]라고 고개를 넘어가는 곳을 뚱구지라고 하거든요. 뚱구지를 넘어가려면 양쪽으로 소나무, 참나무, 오리나무들이 꽉 들어 차가지고 나무들도 많았어요. 거기가 옛날에는 고려 때에 읍성이랬더래요. 거기 고구1리를 예전에는 "곰리" "곰리"했어요. 고구리를 "고읍"이라고 했어요. 우리가 어렸을 때 부를 때는 고읍리[3]를 "곰리" "곰리" 그랬거든요. 지금은 고구1리가 예전에는 고읍이라고 그랬거든요. 고려 때에 읍성이어서 그래서 "고읍"이라고 했던가 봐요.

고개를 넘어가려면 나무들이 많았어요. 소나무 등이 우거져서 하늘을 가렸지요. 무서웠죠. 거기에 가는 길에 옥獄이 있었어요. 큰 감옥소였는데, 으스스했었죠. 옛날에 교동

---

1   구산리(龜山里) : 구산리 뒷산이 거북형상이라고 해서 붙여진 명칭.
2   교동도 부고동(浮鼓洞)의 옛 명칭. '뜬북', '뜬구지', '뜬고지'라고도 함.
3   고읍리(古邑) : 고읍리는 인조 7년(1629년)의 교동읍. 인조 7년 후에는 읍을 읍내리로 옮겼다. 고읍리를 '곰리'라고도 불렸다.

이 귀양지였잖아요. 아마도 그런 사람들을 가두는 옥이었나봐요. 감옥이죠. 지금은 옥이 아주 퇴락해 없어지고 복원도 하지 않고 그러니까 나무나 풀로 뒤덮여지고 말았지요. 근데 그 사이를 지날래면 무서웠어요. 그때가 아마 7, 8살 때였을 거예요, 제가 1952년에 교동초등학교 4학년이었으니, 그전이니까 6.25전쯤 되었을 거예요. 어렸을 적 거기를 가려면 숲도 많고, 지금은 쬐고만 냇가이지만 그 당시에는 넓었어요. 그리고 뚱구지라는 고개를 넘어가려면 굉장히 무섭기도 하고, 주변이 나무들로 울창하게 뒤덮여서 고개를 넘어가야하는데 지금도 내가 커서도 꿈을 꾸며는 꼭 거기가 그렇게 꿔지는 거예요. 뚱구지 고갯길이 꿔지더라고요. 혼자 가면 무섭기도 하고 그랬어요. 옥터가 있었던 거죠. 둥그렇게 생겨가지고 움푹 패여 있었죠. 큰 한증막처럼 둥그렇게 옥터가 있었어요. 퇴락이 되고 가운데가 메워지고 흙이 덮어지고 해서 지금은 흔적도 발견하기 어려울 정도가 되었어요. 아무튼 무서운 감옥 터를 지나서 화개산華蓋山 옆으로 뚱구지를 넘어가야지만 상룡리에 있는 교회를 갈 수가 있었어요.

뚱구지 가다보면 성터도 있었는데, 돌로 쭉 성터가 있었어요. 그런데 상룡리를 가려면 양산메라는 곳을 넘어갔어요. 어렸을 적 어른들이 양산메라는 곳은 기와집이 많았던 곳으로 부잣말이라고 했어요. 할아버지들한테 얘기를 들은 건대, 양산메가 아주 부자동네였대요. 양산메라는 곳이 굉장히 기와집도 크고 그랬는데, 하루는 어떤 중이 시주를 해달라고 했나 봐요, 그런데 다 시주를 안 해주는데 어느 할머니 한분만 시주를 해주었다나 봐요. 그전에는 개성하고 여기 교동하고 다리 비슷한 것이 있었나 봐요. 그 중이 성경에 나오는 노아의 방주처럼 앞으로 비가 많이 올 거니까, 그러면 홍수가 나서 완전히 쓸어버릴 건데 다리를 건너서 개성 쪽으로 가라 해서 할머니만 갔다고 하는 얘기가 있거든요. 양산메에 사는 착한 할머니만 개성 풀[4]로다 그러니까 예전에 있었다는 청주벌[5] 그쪽으로 해서 개성을 댕겼던 모양이에요. 스님 덕분에 그 할머니만 개성으로 피신을 해서 살고 나머지는 홍수에 쓸려 다 죽고 그랬나 봐요. 지금도 양산메를 가보면 기와장이 나오고 그래요. 옛날에 굉장히 부자동네라고 했다고 그래요. 아주 옛날이죠. 어르신네들이 여기 양산메에는 큰 부자들만 살았다고 했어요. 고구리 화개산 밑으로 부자가 살았는데, 지금은 흔적이 없어요. 거기에 나무들이 무

---

4 바다나 호수의 밑이 주변보다 두드러지게 올라온 부분. '풀등'이라고도 한다.
5 교동도 동북쪽에 위치한 종모루와 매수리 사이에 있는 개펄. '청구풀'이라고도 함.

척 많았더랬어요. 교회 다닐 때만 해도, 중간에 밭도 개간하여 갈고 그래서 땅을 파보면 기와장도 나오고 그랬어요.

어렸을 적에는 화개산에 나무들이 꽉 찼더랬어요. 성곽도 있고. 냉중에 커서 가보니까 성곽도 뚜렷하고 돌로 쌓여 있더라구요. 그리고 그쪽에 인민군들이 내려와서 거기에 성곽주변에 방공호를 팠더랬어요. 냉중에는 성곽이 방공호로 돼 가지고 현재 모양으로 퇴락이 되어가지고 형태만 있다고 그래요. 기억으로는 그렇게 성이 뚜렷하게 보일 정도는 아니었어요. 지금도 돌무더기로 연결되어 있어요.

3. 전쟁보다 더 무서웠던 마마와 홍역

어렸을 때에는 삼 년 동안 흉년이고 그랬으니까, 뭐 사는 것이 농사짓는 것이 건답직파乾畓直播[6]라고 해서 씨를 바로 뿌려서 하는 것이라서 수확도 없었어요. 물이 풍부하지 않아서 거의 벼농사가 수확이 없었어요. 그러다보니 대체적으로 가난한 형편이었지요. 하두 수확이 없다보니까는 '장리長利'라고 곡식을 꿔가지고는 먹고 가을에 곡식을 갚는데, 장리가 굉장히 비쌌어요. 장리를 먹고 그러니까 자꾸 되풀이되니까는 사는 게 어려웠죠.

저는 섬이라서 호적에 2년 늦게 올라있는데, 원래는 1940년 생이에요. 올해 76세죠. 제가 외동인데 원래는 아래 동생들이 있었어요. 남동생과 여동생이 있었죠. 6.25 전쟁이 터지던 해에 교동도에 콜레라가 번졌어요. 그 때 두 동생이 콜레라에 전염이 되어 죽었어요. 섬에서 손을 쓸 수가 없었어요. 지금은 의술이 발전되었지만 많이 죽었어요. 그 당시에 외할머니꺼정 우리 어머니의 어머니죠. 그런데 그 때 애들 둘 죽었죠. 외할머니도 죽었어요.

저의 집안 형제가 3남 1녀였어요. 내 밑으로 2남 1녀가 있었지요. 동생으로 호섭, 대섭, 순례가 있었는데 그해에 한꺼번에 죽었어요. 그러니까 1950년서부터 3년이니까, 1951, 2년에 교동도에 홍역과 마마[7]가 번졌어요. 가을에서부터 겨울 그 사이였던 거

---

[6]   마른논에 물을 대지 않고 그대로 씨를 뿌리는 일. 교동도에 고구저수지와 난정저수지가 생기기 이전에 농사짓던 방식.

같아요. 그전에는 초가집에서 살았는데 골목 쪽으로 문에 창호지를 바른 들창문이 있었어요. 동생이 열이 나니까 골목 쪽으로 난 들창문 창호지를 손가락으로 구녕을 뚫어 코를 내밀고 있더라구요. 부모들 얘기로는 오히려 찬바람 때문에 열이 온몸으로 퍼져서 죽었다고 그랬거든요. 그렇게 홍역으로 죽은 아이가 두 아이에 여자 아이는 마마로 죽었어요.

당시 교동도에 홍역과 마마로 많이 죽은 것으로 알고 있어요. 어떤 집안은 아이들을 다 쓸어낸 집안도 있어요. 그 때는 홍역과 마마가 걸렸으면 다 죽었어요. 결국에는 1년 동안 세 아이가 죽고 또 외할머니도 돌아가시고 그래서 1, 2년 사이에 우리집에서만 네 명이 죽었죠. 유행이었어요. 전쟁 중에 마마와 홍역으로 다 쓸어간 거나 마찬가지였어요.

오히려 전쟁의 피해는 많지 않았어요. 이북 인민군들은 거의 그냥 지나갔어요. 방공호 구덩이만 파다 철수했기 때문에 그렇게 많은 피해는 없었어요. 오히려 나중에 정규 군인들이 아니고, 이북 가서 총도 빼앗아 나오고 그래서 자체적으로 만든 특공대라고 그런 사설 군인들이 사상 가진 가족들을 다 죽였어요. 작은 아버지 작은 어머니 둘째 작은아버지 다 빨갱이라고 해서 죽였어요. 의용군 나간 사람들 가족들은 고초를 당했죠. 난정리에서도 싹 쓸어갔어요. 인사리, 서한리, 고구리, 지석리 뭐 교동도는 다 울음바다였어요. 마마가 전쟁보다 더 무서웠죠. 어렸을 적 우리 부모들이 우리 삼남매 죽고 나 혼자 기적적으로 살아남은 것이죠.

4. "이티 흉년에 뭐 이꽈네", 신축년 흉년

마마와 홍역도 엄청 컸지만 그것보다 더 힘들었던 게 6.25사변이 나던 해에 신축년 흉년[8]이 들었어요. 그때가 초등학교 5, 6학년 때였는데, 3년간 비가 내리지 않아서 가뭄이 심했죠. 1950년부터 51년, 52년 어름에 어른들이 "이태 흉년에 뭐 이까네"[9]라고 했어

7   '천연두(天然痘)'를 이르는 말.
8   1901년 신축년(辛丑年) 흉년을 일컫는 말. 그 때처럼 6.25가 나던 해에 흉년이 들었다는 뜻.
9   '이년 동안의 흉년에 뭐가 있겠냐'의 뜻.

요. 말도 못했어요. 논밭에 나는 쇠비름에 보리쌀을 넣어 죽을 쑤어서 먹고는 그랬어요. 그래도 잘 먹은 편이죠. 죽이라도 먹을 수 있었으니. 먹을 게 없었어요.

신축년 흉년이라는 게 옛날에 신축년에 흉년이 들었나 봐요. 6.25 때도 신축년 때처럼 흉년이 들었다해서 어른들이 "신축년처럼 흉년이 들었다"했죠. 처음에는 2년 흉년이 있었어요. 그래서 "이티 흉년에 뭐 이짜네"라고 입버릇처럼 그랬어요. 쌀이나 보리를 조금 꿔 달라면 "이티 흉년에 뭐 이짜네"하면서 거절을 허고 그랬어요. 그러다 또 흉년이 1년이 더 들어서 3년을 계속해서 흉년이 들었어요. 50년에서 52년까지 이니까, 전쟁에 마마 홍역이 겹쳐서 3년 내리 흉년이 들었어요. 내가 4학년 때니까. 흉년이 드니까 먹을 게 없잖아요. 우리가 학교 다닐 적에 제대로 먹지 못했을 때 학교에서 알랑미[10]에다 우유 가루로 큰 솥에다 풀어가지고 죽을 쒀서 줬어요.

흉년이 들었을 때는 먹을 게 없으니까는 쇠비름이라는 것이 있거든요. 흉년이 들었을 때 들에 쇠비름이 쫙 말랐어요. 그래도 먹어야하니까, 그것을 걷어다가 먹었죠. 마른 쇠비름을 물에다 당그면 풀어지거든요. 그것을 또 삶아서 당가두면 풀어져요. 그러면 그것만 먹는 사람이 있고, 뭐냐 쌀과 벼에 섞어서 먹었어요.

그런데 이북에서 나온 사람들은 꽤 잘 먹었어요. 이북에서 나올 때 쌀이라도 가지고 나와서 그나마 피난민들은 나았어요. 하지만 여기 교동도에서는 흉년이 들어서 없잖아요. 그래서 사랑방에 피난 온 이북 분을 들여서 함께 살았는데 그 분들이 이북에서 가져온 쌀을 나눠주면 그것으로 쇠비름 마른 것과 죽을 쒀서 연명하고는 살았어요. 아니면 밤에 특공대들이 나룻배를 타고 몰래 이북 연백으로 넘어가서 쌀을 가져오고 그랬어요. 그 사람들은 원래 살았던 곳이니까 잘 알아서 가져왔죠. 쌀을 가져오면 서로 나눠먹고 그랬어요. 그래서 피난민에게 사랑방을 내준 사람들은 더 잘 먹은 편이에요. 그렇게 해서 50년, 51, 52년, 3년 흉년을 연명했어요. "이티 흉년에 뭐 이짜네"라는 말이 51년 그 때 겨울에 나온 얘기예요.

내 기억으로는 흉년이 들었던 1951, 2년도에 메뚜기가 진짜 정말로 성경에 나오는 것 모양으로 하늘을 가리다시피했어요. 구름이 가리는 모양으로. 그래가지고서는 작물을 하루아침에 메뚜기가 싹쓸이를 했어요. 홍역이 창궐하던 그해에. 흉년든 것이 메뚜기

---

10   안남미(安南米)로 인도차이나 반도의 안남 지방에서 생산하는 쌀.

때문이지 모르겠지만, 여름에서 가을까지 시꺼먼 메뚜기가 하늘을 뒤덮었어요. 작물이란 작물은 메뚜기가 앉으면 다 먹었기 때문에 더욱 힘들었지요. 메뚜기가 바다에서 아주 새까맣게 날아왔어요. 그게 중국에서 날아왔는지 모르지만 해를 가릴 정도로 많았거든요. 메뚜기가 작물에 닿으면 아주 완전히 폐허가 됐더랬어요. 시꺼먼 메뚜기였어요. 새끼는 처음에는 누렇다가 나중에는 시꺼멓게 변하더라구요. 그게 닿으면 콩이며 벼이며 다 폐허가 됐어요.

그때 연명했던 것이 바로 앞에서 말한 쇠비름이에요. 쇠비름은 참비름이 있고 쇠비름이 있거든요. 쇠비름이라고 김이 있어요. 쇠비름이 김이에요. 밭에서 김 메잖아요. 벼를 못 심으니까 그게 자라요. 비듬나물과 달라요. 쇠비름이 벌판에 죄다 퍼져서 말라서 그것을 거둬다가 물로 불려서 죽을 쒀서 먹었던 거죠. 그 때 이게 없었으며 교동도 사람 다 굶어 죽었어요. 피난민들이 준 쌀 쬐금 넣고 쇠비름으로 죽 쒀서 먹고 연명했어요. 피난민들에게 우유 배급이 나왔는데 그것도 함께 나눠먹고 살았어요. 그것을 우유죽이라고 했죠. 피난민 없었으면 다 굶어 죽었어요.

그 때 뭐 쇠비름 먹고 탈나면 섬에 병원이 있나요. 병이 나도 고치기도 어렵고 그랬지요. 그나마 1970년까지만 해도 교동도에 '김의사'라고 공의公醫가 있었어요. 읍내리邑內里에서 진료소를 열었는데, 피난민이었어요. 그러다 교동도에서 나갔지요. 그 분을 언젠가 금강산 관광을 갔었는데, 그 쪽에서 진료를 하는 것을 봤어요. 아마 의료봉사를 하고 있었는지 만나니 반갑더라구요.

황정자 섬이라는 곳이 병이 나면 어쩔 수 없어요. 쥐손이풀(이질풀)이라고 있어요. 여름에 나는 풀인데, 그 풀이 설사할 때 잘 들어요. 쥐손이풀을 삶아서 물로 내어 먹었어요. 양그비(양귀비)도 있었을 때에는 배앓이 할 때 응급약으로 쓰기도 했어요.

5. 피난민들에 의해 만들어진 대룡시장

당시에 대룡리에는 피난민도 많았어요. 원래 어렸을 적 대룡리에는 소나무 등이 우거져서 양 길가에 나무가 길을 덮었을 정도로 무성했어요. 그런데 피난민들이 땔나무를 하는 바람에 다 베어지고 죽었어요. 그 후에 오늘날처럼 대룡시장이 만들어지고 피난민들이 들어와 살게 되었지요. 원래는 읍내리가 중심이었어요. 그곳에 학교, 지서, 면사무소가 다 있었어요. 그러다 대룡리로 다 옮겼죠. 그 때문에 읍내리에서 대룡리 이쪽이 번화가가 되었어요.

6.25사변이 일어나니까는 연백 등에서 피난 온 분들이 생각하기에 바로 전쟁이 끝나면 들어갈 거라고 생각하고는 가장 가까운 이곳 교동도에 많이 왔더랬어요. 그래서 대룡시장도 형성된 것인데, 왜 발전이 안 되었냐 할 것 같으면 행길 주위에다 집을 짓고 장사하고 살았잖아요. 그 당시에는 포목점도 있더랬고 그 외 잡화상, 옷장사, 술집, 냉면집 등이 있었어요. 대풍옥이라고 냉면집도 피난 와서 장사를 했어요. 처음 피난 온 분들은 다들 돌아가시고 지금은 아들이 하고 있어요. 연백, 또 개성 여쪽에서 많이들 왔어요.

황정자 우리는 오빠들이 많아서 6.25 일어나고 해주海州 불당포佛堂浦로 피난을 갔었어요. 거기도 위험하니까 도루 난정리로 왔어요. 포목점에는 주로 옷감을 많이 팔았어요. 명주 한복도 팔고, 냉중에는 양단, 무명, 베르도 등을 팔았어요.

다시 전웅섭 씨가 말을 이음 대룡리 시장이 퇴락이 된 것은 땅주인들이 다 주인이 달랐기 때문이에요. 땅주인하고 집주인이 따로였어요. 땅주인들은 도시계획에 의해 집들이 헐리기를 바라고, 집주인들은 그러면 쫓겨나가야 하니까 이두저도 못하고 있는 상황이었어요. 나중에 도시정비를 하려고 했지만 집들이 헐리면 땅주인이 세를 주지 않으니 결국에는 도시계획을 반대를 한 거예요. 행정이 몇 사람만 반대하면 밀고 가지 못하니까 지금까지 이 상황이에요. 피난민 문제를 해결하기 위해서 제헌의원이었던 강화 출신 윤재근尹在根(1910~1972) 국회의원이 나서서 이주를 시키기도 했어요. 여기 교동도에 피난민들이 많으니 평택에 방도 많고 땅을 주는 조건으로 이주를 시킨 것으로 알고 있어요.

1952년도에 아버지께서 상룡리 교회를 다니다 이북에서 피난온 교인들과 같이 여기 대룡리에 중앙교회를 세웠거든요. 지금은 아주 크지만 그전에는 초가집에다 세웠는데, 나도 거기 교회에 자주 갔어요. 거기 교회 다니는 선생님 한 분이 여기 대룡리 시장에서 장사를 했어요. 교회를 나오는 학생들에게 공갈사탕 같은 것을 주었는데 그걸 먹기 위해 대룡시장에 와서 그 선생 집에 자주 갔어요.

대룡리 시장이 형성된 것은 6.25사변이 일어나고 피난민이 와서 장사를 조금씩 조금씩 하기 시작하면서부터예요. 그 당시에 고무신 가게도 있었고, 포목점도 있었고, 서울에서 옷을 떼어왔는지 모르겠지만 옷가게도 있었고, 얼마 있다가 동산약방이라고, 이북에서 넘어 오신 분인데 김진성 씨라고 그 분이 거기서 약방을 했어요. 그 분은 죽고 지금은 다른 분이 인수받아 해왔죠. 대풍냉면집도 있었어요. 국수집, 국밥집도 있어서 장사하고 그랬어요. 이북에서 나온 사람이 했었죠. 지금은 짜장면집이 있지만 예전에는 국수집에서 기계틀로 냉면도 뽑아서 만들어 팔았어요. 읍내리에 양조장도 있었고. 대룡리는 초등학교지만 교동국민학교가 있었어요. 왜정시대 때는 보통학교였는데, 대룡리에 학교만 있었고, 나머지 관공서는 다 읍내리에 있었어요. 경찰서 지서, 금융조합도 다 읍내리에 있었어요. 1950 몇 년도인가 그쯤에 학교를 중심으로 시장이 형성되고 그러니까 관공서 등이 다 대룡리로 이전하게 된 거죠. 교동국민학교만 대룡리에 있더랬고, 나머지는 다 읍내리에서 대룡리로 온 거죠. 내가 교동국민학교 40회 졸업생이거든요. 100년 넘었으니까 역사가 오래됐죠.

황정자 난정리에서 대룡시장까지 20리나 되나? 걸어서 과일 사러오고 그랬어요 사과 한 알 사러 오곤 했어요. 그런데 시장에 한번 오려면 혼났어요. 난정리에서 대룡리에 오려면 양갑리를 지나야 하는데 동네 애들이 무섭게 하고는 그랬어요. 벙어리 노릇했지요. 처녀들은 할머니 심부름하려면 벙어리로 다니고는 그랬어요. 동네 애들이 말 시키고 그래서.(웃음)

6. 초등학교 때 전쟁에 대한 기억

어렸을 적에는 자치기도 많이 하고, 비석치기도하고, 구덩이 파서 댕구치기라고, 지금은 구슬로 가지고 하지만 그전에는 구슬이 없었어요. 쇠붙이라고 그것으로 구슬치기하는 것처럼 했죠. 놀이라는 게 뭐 별거 있었나요. 친구들과 학교 운동장에서 댕구치기를 하고 있었는데 난리가 난 적이 있었어요. 교동초등학교가 폭격을 당한 거예요. 6.25 사변이 일어나고 얼마 있다 그랬으니까, 제가 그때가 5학년 정도 되었으니 1951년쯤 되겠네요. 당시에는 피난민 학생들도 입학하고 그랬으니 학생들이 많았어요. 아침에 조회하기 전에 댕구치기도 하고 그랬는데, 비행기가 뱅글뱅글 날아 오더라구요. 그것도 냉중에 알았어요 아군비행기라고. 근데 한 바퀴 빙 돌더니 저쪽부터 오면서 기관총을 쏘더라구요. 그러니께 운동장에 조회하기 전에 애들이 놀고 있는데 기관단총을 쏘더라구요. 그래가지고 선생님도 죽고 학생들도 죽고 동네분들도 죽고 그랬어요. 냉중에 알고 보니까는 그게 아군비행기라는 거예요. 그래서 왜 쐈냐고 그랬더니 황해도 연안延安에 있는 연안학교에 인민군이 있다는 첩보를 연락을 받고 연안을 쏜다는 것을 잘못 알고 교동을 쏜 거예요.

전쟁 때에도 학교를 다녔어요. 학교가 피난 가는 것이 아니기 때문에 다녔던 거죠. 학교에 황선생님이라고 우리 담임을 했더랬어요. 그런데 6.25사변이 일어나니까는 그날 아침에 전부 조회를 서라하고는, 그 선생이 나와서 "장백산 줄기줄기 피어린 자국"(직접 노래를 부름) 뭐 그 노래를 가르쳐주더라구요. 6.25사변 나던 그해 황선생님이 이북 애국가를 가르쳐 주더라구요. 냉중에 알고 보니까 그 분이 이북에서 공산주의자였더라구요. 그 선생님도 특공대에게 죽었을 거예요.

우리 이모부가 황인섭[11]이라는 분인데 경성사범학교 나와서 독립운동을 하다 서대문 형무소에서 복역을 한 적이 있었는데, 공산주의자가 돼 가지고서는 경기도당 인민위원 장이었어요. 그런데 이모부 동생이 황순임[12]인데 당시 교동초등학교 선생이랬더랬어요. 그 양반이 풍금을 치고 또 다른 황선생이 북한 빨치산 노래인 "장백산 줄기줄기" 그걸 가르치고 그랬어요. 그게 4, 5학년 때니까 그 선생님들이 6.25사변이 딱 나니께 빨치산 노래를 가르쳐주더라구요.

한국전쟁 때에는 여기 교동도 사람들은 피난을 안 갔어요. 이북에서 인민군이 교동도 에 왔지만 큰 피해는 없었어요. 여기가 특이한 곳이라 당시에는 인민군이 지나가기만 하고 주민 동원해서 방공포 만드는 교역만 시키고 그러다 후퇴하고는 안 들어왔죠. 오히 려 인민군 피해보다는 이쪽 군인들로 인해 피해가 무척 많았어요. 특공대라고 밤이면 이북으로 배 타고 가서 쌀도 가져오고 그랬는데, 그 사람들이 의용군으로 나간 사람이나 연루된 집안사람은 죄다 총살시켰어요. 알고 공산주의를 한 사람도 있지만 모르고 했던

---

11 교동도 인사리 출신. 북한점령시기 경기도 인민위원장을 역임. 진실·화해를위한과거사정리위원회, 「강화(교동도) 지역 민간인 희생사건」, 『2009년 상반기 조사보고서』 3, 진실·화해를위한과거사정리위원회, 2009, 786쪽.

12 황인섭의 여동생으로 1951년에 특공대에 의해 여동생들과 함께 집단 살해당했다. 위의 책, 782, 786쪽.

사람도 무척 많았어요. 아무튼 특공대라는 사람들이 공산주의에 연루된 집안은 거의 다 죽였어요. 인사리 쪽에 그런 피해 본 사람이 무척 많아요. 우리 이모부인 경기도 인민위원장이었던 황인섭 집안 사람들이 무척 많이 죽었어요. 할머니와 할아버지도 죽고 부인도 죽었어요. 겨우 이종사촌 딸 하나 살았어요. 당시에 돈을 무척 많이 들여서 이종 사촌 누님을 호두포虎頭浦에서 강화로 가서, 강화에서 김포로 건너서 인천에 있는 사촌형 님에게 보냈어요. 인천에서 살았는데 지금도 교동을 안 내려와요. 왜 안 내려오냐고 하면 "교동에 한이 되어 못 내려오겠다"라고 그러는 거예요. 노무현 대통령때 과거에 독립운동을 하다가 공산주의자가 된 사람도 사면복권해 준다고 해서 내가 뛰어다녔어요. 서대문형무소에 갔었는데 황인섭 씨가 복역한 근거 좀 확인해주었으면 좋겠다 하니, 6.25때 불타서 자료가 없대요. 그래서 정부과천청사에 찾아가라고 해서 갔더니 거기에 황인섭 씨가 독립운동한 기록이 있더라구요. 서대문형무소에서 치안유지법으로 복역을 했더라구요. 그래서 서류를 해가지고 보훈처에 신청을 했더니 나중에 연락이 왔는데 안 됐다고 하더라구요. 이 양반이 독립운동을 한 것은 사실인데 6.26 때 정치보위부에서 있으면서 여기에 있는 인사들을 납북시키는 일을 했다는 거예요. 거기에 관계가 되어서 복권이 어렵다는 거예요. 이런 경우 현재로는 독립운동을 했다고 유공자로 지정하지는 못한다고 하더라구요. 그래서 알았다고 하고 내려왔죠. 우리 이종사촌 누님은 그런 일로 우울증도 생기고 할아버지 할머니를 총살을 시키는 것을 보아서 한스러워 교동도에는 못 오겠다고 하더라구요.

7. 7시간 걸리던 인천 뱃길

제가 교동도를 잠시 떠난 적이 있어요. 교동에서 초등학교를 졸업하고 1년 동안 고등 공민학교를 다니다가 인천에 나가 공부를 했거든요. 인천에 나가려면 남산포南山浦에서 인천 괭이부리까지 가는 갑제호甲濟號[13]라는 여객선이 있었는데 운항 시간이 7시간이나 걸렸어요. 남산포에서 출발해서 외포리外浦里 → 선수船首[14] → 장봉長峯 → 살섬[15] → 괭이

---

13 인천과 강화 교동도를 오가던 여객선. 갑제호는 인천에서 장봉도 시도, 강화도의 선수, 건평, 외포리, 석모도를 거친 후에 교동도에서 하루 뱃길을 마친 후 다음날은 다시 교동에서 인천을 다니던 격일제 정기여객선이었다.

부리선창[16]에 도착했거든요. 인천에는 사촌형님이 살고 있었어요. 중구청에서 내려오면 관동官洞이라고 있거든요. 인천 만국공원에서 홍예문으로 내려오면 관동이에요. 거기에서 평창여관을 했어요. 사촌형님 집에서 기숙하면서 학교에 다녔어요. 당시에 숭의동崇義洞에 있었던 인천사범병설중학교를 졸업하고 인천기계공고 전기과에 다녔죠. 기계공고를 졸업하고 대성목재 발전실에서 2년간 근무를 하다가 결혼을 위해 교동도로 들어왔어요.

1961년 가을에 결혼하고 교동도에 들어와 아버지와 함께 농사를 지었어요. 당시에는 건답직파 방식으로 농사를 지었어요. 저수지가 없었던 시절이라서 농사가 안 되었어요. 인사리에서 고구리까지 들판이 쑥밭으로 가득했죠. 논밭에 쑥, 쇠비름, 얼레라고 일종에 잡초인데 올방개[17]로 가득했어요. 그때는 들에 김이 깔려서 농사를 해봤자 소출이 많지 않았어요. 지금의 3분의 1도 되지 않았죠. 그러다 농사도 어렵자 1968년 공무원 시험을 보았어요. 차석으로 붙었죠. 그해 12월부터 교동 면사무소 산업계와 호적계에서 근무했어요. 제가 근무할 때 대룡시장을 만들었어요. 피난민들이 많았죠. 그러다 1971년에 다시 농촌지도사 시험을 보고 다시 교동도로 발령이 되어 1999년 퇴임할 때까지 농촌지도사로 근무했어요. 제가 근무할 당시만 하더라도 교동도는 오늘날처럼 저수지가 없어서 '물꽝'[18]들이 많았어요. 물꽝의 물을 무자위(발수차)[19]로 돌리거나 용두레[20]로 논물을 대었어요. 고구저수지가 1978년에 완공이 되고 난정저수지가 2000년대에 만들어졌으니, 그 이전만 하더라도 물이 귀해 농사짓기가 어려웠죠.

당시에 교동도에서 인천에 가려면 시간이 많이 걸렸어요. 남산포에서 배를 타기 위해 새벽 4시에 나갔어요. 물때가 있는데 주로 새벽에 많이 탔어요. 집에서 배를 타기 위해서는 남산포까지 걸어서 가야 하니까 출발하면 배가 5, 6시에 출항했을 거예요. 아침 일찍 배가 갈 때도 있고 물때가 있어서 조금 늦게 떠날 때도 있었어요. 먼저 어디에 댔냐면 산산면 석모리에 닿고, 그 다음에 외포리 닿고, 그 다음에 건평리乾坪里라고 있어

---

14   강화도 후포(後浦). 예전에 후포를 '선수포구(船首浦口)'라고 함.
15   인천 옹진군 북도면에 있는 시도(矢島)를 일컫는 말.
16   인천 만석동에 있는 부두.
17   논이나 연못에서 자라는 사초과의 여러해살이풀.
18   물을 저장해 두는 연못. 개인 저수지로 농사일을 하기 위해 물을 가두어 놓던 저수지.
19   물을 높은 곳으로 퍼 올리는 기계.
20   낮은 곳의 물을 높은 곳의 논이나 밭으로 퍼 올리는 데 쓰는 농기구.

요. 그 다음에 선수 그리고 쭉 가서 장봉 그 다음에 살섬 그때는 시도矢島를 살섬이라고
했어요. 그리고서는 인천 만석동 괭이부리 선창에 닿았어요. 어떨 때는 저녁에도 닿고
그러더라구요. 인천에 가려는 사람들이 많이 탔어요. 배 안에 사람들이 꽉 찼었어요.
정원 7, 80명 탔을 거예요. 그 때는 배 밑에도 객실이 있고 해서 많이 탔어요.

   그런데 갑제호가 사고가 난 적이 있어요. 그전에는 배가 다니는 항로에 얼음이 많았어
요. 겨울에 추우니까 유빙이 바다에 떠다녀요. 유빙에 배가 부딪쳐서 장봉에서 사고가
나 몇 사람이 죽고 그랬어요.[21] 철선인데 배가 물이 들어와서 맨 밑에 있었던 사람들이
못 올라와서 죽고, 냉중에는 제5통운호通運號[22]가 댕기더라구요. 그러다가 남산포에서
외포리로 가서 강화읍에서 염하 건너 김포로 해서 인천으로 가고도 그랬어요. 강화에
강화대교 있는데 다리가 놓기 전에 강화에서 배를 타고 김포로 갔더랬어요. 그래서 당시
에 걸어서도 가고 그랬어요. 배 시간도 많이 걸렸지만 남산포에서 외포리를 거쳐서 강화
거쳐서 인천으로 가는 시간도 많이 걸렸어요. 당시에는 버스도 없었어요.

   황정자 그때 교동도에 쑥도 많이 나고 쇠비름도 많이 나고 그랬는데, 인사리 부둣가에
장터도 생겼더랬어요. 이북에서 피난 온 사람들이 부둣가에서 쇠비름을 팔고 그랬어요.

8. 건답직파와 '물꽝'으로 농사짓던 시절

   70년대까지 건답직파를 하다가 고구리에 78년에 저수지가 생겼죠. 그 전까지는 건답
직파를 하고 논에 물을 대기 위해 군데군데 물꽝을 만든 사람들은 그 물로 모를 내고
그랬어요. 건파직파보다 조금 발전된 거죠. 그래서 교동에 물꽝이 많았어요. 저수지가
생기기 이전이니까 6, 70년대까지 비오면 물을 받아 저장하는 물꽝이 사방에 많았어요.
여기에는 수원이 없으니까 자체적으로 땅들이 많으니 2천 평 될 거 같으면 한 이삼백
평은 물꽝으로 만들어 농사짓고 그랬지요. 그 바람에 어느 정도 조금 나아진 거죠. 물꽝

---

21 1963년 2월 6일 인천을 떠나 강화 교동도로 가던 정기여객선 갑제호가 유빙에 부딪혀 침몰하는 사고로 승객 6명이
   숨졌다. 「갑제호 조난」, 『경향신문』, 1963. 2. 7.
22 통운호와 갑제호는 인천과 교동 항로를 교대로 취역한 정기여객선이다.

을 만들어 처음에는 용두레로 푸고 또 무자리라고 물수차로 물을 퍼 올리고 그랬어요. 그전에 저도 아버지 대신 물수차로 물을 대는 일을 많이 했어요.

그 당시에는 농기구도 좋지 않았어요. 지금이야 경운기나 호미 등 농기구가 다 있지만 당시에는 농기구가 귀하고 그랬기 때문에 농사일을 하는 것이 보통 힘든 일이 아니었어요. 건파직파는 꼭 앉아서 김을 매어야만 했어요. 그 당시에 얘기가 뭐냐 할 것 같으면 며느리가 시부모와 같이 김을 매며는, 김 매는 길이가 길어지고 김을 매다가 며느리가 도망가는데도 몰랐다고 그랬어요.(웃음) 그리고 논이 너무 길고 김이 많아서 그 일이 쪼그리고 앉아 하는 일이라서 끝이 없었죠. 하여튼 저수지가 만들어지기까지는 농사도 어려웠고 사는 게 어려웠죠. 그나마 고구리 저수지가 만들어지면서 어느 정도 면모를 갖췄지요. 논이 경지정리가 된 것은 저수지가 생기고 나서부터 제대로 됐죠.

건파직파 때는 적게 나니까, 정말 굶어서 죽을 정도는 아니지만 그래도 사는 게 죽겠더랬죠. 지금이야 교동에는 저수지가 생기면서 농사는 그야말로 혁명이 된 거죠. 난정저수지까지 생겨서 지금은 물 걱정 안하죠.

교동이라는 섬이 섬이면서 섬문화가 아니고 주로 농사 문화예요. 여기는 귀양지였기 때문에 문화적으로 뚜렷하게 흔적이 많이 남아있지는 않더라구요. 옛날에는 동네마다 만신이라고 무당이 있어 그전에는 굿을 많이 했어요. 집집마다 굿하는 집도 많았고 동네 굿도 많았고, 산신제도 드리고 그랬어요. 그런 문화가 성했더랬는데, 박정희 대통령 때 새마을운동하면서 미신타파운동을 했어요. 저도 농촌지도사 생활하면서 동네마다 다니며 교육하고 그랬어요. 주로 새마을운동을 할 때 미신타파를 많이 부르짖었어요.

교동에는 해양문화보다는 농촌문화가 많아요. 알고 보면 교동이 섬인데 섬으로서의 문화보다 농촌문화가 많았던 원인에는 해안가에 접근을 못하고 철조망이 쳐져 있었던 것도 커요. 여기 교동도에는 여름에 피서라는 게 없어요. 바다에 갈 수가 없어서 해수욕도 못했어요. 한 여름에도 철조망 때문에 해수욕도 못했어요. 어딜가요, 가지 못했어요. 그러다보니 산신제 등 토속적인 것은 있지만 특별하게 해양 문화적인 것은 없는 것 같아요.

하지만 교동만으로 내세울 것이 있다면 교동도에 몇 년 전까지만 해도 화방석花方席[23]

---

23 왕골로 만든 방석. 교동도에는 완초공예인 화방석, 꽃삼합, 초립 등이 유명하다.

이 유명했죠. 화문석花紋席은 돗자리고 화방석은 방석이라고 그러는데 그것이 무척 성행했었어요. 집집마다 전부 다 그것을 했어요. 6, 70년까지만 해도 이 화방석을 무척 많이 해 가지고 강화에다 갖다 팔고 그랬어요. 강화도에 화문석 시장이 있잖아요. 거기에 내다 팔고 그랬어요. 그 당시에 젊은 사람들은 다했어요. 지금은 거의 없어졌다고 봐야 해요. 주로 앉아서 하는 수작업을 오래하다 보니 사람들이 관절이 아프고 그래가지고 이제는 거의 안 해요. 판로도 없고 안 팔리고 하니까 완전히 없어지다시피 했어요. 쌀농사가 많이 되고 그러니까 부업할 만한 것이 안 된다고 하더라구요.

예전에 교동도에는 가마니를 무척 많이 짰어요. 깊은 한 겨울에는 집집마다 모두 가마니를 짰어요. 가마니로 공판을 내기 위해서 짜기도 했어요. 그전에는 공판이라고 해서 세금 내고 그랬잖아요. 벼 같은 것을 공판에다 세금을 냈는데 저수지가 생기고 나서부터 몇 년 동안 물세라고, 물세를 가마니에다 냈어요. 옛날에는 몇 섬씩 섬으로 내다가 나중에는 가마니로 냈어요. 제 어렸을 적에도 가마니를 무척 많이 짰어요. 우리 어머니도 많이 짰지만 저도 가마니 짜기 도사였어요. 우리 집은 그전에 7천 평 정도 농사를 지었어요. 그러다 보니 공판을 가마니로 꽤 많이 냈어요. 수세로 한 10가마 정도 낸 거 같아요. 가마니에다 벼를 넣어 묶어서 수세를 냈죠.

여기는 농사를 많이 짓잖아요. 그래서 왕겨도 무척 많이 나왔어요. 그전에는 전부다 탈곡기로 벼를 털었어요. 벼농사를 지으니까 왕겨가 많이 나오잖아요. 그러니까 방앗간에서 막 퍼 와서 집집마다 쌓았다가 아궁이에 왕겨를 집어 놓고 풍구를 돌려서 왕겨로 밥도 하고 물도 가마솥에 데우고 그랬어요. 그전에는 산에서 나무하다가 때서 산에 나무가 없고 그러니까 왕겨 가져다가 땠어요. 그 후에 연탄 아궁지로 했다가 그것도 없어지고 보일러로 갔죠. 지금이야 형편이 좋아졌죠. 교동에 저수지 생기면서 경제적으로 나아지니까는 많이 달라졌어요. 교동에 살고 있는 사람들을 보면 인천이나 서울에 집이 다들 있어요. 아들들이 출가해서 공부도 하고 결혼해서 살고 하니까 집을 얻은 거죠. 그만큼 경제적으로 나아졌어요. 섬이다 보니 교육열이 높았어요. 자식들만은 교육을 시키려고 했지요. 그런 것이 옛날보다 나아진 거죠.

9. 곱샘이놀이, 후엉잽이, 아홉동과 교동떡

교동도라고 해서 특별한 것이 있는 게 뭐냐면 우선 말씨부터가 달라요. 교동도 말씨는 강화도하고도 달라요. 강화는 "그라시까" 하는데 교동도는 "그리시교"라고 해요. 어떻게 보면 반말 같은 느낌이 나잖아요. 여기 교동은 6.25전에는 연안, 그러니까 연백군에 속한 곳이었어요. 뭐든 여기서 흉년이 들면은 연안 그쪽에 가서 일해서 먹고 살고, 생활권이 같았어요. 그런 영향 때문인지 교동도의 말씨가 이북 말씨와 비슷해요.

예전에 금강산 여행을 갔던 적이 있었는데, 그곳에 안내하는 아가씨가 "아, 선생님은 이북말씨와 비슷해요"라고 그러더라구요. 우리는 그런 것을 못 느꼈는데, 아가씨가 그러더라구요. 그래서 얼른 생각해보니 아마도 연백 영향을 많이 받아서 그런가 보다 생각했지요. 옛날부터 연백 이북의 영향을 받아서인지 말투가 조금 거칠었어요. "진지 잡수시교" 하면 식사하라는 거죠. "하시교", "그리시교"라고 하는데, 여기가 교동이라고 해서 말 끝에 '교'자를 붙이나 그렇게 생각했어요.(웃음) 처음 들으면 반말처럼 들려요. 오해하기도 하죠. "진지드시교"라고 하죠. 그것 이북말씨예요.

앞에서도 말씀드렸듯이 교동도는 주로 농사를 많이 지으니까 농사와 관련한 문화가 많고 연백이 가까워서 이북 문화의 영향을 받아서인지 강화도와 비교하자면 여러모로 많이 달라요. 어렸을 적에는 농생기라고 있었어요. 요즘으로 말하면 농악이죠. 추석이나 정월이면 농생기를 했어요. 집집마다 돌아다니면서 농악을 했죠. 그러면 한 상 차려주고는 했어요. '곱샘이'[24]라고 곱샘이놀이도 재미있었어요. 옛날에는 지붕을 주로 초가로 올렸잖아요. 초가집 지붕에 얹는 곱샘이를 몇 사람들이 뒤집어쓰고 용龍 모양으로 하고는 춤을 추고는 했어요. 산치성山致誠도 지냈어요. 산에 치성을 드리는 것인데, 이틀에서 사일 동안 지냈어요. 각 마을마다 산치성을 지낼 때는 돼지를 잡고 그랬죠. 고구리에 있는 궁당산, 구산龜山 등지에서 했어요. 지금은 산치성을 드리던 어른들이 다들 돌아가셔서 하지 않죠. 6, 70년대까지 산치성을 지내다 80년대 들어와서 그런 문화들이 다 사라졌어요.

그리고 교동에 문화랄 것이 별로 없지만은 놀이로는 정월에는 치기를 많이 했어요.

---

24 '용마름'의 뜻. 교동에서는 용마름을 '곱새'라 한다. 초가의 지붕마루에 덮는 'ㅅ'자형으로 엮은 이엉.

제기차기죠. 보름에는 나물도 해서 먹고, '아홉동'이라고 보름날에 놀았어요. 아홉 동의 나무 단을 해서 아홉 집을 가서 나무 동을 내려놓고 나물밥을 얻어먹었죠. 단오 때에는 그네를 그렇게 많이들 뛰었어요. 동네에 큰 나무가 있잖아요. 큰 나무에 새끼로 꼬아 동아줄을 만들어 그네를 뛰고 그랬어요. 이 양반(처)도 시집올 때 그네를 잘 뛰었어요. 이제 그런 풍속은 다 없어졌어요.

황정자 '아홉동'은 정월 풍습이에요. 교동에는 옛날부터 어른들이 보름날에는 "너 아랫집에서 밥 먹고 나무해드려라"라고 그랬어요. 남의 집에서 밥을 얻어먹으면 "나무를 아홉 동을 해야 한다"라고 했어요. 그 때는 집집마다 나무를 땠거든요. 음식을 얻어먹으면 나무를 한 동 해서 주라고 했어요. 나무가 없을 때에는 할 수 없이 풀 베어서 동으로 만들어서 아버지와 남편은 지게로 지고 오고 아내들은 머리에 이고 내려와서 아홉 집에 나무를 해서 갖다주고는 하루에 아홉 번 먹고 아홉 동 했어요.(웃음)

추석 때에는 떡을 손바닥만하게 만들어서 집집마다 다니며 바꿔 먹었어요. 교동은 뭐든지 커요. 송편도 손바닥만하고. 송편 소는 통팥을 넣었어요. 굵은 팥을 넣죠. 통째로 송편에 넣어서 송편을 빚었어요. 찹쌀떡도 손바닥만하고 시루떡도 커요. 정월에는 만두, 떡국에다 만두 넣어서 먹었는데 여기 교동도 만두는 크니까 한 그릇에 만두 하나를 넣었어요. 두 개 넣으면 그릇이 꽉 차니까.(웃음) 녹두나물, 금치(김치) 먹고 그랬죠. 찰떡 시루떡도 크게, 찰떡은 주먹만하게 만들고, 떡, 팥도 통팥으로 넣어서 큼지막하게 만들고, 잔치하면 여기 교동에서는 크게 떡을 하잖아요 크게 해서 동네사람들 결혼할 때도 떡을 보면 커요. 지금은 기계로 하지만 손으로 만든 떡이 굉장히 커요. 그전에는 인절미를 해가지고는 큰 상에다가 놓고 둥그렇게 해서 종발로 모양을 세 개를 찍어서 그렇게 해서 큰 자루에다 넣고 그랬어요. 풍습이 모든 게 다 풍성하게 했어요. 결혼할 때도 신랑 쪽에서 딸 주었다고 떡을 해서 그렇게 보냈어요. 나누어 먹으라고. 신부 집에서 신랑 집으로 보내는 것도 그랬어요. 품앗이라고, 여기서는 떡 품을 많이 했어요. 그리고 결혼할 때 신부를 가마로 데리고 신랑 집으로 가는 것을 '후엉잽이'[25]라고 해요. 신부가 신랑 집에 가기 위해 떡과 함께 집안에서 어른 되는 분을 대동하고 가던 풍습이었어요.

---

25 '함잡이'의 뜻.

또 그전에는 먼 길 가게 되면 버선이 닳고 그런다고 버선에 덧대기를 하는 풍습도 있었고, 결혼하게 되면 그전에는 버선을 만들어가고는 시댁식구들한테 주고 많이 그랬어요. 그런 풍습은 이제 다 없어졌지요.

임신했을 때에는 물건을 반듯반듯하게 해서 시어머니가 해주는 대로 먹고 다른 것을 먹지 않았어요. 며느리들한테 뭐든지 반듯반듯하게 해서 먹고 아무거나 먹지 말고 말도 듣지 말라고 가르쳐 주고 그랬어요.

10. 할머니를 살린 교동 효자 이야기

황정자 우리 할머니가 옛날이야기를 많이 했어요. 효자 이야기인데 옛날 할머니가 들려주던 얘기인데 옛날 옛날에 다섯 식구가 살았어요. 어머니, 아버지, 아들 며느리, 아들 하나 손자죠 다섯이 살았는데 살다가 할아버지는 먼저 가시고 할머니하고 네 식구 사는데 할머니도 병이 나서 약을 써도 안 낫고, 그래서 옛날에도 한을 풀어서 병을 고치는 풍습이 있었나 봐요. 그런데 어느 날 며느리가 물을 길러 가는데 지나가는 사람이 "아, 새댁은 시어머니가 아픈 거 같아요"라고 그러니까, "네, 그래요, 그러면 어떻게 해야 어머니를 살리시까"라고 그러니까 사람을 먹어야 산다는 거예요. 그래서 "네 알았습니다." 솥에다 물을 한 솥 해놓고, 아이야 또 낳으면 되지, 아들을 또 낳으면 되니까 하고는 생각했더랬어요. 옛날에는 학교가 없어서 서당이라고 했어요. 서당에서 공부하는 아들을 데리러 갔어요. 데리러 가는데 서당 저쪽에서 아들이 와서 "야 너 데리러 가는 것 어떻게 알아서 왔느냐" 하니까, "배가 아파서요." "얼씨구나" 하고는 "잘됐다, 그렇잖아도 너 부르러 가려고 그랬는데 잘 나왔다"하고는 어머니가 아이를 업고서는 집으로 와가지고 "야, 할머니 살려야지" 그리고는 옷을 벗겨가지고 물을 솥에서 데웠어요. 아이를 솥에 넣고 불을 때고서는 그 물을 어머니를 떠다가 주었는데, 막 잡수구 끝났는데, 아들이 "어머니 학교에 다녀왔어요" 그러는 거예요.(웃음) 그래서 어머니가 "야, 너 웬일이냐, 너 업으러 갔는데, 너 어떻게 됐느냐"하고 묻다가, 아차, 하고 솥을 열어보니 인삼이었대요. 옛날에는 인삼을 캐지를 않아서 인삼이 효자로 변해 나타났대요. 그래서 인삼물을 먹어야 낫는다는 그런 이야기가 전해지고 있어요. 지나간 사람 이야기를 들어서 그렇구

나하고는, 어머니가 생각하기를 효자에게는 이런 일이 벌어지는구나 했죠. 아들도 살고 온 식구가 다 살고 어머니도 건강해서 일도 잘하고 그랬대요.

효자이야기죠. 교동에 보면 화개산 위 약수터 위쪽에 효자묘[26]라는 것이 있어요. 그런 것도 특이한 것이죠. 효자묘는 부모가 죽으니 자식이 매일같이 거기에 절을 한 흔적이 있다고 전해오고 있어요. 지금도 거기에 올라간 사람들이 한 번씩 그렇게 해보는 거예요. 그래서 효자묘라는 것이 화개산 위에 있어요. 옛날에 교동에 효자가 많이 태어났대요. (웃음)

11. 섬이면서도 농사가 자랑인 섬

교동이라는 곳이 알고 보면 역사적이지만 교동도는 바다와 크게 관련된 일이 없어요. 이곳 교동도는 말이 섬이지 섬 노릇을 못해요. 간첩이 들어온다고 죄다 사방에 철책을 쳐 놓아서 해변에 접근을 하지 못했어요. 6.25 이전만 하더라도 바닷가에 나가 굴 쪼고, 조개 잡고 그랬어요. 여기 교동도는 바지락도 작아요. 그런데 어느 날 간첩신고를 군부대에 안 하고 면사무소에 했다고 난리가 났어요. 징계 받고 그러니까 군부대에서 해안가에 철책을 치고 접근을 못하게 했죠. 그 후로는 바닷가에 들어가지지 못했어요. 겨우 여객선이 닿는 월선포 선착장 빼놓고는 사방에 철책이 둘러쳐져 있어 바닷가에 접근을 할 수 없으니 섬이라고 할 수 없죠. 다른 사람이 섬하면 뭐 바다에서 나는 것이 있고 회도 먹고 그렇게 생각하는데, 여기는 섬이지만 농업을 주로 했어요.

농사를 짓다보니 뭐 별거 없어요, 하지만 앞에서도 말했지만 교동은 떡도 달라요. 이북영향을 받아서인지 떡도 손바닥 만해요. 송편도 찰떡도, 만두도 커요. 손바닥만해요. 왕만두라고. 떡이나 만두가 이북이 크다하더라구요. 근래에는 작아졌지만 그전에는 컸어요. 뭐 이런 것을 교동만의 관광 상품으로 개발할 수 있을지 모르겠어요.

교동은 관광도 없었어요. 배 타고 가끔 오는 분들이 있지만 거의 없었어요. 이제는 다리 놔서 많이 오지 그전에는 사람도 많이 오지 않았어요. 교동도가 근래에 매스컴을

---

26 교동도 화개산에 예부터 전해오는 효자무덤을 지칭. 매일같이 성묘하던 손자국, 무릎자국, 갓자국이 뚜렷이 남아있다고 전해온다.

탔지만 역사적으로 뭐 제대로 되어 있는 것이 없는 것 같아요. 아쉽죠. 교동에서 그런 것이 복원되고, 교동읍성喬桐邑城[27] 등도 복원되었으면 좋겠어요. 그게 어렵더라구요. 복원이. 민원도 넣었지만 제대로 안 되더라구요.

　교동은 청정지역이에요. 농촌지도자로 있으면서 읍내리에 옥수수 단지를 만들었어요. 지금도 옥수수가 무척 많이 나요. 애초에는 읍내리에 시작해서 지금은 거의 다 옥수수를 재배해요. 그리고 또 여기가 쌀을 대외적으로 알릴 수 있도록 고시히까리[28]라고 본래 품종은 일본에서 왔는데, 지금은 교동쌀하면 고시히까리라고 해요. 김포나 강화보다도 쌀값을 더 받아요. 교동쌀이. 파는 것은 걱정을 하지 않았어요. 농협에서 계약재배를 해요. 농협과 계약을 하면 농협에서 가을에 수매대금을 주죠. 그런데 요즘은 4~5천 평 하는데 전량 농협에서 수매해요. 일 년에 농사로 벌어들이는 돈이 천삼백만 원 밖에 안 되더라구요. 일괄로 수매해서 몇 가마 나오는지 몰라요. 바로 들에서 기계로 해서 차에다 실어서 농협에서 얼마 나왔다고 하면 그만이죠. 우리는 모르죠. 4, 5천 평하는데 천 삼백만원 정도 밖에 안 나와요. 그냥 돈으로 받죠.

　지금은 그래도 옥수수 같은 것이 많이 나오고 그러니까 밭작물로 고구마가 많고, 여기가 밭 면적이 적어요. 논은 많은데 밭은 없어요. 고구마, 옥수수, 요 근자에는 벼농사가 수지가 맞지 않으니 하우스도 지원받아 거기에다 고추도 심고 그 외에 작목이 단순해요. 밭작물로 소득을 그나마 높여요. 벼농사만으로 한계가 있어요.

황정자 교동도는 농사가 자랑이고 콩, 옥수수, 조, 수수가 조금씩 나오고 팥, 녹두, 팥과 비슷하게 생긴 동구가 잘 돼요. 어렸을 적 불렀던 노래가 기억 나네요. "새야새야 녹두밭에 앉지마라 새야새야 녹두밭에 앉지 마라"했죠. 어렸을 적 배웠어요, 할머니한테, 그런 기억이 새삼 떠오르네요.(웃음)

27　교동도 읍내리에 있는 삼도수군통어영이 있었던 자리를 일컫는다.
28　고시히까리(コシヒカリ) : 쌀 품종의 하나로, 일본이 원산지이다. 쌀알이 맑고 투명해 일본에서 인기있는 쌀 품종이다. 교동도에서 생산하는 쌀의 품종을 일컫는다.

12. 훼손된 문화재의 복원을 기대하며

교동읍성[29]도 그래요. 역사적인 문헌을 통해서 복원이 되면 얼마나 좋겠어요. 삼도수군통어영이 있었던 역사적인 곳인데, 흔적이 남아 있는 것이 없어요. 사람들이 볼만하게 정비도 하고 그러면 후손들에게 교육적인 측면도 있을 텐데 전혀 그런 것이 없으니까 그게 문제죠. 어렸을 적에도 읍성이나 성벽이 많이 남아 있지 않았어요. 일제 강점기 때 없어졌다고 봐야죠. 돌이 어디에서 났겠어요. 교동에 돌이 없으니 성벽을 뜯어다 썼지요. 문화재 지정이 안 되고 그러니 보존도 안 되고, 아마 비석도 모아 놓지 않았으면 다 여기저기 뿔뿔이 없어졌을 거예요. 어렸을 적에는 비석들이 읍내리 성 쪽에도 있었지만 남산포 나가는 곳에도 비석이 꽤 있었어요. 제일 아쉬운 것은 남아있는 성벽조차도 보존이 안 된 거예요.

연산군 적거지謫居地 문제로 교동도 사람끼리 생각이 달라요. "읍내리다" "봉소리다" 하고 다투고 있어요. 영산靈山이라고 그곳이 연산군 적거지라고 해서 비석도 세우고 했어요. 그곳이 원래는 사유지가 아니고 국유지라서 세운 탓도 있죠. 고증이 제대로 되지 않아서 그런 문제가 발생되기도 해요. 외지 사람들은 교동도를 '시간이 멈춘 곳', '공존하는 곳'이라고 하더군요. 하지만 뭐 하나 제대로 된 것이 없어요. 교동읍성만 하더라도 복원이 제대로 이루어지지 않았어요. 교동 최초의 교회 터가 교동읍성 안에 있었다는 말도 있지만 지금까지 확인하지 못하고 있어요. 읍성 계단이나 기단들이 모두 뜯겨져 나갔어요. 남문南門 홍예虹霓가 겨우 남아 있어요. 그나마 읍내리에 비석거리를 만들어서 비석을 모아두었는데, 예전에 비석들을 개울을 건너는 다리로 쓰거나 그랬어요. 그나마 읍내리에 방치되었던 비석들을 모아서 비석거리를 만들었죠.

여기 교동은 역사적으로 왕들이 귀양 오던 곳이라 흔적이 많아요. 그런 곳이 복원되었으면 좋지 않겠느냐는 소리들이 있지만 아직 추진이 되고 있지 않아요. 외지에서 관광객들이 오게 되면 볼 것이 있어야 하고, 역사적인 설명도 제대로 하고 그랬으면 좋겠는데, 어디 제대로 된 것이 없어요. 교동읍성도 많이 쇠락했어요. 어렸을 적에는 꽤 긴 것으로

---

29 교동읍성은 원래 화개산 북록의 고구리에 있었던 것으로 1629년(인조 7) 경기수영을 교동으로 옮기고 교동현을 도호부로 승격시켜 경기수사가 교동부사를 겸하게 하면서 지금의 읍내리 위치로 이설되었다.
인하대학교 한국학연구소 편, 『교동향교지』, 교동향교, 2012, 535쪽.

생각하고 컸어요. 지금도 계단이 있고, 그 위로 삼도수군자리 터가 남아있고 우물도 있는데, 이 역시 "연산군이 먹던 물이냐, 철종이 먹던 물이냐"하는 설이 많아요. 기독교 쪽에서는 개신교 권신일權信—이라는 선교사가 읍내리에 와서 팠다는 애기도 있고 아무튼 여러 설이 있는데, 자세한 것은 모르고 아직 제대로 연구가 되어 있지 않아 설만 있죠. 확실한 것은 읍성이 터가 꽤 길었고 지금은 다 퇴락되었어요. 앞으로 그런 것이 보존했으면 하는 그런 바람이 있어요. 그 앞에 들어가면 성문이 있는데 옛날에는 뭐가 있다고 그랬는데… 그것만 달랑 있어요. 교동에 대한 역사적 가치가 많이 훼손된 느낌이 들어요.

지금은 다 없어졌지만, 제가 고등공민학교 다닐 때만해도 교동에서 제일가는 김석홍[30]이라는 부자가 있었어요. 교동 전체에 땅을 많이 가지고 있어서 교동에서 김석홍 땅을 밟지 않고 다니는 사람이 없을 정도였어요. 처음에는 향교에서 고등공민학교가 시작되어 그곳에서 1년 정도 공부하다가 김석홍 집 자리로 옮겼어요. 그 집이 교동중학교가 되었죠. 저도 향교에서 공부하고 김석홍 집에서 약간 당기다가 인천으로 갔어요. 지금은 학교가 없어지고 기와집 하나 있는데 벽 같은 것을 손질해서 옛날 모습은 사라졌어요.

읍내리 성이 훼손된 것은, 집을 지으면서 집에 들어가는 개울 같은 곳이 있잖아요, 거기에 옛날 비석 깔고 다니고 그래서 다 없어졌죠. 그전에는 비석이 여기저기 있었어요. 그런 것들이 사방에 흩어져 있었어요. 읍내리에 가면 비석거리가 있는데 그것을 그곳에 모아놓은 것은 얼마 안 돼요. 그나마 모아놓아서 있는 거예요. 그게 읍내리 이장이었던 김준호 그 분이 한 곳에 모아 놓았어요. 그전부터 읍내리에 있었던 읍성 치적비, 공덕비 등을 다 모아서 놓았죠. 그나마 다행이죠. 교동이 제대로 살아나려면 문화재 복원도 시간을 가지고 차분하게 해야 할 거예요. 그래야만 후손들에게 제대로 된 교동문화를 물려주겠죠.

---

[30] 교동의 대지주로 소유한 토지가 교동도의 '삼분지 일'이 될 정도로 많았다. 김석홍의 토지는 광복 직후 교동의 농지 개혁 과정에서 토지분배의 대상이 되었다.
김귀옥, 「지역의 한국전쟁 경험과 지역사회의 변화: 강화도 교동 섬 주민의 한국전쟁 기억을 중심으로」, 『경제와사회』 71, 한국산업사학회, 57~58쪽.

연보

1940년(1세) 음력 12월 10일, 경기도 강화군 교동면 고구리에서 부친 전영봉과 모친 한소담의 3남 1녀 중 장남으로 태어남.

1940년(1세) 부인 황정자 씨가 경기도 강화군 교동면 난정리에서 4남 2녀 중 막내로 태어남.

1947년(8세) 교동보통학교 입학.

1950, 51년(11, 12세) 마마와 홍역으로 남동생과 여동생이 사망.

1952년(13세) 교동국민학교 졸업하고 교동 고등공민학교 1년을 다니다 인천으로 유학.

1954년(15세) 인천사범병설중학교 입학.

1957년(18세) 인천기계공고 전기과 입학.

1959년(20세) 인천기계공고 전기과 졸업하고 대성목재 발전실에서 2년간 근무한 후 교동도로 낙향.

1961년(22세) 교동도로 낙향해서 부인 황정자와 결혼하고 아버지와 함께 농사일을 함.

1968년(29세) 공무원 시험에 합격하여 교동도 면사무소 산업계에서 근무.

1971년(31세) 농촌지도사 공무원 시험에 합격하여 강화군농촌지도소 교동지소로 발령하여 근무함.

1996년(57세) 농촌진흥청에서 헌신봉사상을 받음.

1999년(60세) 강화군기술센터 교동농민상담소 소장으로 30년 근속 정년퇴임.

1999년(60세) 대한민국 근정포장 수상.

2001년(62세) 옛날 집을 허물고 그 자리에 현재의 양옥집으로 신축함.

2011년(72세) 결혼 50주년 금혼식을 함.

2012년(73세) 교동중앙감리교회에서 32년간 장로로 봉직하다 은퇴.

2015년(76세) 현재 교동농협에서 농민상담역을 하고 있으며, 교동도 대룡리에서 부인 황정자와 함께 농사를 지으며 살고 있음.

참고문헌

강화사편찬위원회, 『강화사』, 강화문화원, 1976.

인천광역시 문화예술과, 『인천의 지명유래』, 인천광역시, 1998.

인하대학교 한국학연구소 편, 『교동향교지』, 교동향교, 2012.

진실・화해를위한과거사정리위원회, 『2009년 상반기 조사보고서』 3, 진실・화해를위한과거사정리위원회, 2009.

한규열, 『교동사』, 교동문화연구원, 1995.

황인병, 『교동향토지』, 재인교동면민회, 1995.

교동도 기행

김현석
시민과대안연구소 연구원

1. 갈매기가 사라진 포구

화개사 계단 옆에 작은 돌 두 개를 쌓았다. 아쉬움을 달래기 위한 조촐한 의식이라고 생각했건만 계단 밑에서 바라보니 오히려 담담하다. 교동은 많이 변했다. 교동 여행의 출발지는 항상 월선포였다. 강화도 창후리에서 카페리를 타고 건너온 여행객들은 녹색 지붕이 선명한 교동교회 옆을 지나 읍내리를 향해 나 있는 굽은 길을 따라 들어갔다. 대개는 대룡리에서 일단 멈추고 숨을 돌리지만 대어의 꿈을 안고 온 낚시꾼들은 한적한 도로를 더 지나 저수지 옆 고구리에 짐을 풀었다.

지금은 섬에 닿기 위해 배에 오르지 않는다. 해병대가 지키는 검문소에서 배표 대신 작은 임시출입증을 받은 후 왕복 2차선 도로를 타고 곧장 고구리로 들어간다. 해병대 부대마크가 선명하게 찍힌 임시출입증 또한 옅은 녹색이다. 배가 다닐 때는 물때를 기다려 짧은 뱃길에 맞추려고 창후리로 가는 발길을 재촉했는데 이제는 '일출 전 30분~일몰 후 30분'이라고 적힌 출입시간이 교동대교를 건너는 여행객들의 마음을 바쁘게 한다.

월선포는 바다 위에 떠 있는 달이 아름답다고 알려진 포구다. 그래서 이름도 '월선月船'이다. 물 위에 비친다는 노송老松은 '월선月仙'이라는 별명도 붙여줬다. 어찌 보면 월선포는 제 이름에 맞는 조용한 포구로 되돌아 왔는지 모른다. 북적이는 포구보다 적막 속에서 낙조를 기다리는 풍경이 달과 노송의 이야기를 품고 있는 나루터에는 걸맞다.

사람들이 사라지자 월선포에서 갈매기도 자취를 감췄다. 줄을 서 기다리던 난간 옆에는 고양이 두 마리만 한가로이 누워 바람을 피한다. 장사가 될까 싶어도 포구 앞 휴게소는 어두워질 때까지 불을 밝히고 있다. 주인아주머니는 '지금은 배가 들어오지 않는다'는 말을 마실가서 수다떨 듯 큰 소리로 들려준다. 배가 끊긴 포구여도 매점 여주인의 목소리는 여전히 활기차다. 바로 옆 대합실의 문은 항상 그랬던 것처럼 자물쇠가 굳게 잠겨 있다.

새벽 어스름한 시간에 월선포에 나가봤다. 횟집 하나 없는 포구에 사람들이 찾아올까 의문이었지만 해가 뜨기 시작하자 할머니 한 분이 홀로 좌판을 펼치기 시작한다. 손님이 있느냐고 물으니 낚시 하러 오는 사람들과 등산객들이 가끔 온단다. 각종 먹거리가 쭉 나열된 좌판 위에 썰어 놓은 흰 가래떡도 한 봉지 자리를 차지했다. 연초에 고향을 찾아온 아이들이 갖고 가지 않아서 내다 파는 거란다. 커피 한 잔을 얻어 마시며 좌판 옆에 서서 바다를 한동안 쳐다봤다. 할머니 말처럼 가끔씩 배낭을 맨 사람들이 포구를 찾아온다. 배낭객들은 한결같이 안내판을 한 번 들여다보고 길을 떠난다. 포구 한 쪽에 동그마니 서 있는 안내판에는 '다을새길', '머르메 가는 길'이라는 이름의 강화나들길 코스가 그려져 있다. 땅이름이 예쁘다.

다을새는 교동의 옛 명칭이고, 머르메는 동산리에 있는 자연부락 이름이라고 한다. 다을새길은 월선포선착장에서 출발하게 돼 있다. 교동향교, 화개사, 화개산 정상, 대룡시장, 남산포, 교동읍성, 동진포를 거쳐 다시 월선포선착장으로 돌아오도록 코스가 짜였다. 대룡시장이 코스 안에 들어간 건 1960~1970년대 시골 시장의 모습을 그대로 간직한 곳으로 TV에 소개되며 유명세를 탔기 때문일 거다. '머르메 가는 길'은 대룡시장에서 시작한다. 정작 대룡시장은 상권을 잃은 도심지 구시장들과 별반 다르지 않다. 육지에서는 퇴락한 시장으로 외면을 당하는데 섬에 있으니 관광지가 됐다.

예전과 달라진 게 또 하나 있다. 배를 타고 시작했던 교동 답사길은 교동향교와 처음 마주쳤지만 교동대교를 넘어 오는 답사길에서 만나는 이정표는 'UN 8240 을지타이거여단 충혼비'다. 여기에는 울팩 제2부대 출신들이 세운 전적비가 묘역과 함께 조성되어 있다. 한국전쟁 당시 황해도 연백지역에서 활동하던 민간인 유격대들은 인근 섬들로 철수해 활동을 벌였다. 1951년 3월 이들이 모여 을지 제2병단이 창설된 후 동키 제5부대, 타이거여단을 거쳐 재편된 부대가 울팩 제2부대다. 교동에 부대 본부가 있었다.

향교와 읍성, 연산군유배지 등의 이야기 속으로 들어가던 여행객들은 이제 전쟁의 흔적이 서려 있는 섬의 슬픈 현대사와 함께 교동 여행을 시작한다.

2. 화개사 소나무에 걸린 석양

교동향교와 화개사로 가는 길은 '읍내리 비석군' 앞에서 서로 갈린다. 왼쪽의 가파른 길을 따라 오르면 화개사가 나오고 오른쪽으로 난 평평한 길로 들어서면 향교에 이른다. 두 장소를 연결하는 플랫폼인 '읍내리 비석군'은 조선시대 교동에서 근무했던 부사 등의 선정비를 모아 놓은 곳이다. 40여 개의 비석들이 줄을 맞춰 단정하게 서 있다.

교동향교는 우리나라에서 가장 오래된 향교라는 타이틀을 갖는다. 고려시대 원나라에서 들고 온 공자의 초상화를 이곳에 걸었다고 한다. 여느 고을에서 볼 수 있는 향교들과 크게 다른 모습은 아니다. 오히려 하마비에서 내려 외삼문까지 이어지는 고즈넉한 길이 향교에 고풍스러움을 더한다.

해 질 무렵 교동향교에 들렀다면 동재의 툇마루에 앉아보기를 권한다. 맞은편 지붕의 처마 밑으로 떨어지는 저녁 해의 마지막 모습이 일품이다. 요란스럽거나 화려하지 않고 소박하게 땅거미를 만든다. 떨어지는 석양을 따라가다 보면 화개사에 닿는다. 빛을 잃은 태양이 절 마당 한 쪽에 서 있는 소나무 가지에 걸렸다. 수령이 200년쯤 된 보호수다.

정확한 창건 연대를 알 수 없는 화개사 건물은 1960년대 불에 타 새로 지었다고 한다. 고려 때 목은 이색이 공부한 곳으로도 알려져 있다. 연륜을 얘기해 주듯 부도탑이 하나 외따로 떨어져 서 있다. 돌축대를 쌓아놓아서 부도탑의 안내문을 읽으려면 힘겹게 축대 위에 올라서야 하는데 막상 올라가 보니 부도에 대한 이야기는 없다. 언젠가 여기에 머물렀던 스님의 사리가 안치돼 있을 거다. 화개사에서 바라보는 바다의 모습도 교동 여행에서 손꼽을 만큼 아름다운 풍경을 자아낸다. 멀리 보이는 바다를 마주하며 치르는 다비식이 생을 마감하는 노승에 대한 마지막 축복일지도 모르겠다는 생각이 문득 스쳐 간다.

3. 세 개의 섬, 두 개의 저수지

교동을 하늘에서 바라보면 비슷한 규모의 저수지가 양쪽에 놓여 있다. 황해도 해성면 방향으로 왼쪽에 난정저수지가 자리를 잡았고, 오른쪽에 강화도를 바라보며 고구저수지가 숨은 듯 모습을 감추었다. 두 개의 저수지는 교동을 받치고 있는 큰 기둥과 같다. 교동의 대표적인 산으로는 읍내리의 화개산, 난정리의 수정산, 지석리의 율두산이 있다. 세 개의 산이 두 개의 저수지를 기준으로 삼아 삼각형 형태로 균형을 잡고 있다. 아주 오랜 옛날에는 이들 산들이 각각 하나의 섬들이었다고 하니 세 개의 섬이 만나 하나의 교동섬을 만든 셈이다. 그런 탓인지 산에서 산으로 이동을 하려면 고개를 넘지 않고 들판을 지나야 한다. 곧게 뻗은 길을 따라 한참을 가야만 또 다른 산의 경계로 들어설 수 있다.

교동의 들판은 교동 사람들을 먹여 살리는 생명의 원천이다. 교동이 다른 섬들과 다른 점은 주민들의 생업이 어업보다 농업에서 월등히 큰 비중을 차지해 왔다는 점이다. 축산을 하지 않아서 깨끗한 쌀을 얻는다는 자랑을 굳이 들먹이지 않더라도 교동쌀은 전국적으로 이름을 알렸다. 쌀과 함께 교동 사람들이 또 하나 내세우고 있는 게 사자발쑥이다. 강화도 특산물쯤으로 알고 있는 사자발쑥이 교동에서도 일부 재배되는 모양인데 은근히 두 섬 사이에 경쟁의식도 있는 모양이다. 음식점에서 쑥차를 한 잔 얻어먹고 강화도의 사자발쑥보다 교동 것이 얼마나 뛰어난지 꽤 긴 설명을 들어야 했으니 말이다. 아프리카에나 있을 법한 사자가 여기까지 와서 야들야들한 풀이 돼서 쑥향을 풍기고 있으니 문화라는 건 참 묘한 네트워크를 만든다.

버들강아지가 만발한 것 같은 철 지난 들판을 지나면 토성을 쌓아놓은 모습의 난정저수지를 볼 수 있다. 저수지를 만들면서 마을이 수몰될 수밖에 없었는지 '난정저수지 수몰헌정 기념비'가 웅장하게 서 있다. 주씨, 방씨, 황씨, 김씨, 고씨, 권씨, 인씨, 복씨, 최씨 등이 살던 난서마을 사람들을 위무하기 위한 비석이다. 난정저수지는 안에 들어가는 거 자체가 금지돼 있다. 얼음이 깔린 고구저수지 위에서 많은 사람들이 모여 낚시나 얼음지치기 등을 하던 풍경과는 많이 다른 모습이다. 난정저수지가 차갑고 세련된 이미지라면 고구저수지는 따뜻하고 투박한 인상을 풍긴다. 교동은 간척의 결과로 만들어진 섬이다. 두 개의 저수지가 서로 조화를 이루며 넓은 들판을 하염없이 지키고 있다.

4. 철조망과 포구

교동을 감싸고 있는 포구들 중에서 가장 많이 가본 곳을 하나만 꼽으라면 단연 남산포다. 한때 배가 닿고 떠났던 월선포일 거 같지만 월선포는 섬을 드나드는 일 외에 특별히 다시 찾아가는 나루터는 아니다. 이에 비해 남산포는 여행을 하다가도 문득 미심쩍은 생각이 들면 하루에도 두세 번씩 발길을 되돌리는 품을 아끼지 않았다. 나루터로 들어가는 길이 까다롭지 않기 때문이기도 하고 조선 인조 때 삼도수군통어영이 설치됐을 만큼 유서 있는 장소인 데다가 당시 배를 묶어 두었다는 계류석을 찾아보는 것도 심심찮은 과정인 탓이다.

나루터로 향하는 길을 따라가다 보면 한편에 다 무너져 내린 건물이 눈에 들어온다. 여기를 올 때마다 항상 궁금해 하던 곳이었다. 폐허가 된 상태로 상당히 오랜 시간을 버티고 있는 것도 신기한 일인데 도무지 무슨 용도의 건물이었는지 가늠하기가 쉽지 않았다. 이번에는 꼭 알아보리라 마음먹고 마을을 어슬렁거리며 돌아다니니 마침 대문 앞에서 시커먼 드럼통에 불을 때고 있는 주민 한 명을 만났다. 건물의 정체는 좀 실망스러웠다. '젊은나라사랑병역의무'라고 띄어쓰기 없이 또박또박 페인트로 써 놓은 명조체 글씨도 그렇거니와 다른 집들과 약간 동떨어져 서 있는 황량함에 무슨 큰 존재가 등장할지도 모른다는 기대를 약간은 하고 있었는데 새우젓 창고였단다. 조만간 헐어서 주차장을 만들지 모른다는 정보도 알려줬다.

드럼통 안에서 솟구치는 연기를 연신 피하며 대화를 나누던 아주머니는 무슨 중요한 유적을 소개하듯 근처 산 밑에 군인들이 사용하던 동굴이 있다는 얘기도 전해주고, 골목을 돌면 옛날에 쓰던 계류석도 하나 있다고 신나게 이야기해준다. 계류석은 처음 왔을 때도 찾기가 쉽지 않았다. 폐가처럼 보이는 집 벽에 찰싹 달라붙어 있어서 유심히 들여다보지 않으면 지나쳐버리기 쉽다. 배를 정박시키는 돌이 이 부근에 있었다면 앞에 보이는 논들은 수군의 배가 오가던 바다였다는 말이다. 상상하기가 쉽지는 않다. 지금은 해가 지면 두 명의 군인이 논길을 나란히 걸어 초소로 향한다. 총을 멘 검은 실루엣의 초병들이 어두운 바다를 배경삼아 들판을 가로질러가는 모습은 오히려 평화롭다. 군인들을 보기는 쉽지 않아도 옆을 지나가는 초병들과 마주치기는 쉬운 곳이 교동이다.

남산포에서 바라보는 상여바위의 낯선 풍경 또한 이곳을 다시 찾게 만드는 이유 중

하나다. 상여처럼 생겨서 그런 이름을 지어 달았다고 알려져 있을 뿐 정확한 유래를 말해주는 이는 거의 없다. 상여바위는 한국전쟁의 비극을 그대로 품고 있는 장소다. 부역자라는 이름으로 수많은 교동 주민들이 이곳에서 수장을 당했다. 동진포, 빈장포, 북진나루 등지에서도 1·4후퇴를 전후한 시기에 다수의 민간인 희생자가 발생했다. 한때 '평화의 섬'이라고 한껏 주목을 받기도 했지만 교동은 여전히 전쟁의 골이 깊이 패인 곳이고 아직 전쟁의 끝에서 벗어나지 않은 땅이다. 그걸 여실히 보여주는 게 섬을 가둬 놓고 있는 해안가의 철조망이다.

해안가에 붙어 있는 길을 따라 걷다 보면 촘촘히 서 있는 철조망과 어김없이 나란히 걸을 수 밖에 없게 된다. 가까이 다가가서 보니 '집중감시구역(월북예상지점)'이라는 안내 문이 드문드문 걸려 있다. 교동에 이와 같은 모양의 철책이 등장한 건 오래되지 않았다. 1997년 북한군 하사가 배가 전복되는 바람에 떠밀려 와 판문점을 통해 송환되고, 곧이어 북한 주민이 헤엄을 쳐서 교동의 해안 초소로 귀순해 오는 사건을 겪은 후에 나타난 풍경이라고 한다. 그 탓에 몇 개의 포구는 일반인의 접근이 차단됐다.

남산포와는 달리 죽산포는 다시 한 번 들르고 싶은 포구로 꼽을 만한 곳이다. 파도가 우는 소리를 이렇게 크게 들을 수도 있다는 걸 죽산포에서 알았다. 포구라고 부르기 민망할 만큼 작은 곳이지만 폐가들과 어울려 묘한 분위기를 연출한다. 교동의 포구들은 이제 나루터의 기능을 거의 상실했다. 황해도와 강화도로 넘나들던 뱃길이 막히고 사라 지면서 포구가 없는 섬으로 변해간다. 이제 그 역할을 지금도 공사가 계속되는 도로와 자동차들이 대신하고 있다.

5. 지석리 할머니

삼선리에 가기 위해 차를 몰고 외길로 난 길을 지나가고 있을 때였다. 저 멀리서 할머니 한 분이 손을 위아래로 크게 흔들며 차를 세웠다. 바람이 많이 불던 추운 오후였 다. 어디까지 가시냐고 물어보니 지석리에 집이 있으니 태워달라는 부탁을 한다. 손은 이미 차문을 열고 있었다. 자동차는 시속 50km 정도를 넘으면 차문이 자동으로 잠긴다. 문이 열리지 않자 할머니는 '에이'라는 탄식과 함께 못마땅한 듯 차 옆를 몇 번 때리고 뒤돌아섰다. 외지인들의 인심이 어디 가겠냐는 투다. 잠금장치를 풀고 조수석에 태워 드렸다.

할머니는 자리에 앉자마자 '추워서 눈이 다 나온다'는 말을 계속 하면서 벌써 몇 대의 차가 그냥 지나갔다고 하소연이다. 다리가 생긴 후로 차들이 눈에 띄게 많아졌다. 할머니의 옷차림은 꽤 남루했다. 읍내에서 약을 사서 지석리까지 걸어가던 중이었다고 한다. 처음에는 '눈이 나온다'는 말이 무슨 뜻인지 쉽게 알아채지 못했다. 찬바람에 눈물까지 찔끔 나온다는 의미였던 것 같다. 이후에도 할머니와의 대화는 다소 엇나가는 면이 있었다.

"저는 인천에서 왔는데 교동에서 쭉 사셨어요?"
"내도 인천에서 살다가 여 왔다"
"인천 어디 사셨는데요?"
"자갈치시장에 있었지"
"연세가 어떻게 되세요?"
"학교를 몬다니고 배운게 없어서 내는 모르고 우리 할아버지가 안다. 우리 아버지가 내를 공부 안시켰어"

반복된 대화를 거쳐 대충 퍼즐을 맞춰보니 어릴 때 시집을 가서 부산에 쭉 있다가 할아버지하고 두 분이 섬에 들어온 모양이다. 교동에 온 시기는 끝내 기억해 내지 못했다. 지석리 집 앞에 도착할 때까지 할머니와 얘기를 나누는 동안 섬이라는 데가 시간이나 공간을 의식하지 않아도 되는 곳은 아닐까 하는 생각이 들었다. 뭍의 시간과 섬의 시간은 분명 다를 거다. 바다가 둘러싸고 있는 섬에서 파도가 지나가는 모습을 항상 바라보며 살아가는 삶을 뭍사람들이 이해하는 게 쉽지는 않다. 인천에서 왔든 부산에서 왔든 할머니한테는 이미 쓸데없는 질문이었다.

해가 뉘엿뉘엿 떨어지고 있어서 그대로 숙소로 돌아갈까 고민하다가 근처에 구경할 곳이 없는지를 물었다. 근처에 망향대가 있단다. 그러면서 '데려다 줄까, 데려다 줄까' 하고 자꾸 묻는다. 괜찮다고 하니 집으로 향하다가도 다시 돌아와 '데려다 줄까'하고 묻는다. 구석진 동네까지 차를 타고 온 게 못내 미안한 모양이다. 어두워서 내일 가겠다고 말한 후 숙소로 돌아왔다.

교동에 오면 항상 묵는 숙소가 있다. 섬 안에서 가장 좋은 곳이라는 지인의 말을 듣고 교동에 처음 올 때부터 여기서만 잠을 잤다. 방으로 올라가면서 예전에 봤던 주인 아주머니의 모습이 보이지 않는다는 사실을 뒤늦게 깨달았다.

꽤 오래 전이었다. 아직 교동대교 공사를 시작하지 않을 때였다. 그날도 방에 짐을 풀고 여유가 좀 있어 카운터에 앉아 있는 아주머니와 이런저런 대화를 나눴다. 화제가 연륙교 문제로 넘어가자 아주머니는 어떤 교수 얘기를 꺼냈다.

"그 교수님 서울에 어떤 대학에 다닌다고 하는데 항상 여기서 묵고 가세요. 올 때마다 하는 얘기가 있어. 어디를 가도 교동만큼 아름다운 섬이 없다는 거야. 꼭 그 말을 하고 가세요."

대개 이런 말이었다. 교수의 교동 예찬은 섬을 보존해야 한다는 말로 끝을 맺고는 했다. 사람의 손을 타지 않기 위해서 연륙교가 놓이거나 개발을 하도록 내버려 두면 안 된다는 말이 어김없이 따라 붙었다고 한다. 그러면서 아주머니는 교동 주민들의 어려움을 토로했다.

"어쩌다 한 번씩 찾아오는 분들한테는 교동이 공기도 좋고 풍경도 좋지. 그분들한테는 그것만 보이지만 우리는 살고 죽는 문제에요. 밤에 아프기라도 하면 어떻게 할 수가 없어. 맹장이라도 터져봐, 헬기가 뜰 수도 있다고 하지만 그것도 날씨가 안 좋으면 그만인 거야. 애들 교육도 그렇고 보통 불편한 게 아니에요."

답사를 끝낸 후 얼마 후에 다시 교동을 찾았다. 먼저 화개사에 들렀다. 쌓아 놓은 돌이 내심 궁금했다. 누군가 내 돌 위에 세 개의 돌을 더 얹어 놓았다. 떨어지지 않게 정성을 들인 공력이 느껴졌다. 변해가는 교동에 대한 아쉬움을 버리기로 했다. 나는 외지인이다. 섬은 스스로 살아왔고, 살아갈 수 있을 거다. 섬을 위해 무엇을 해야겠다는 생각조차 교만일지 모른다. 가끔 잊지 않고 찾아와 보듬어 주면 그것으로 족하다. 섬이 고통받을 때 외면하지 않고 다가가 손을 잡아주면 된다. 그러면 되는 거다.

1	2
3	4

1 교동읍성   2 교동향교
3 연산군 적거지 앞 우물   4 무너진 교동읍성

교동도의 역사유적*

김현석
시민과대안연구소 연구원

1. 경원전慶源殿터

고려시대 왕이었던 희종이 유배되어 머물던 장소로 알려진 곳이다. 고구리 206·207번지 일대로 추정하고 있으나 구전으로만 전해진 곳이어서 확실하지는 않다. 희종은 1204년부터 1211년까지 재위하였으며 1237년 사망하였다. 무덤은 강화군 양도면 길정리에 위치한 석릉이다.

『고려사』에 따르면, 희종은 1207년 최충헌을 암살하려고 시도하였다가 실패하였으며 이로 인해 폐위당하여 강화도로 유배를 갔다고 한다. 1219년에는 교동에 있던 희종에게 사신을 보내 서울로 맞아오게 했다는 기록도 보인다. 후에 복위 음모를 꾀했다는 혐의를 받고 1227년 다시 강화도를 거쳐 교동으로 보내졌다.

『교동향토지』(1995)에는 이곳에 초석이 있으며 축대와 인근의 연못이 경원전과 관계가 있는 유적이라고 설명하고 있다.

경원전에 대해서 고려 말의 문장가인 이색이 남긴 시문이 『목은집』에 다음과 같이 전한다.

---

* 이 글은 다음의 자료들을 참고하여 작성하였다. 『교동향토지』(재인교동면민회, 1995), 『강화향토 유적 사료집』(강화문화원, 2002), 『교동향교지』(인하대학교 한국학연구소 편, 교동향교, 2012), 『문화유적분포지도 -인천광역시 강화군』(인천광역시·(재)불교중앙교원대한불교조계종 문화유산발굴조사단, 2003), 『강화교동 무학3지구 대구획 경지정리사업 문화유적 지표조사 보고서』(인천광역시립박물관·농업기반공사 강화지사, 2004), 『교동 대룡리유적』(인천광역시립박물관, 2004), 『강화 교동 2-1지구 대구획경지정리사업 문화유적 지표조사 보고서』(인천광역시리박물관·한국농촌공사 강화지사, 2007).

한낮에 조수 밀고 얇은 그늘 헤쳤는데

거룻배 푸른 강물에 한 번 띄웠네

경원전(慶源殿) 아래 바람은 순하게 부는데

화개산 앞 해는 지려하네

이미 시승이 오래 같이 노는 걸 기뻐했는데

하물며 어부 만난 것이 지음(知音)하는 듯함이랴

지금 눈병 난 걸 자주 후회하는구나

밤에 잔서(殘書)를 읽는데 달이 숲에 가득하네

2. 갈공사葛公寺터

고구리 232·233번지 일대로 추정되며 경원전터 바로 남쪽에 위치한다. 『교동군읍지』(1899)에는 목은 이색이 수양하던 절터로 화개산 북쪽에 있다고 소개하고 있으며 당시에 이미 절은 없어졌다고 하였다. 2000년대 초에 실시된 조사에서도 절터로 추정되는 곳은 경작지와 묘역으로 이용되고 있으며 절터의 흔적이 대부분 사라졌다고 보고하고 있다.

3. 고읍성古邑城

고구저수지 남동쪽에 위치한 읍성으로 읍내리에 있는 교동읍성보다 이른 시기의 것으로 추정되고 있다. 고구리 283-1번지 일대에 해당한다. 토성을 쌓은 흔적과 석축의 일부가 남아 있으며 성의 둘레는 약 1,171m로 측정되었다. 성 안에 연못과 관아터가 있었다고 하며 기와편과 자기편 등이 확인되기도 한다.

4. 고읍 형옥刑獄터

고읍성과 연관된 감옥터로 전하는 곳이다. 고구저수지 남쪽 끝에 위치하며 고구리 산 113번지에 해당한다. 본래 돌로 쌓은 담장이 있었으나 도로 공사 등을 진행할 때 돌을 빼가서 대부분 사라지고 흔적만 일부 남게 되었다고 한다.

5. 화개산 봉수대

조선시대 쌓은 봉수대로 고구리 233번지에 위치하며 강화군 향토유적 제29호다. 화개 산 서쪽 봉우리에 있으며 강화도의 덕산봉수와 하음산봉수 사이에서 연락을 취하는 역 할을 맡았다. 46명의 봉수군이 있었으며 지금은 가로 8m, 세로 6m 가량의 석단만 남아 있다.

6. 교동향교

읍내리 148번지에 위치하며 인천광역시 유형문화재 제28호다. 우리나라 향교 중에서 공자상을 처음 모신 곳으로 알려져 있다. 1286년, 고려 충렬왕 때 원나라에서 공자상을 갖고 돌아오는 길에 임시로 이곳에 봉안하였다고 전한다. 교동향교는 본래 화개산 북쪽 기슭에 있었다. 강화향교가 세워진 고려 인종 때 설치됐다고 보기도 하나 정확한 건립 연대는 알 수 없다. 1741년(영조 17) 교동부사 조호신이 현재의 위치로 옮겼다. 입구에 홍살문이 있고 '수령변장하마비守令邊將下馬碑'라고 새긴 하마비가 함께 서 있다. 건물은 대성전, 동무, 서무, 명륜당, 동재, 서재, 제기고가 있다.

교동향교 안에는 '노룡암老龍巖'이라고 부르는 작은 바위가 놓여 있다. 교동현 동헌 북쪽뜰 층계 아래에 있던 것인데 1987년 지금의 자리로 옮겨 놓았다고 한다. 1717년(숙 종 43) 이봉상이 '노룡암'이라는 세 글자를 새겨 놓았고, 이어 손자인 이달해가 1773년(영 조 49) 여기에 글을 지어 새겼으며 1820년(순조 20) 통어사 이규서가 '호거암장군이 풍기를 깨끗이 하였다'는 뜻의 '호거암장군쇄풍虎踞巖將軍灑風'이라는 글자를 새겨 놓았다.

7. 교동읍성

읍내리 577번지 일대에 쌓은 조선시대 교동부의 읍성으로 인천광역시 기념물 제23호다. 화개산 남쪽 바다에 면한 구릉지에 위치해 있다. 성벽의 대부분은 무너지거나 주변 밭이나 민간의 돌담으로 사용되면서 심하게 훼손돼 있다. 동문, 북문, 남문이 있었으며 성문 위에는 각각 문루를 두었다고 하나 지금은 남문의 홍예문만 남아 있다.

8. 연산군 적거지謫居址

연산군이 유배를 와 머물던 곳으로 강화군 향토유적 제28호다. 읍내리 270번지에 위치해 있다. 연산군은 중종반정으로 인해 1506년 교동에 유배되었다. 현재 교동에는 봉소리 신골, 고구리 연산골 등 연산군 유배지가 달리 전하기도 한다.

9. 화개산성

화개산에 있는 석성으로 읍내리 산 145번지 일대에 있다. 강화군 향토유적 제30호다. 내성과 외성의 2중 구조로 된 포곡식 산성이며 둘레는 약 2,168m다. 성벽은 대부분 무너져 있으며 본래 내부에 우물과 샘이 각각 하나씩 있었다고 한다. 1591년(선조 24) 교동현감이었던 이여양이 외성을 헐어 고읍성을 쌓고, 1677년(숙종 3)과 1737년(영조 13) 개축하였다고 한다. 언제 처음 쌓았는지는 알려진 바가 없으며 삼국시대 관미성으로 보기도 한다.

10. 삼도수군통어영지

읍내리 420-1번지 남산포 일대에 있던 삼도수군통어영 관련 유적이다. 지금은 당시의 모습을 거의 찾아볼 수 없으며 배를 묶던 계류석만 한 구석에 남아 있다. 수군들이 훈련장으로 사용하던 곳으로 추정되고 있다. 삼도수군통어영은 경기도, 충청도, 황해도의 수군을 관할하던 곳으로 1629년(인조 7)에 교동에 설치됐다.

11. 부근당扶芹堂

교동읍성 안에 있는 당집이다. 읍내리 255번지에 위치한다. 남녀 한쌍을 그려 넣은 탱화가 벽에 걸려 있는데 교동에 유배되어 죽은 연산군과 부인 신씨의 화상으로 전하고 있다. 매년 이곳에서 원혼을 달래는 굿을 벌이다가 명맥이 끊어졌으나 최근 '연산제'라는 명칭으로 다시 시행되기도 하였다.

12. 진망산 봉수대

남산 봉수대라고도 하며 읍내리 571-1번지에 위치한다. 산 정상에 있었으며 지금은 흔적을 찾기가 쉽지 않다. 교동 주변의 섬들과 연락을 주고받는 역할을 했을 것으로 추정하고 있다. 진망산에는 이외에도 산기슭에 독신각과 진망단이 있었다고 하는데 화개산의 냉정단과 화개단, 마재산의 마재단, 수정산의 수정단, 송가도 상주산에 있던 상주단과 함께 비를 오게 하는 영험함을 갖고 있다고 알려져 왔다. 진망산에는 한때 화약고도 설치돼 있었다.

13. 화개암華蓋庵터

읍내리 산 25번지에 위치한 절터로 지금은 화개사가 들어서 있다. 창건 연대는 정확하지 않으나 고려 말 목은 이색이 공부한 곳으로 전한다. 1967년 화재가 발생해 불상 및 서적들이 거의 모두 불에 타 사라졌으며 이후 지금의 법당 건물을 새로 지었다. 화개사 마당 한편에는 부도탑도 하나 서 있다. 『교동군읍지』(1899)에는 교동 내에 있던 절로 화개사 외에 화개산 북쪽의 갈공사, 화개산 남쪽의 안양사, 돌곶리에 있던 화양사 등이 함께 소개되어 있다.

14. 읍내리 비석군

읍내리 139번지에 있으며 교동향교와 화개사 방향으로 나뉘는 갈림길 위에 있다. 39기의 비석을 모아 놓은 곳으로 대부분이 교동부사를 지낸 이들의 선정비다.

15. 사신당使臣堂

남산포에 있는 산 중턱에 위치하며 읍내리 571-2번지에 해당한다. 조선시대 처음 건립했다고 알려져 있으나 지금의 건물은 한국전쟁 때 없어진 것을 1969년 다시 세운 것이다. 중국 사신이 교동도 앞을 지날 때 뱃길의 안전을 기원하며 제사를 지낸 곳이라고 전한다. 당집 안에는 임경업 장군으로 추정되는 신상이 모셔져 있으며 매년 이곳에서 대동굿을 지내왔다고 한다. 사신당 아래에는 배를 정박할 때 사용했다는 돌계단이 일부 남아 있다. 『교동군읍지』(1899)에는 '진망산鎭望山아래 큰 건물이 하나 있었는데 이름을 사신관이라고 불렀고, 옆에 신당神堂이 있어 사신당이라고 불렀다. 바닷가 바위 위에는 정釘으로 쪼아 만든 계단이 있어 '사신등선지로使臣登船之路'라는 이름을 붙였다'고 기록되어 있다.

16. 수정산 봉수대

수정산 정상 부근에 있던 봉수대다. 난정리 산 101번지 일대에 해당한다. 석축이 일부 남아 있으나 봉수대의 모습을 확인하기는 쉽지 않다.

17. 인사리 석불입상

인사리 687번지에 있다. 인현동 마을의 해안가에 접한 산 아랫녘에 위치하며 높이는 약 126cm다. 두 손을 앞으로 모은 형상으로 간략히 표현되어 있는 석불이다. 전면이 개방된 건물 안에 들어가 있다.

교동도 좌담회
교동도의 현재를 말한다

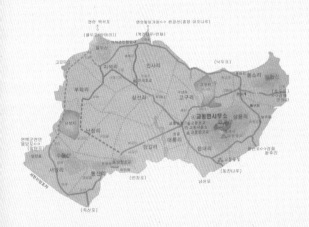

때 : 2014. 10. 9
곳 : 교동도 교동문화보존위원회 한기출 위원장 댁
참가자 : 구본선, 김현석, 이세기, 최인숙,
　　　　최중기, 한기출

1. 문화와 역사의 보고, 교동도

이세기(사회) 오늘 이 자리는 '인천섬연구모임'에서
'교동도의 현재를 말한다'는 주제로 긴급좌담 형식으
로 마련해 보았습니다. 교동도는 예로부터 '인후咽喉'
로 표현될 만큼 요충지이자 고려의 개성과 조선의 한
양으로 통하는 길목으로 한반도의 관문이기도 하죠.
고구려 때는 해상 교통의 요지로, 고려 때는 활발한
해상무역으로, 조선에 이르러서는 관방의 주요 요충
지이기도 했습니다. 최근 연륙교 가설로 인해 교동도
의 변화가 급격하게 진행되리라고 예측됩니다.

오늘 이 좌담에서 토론은 다음과 같이 진행하려고
합니다. 첫 번째는 '문화 역사의 보고인 교동'인데,
교동의 역사 문화의 현재적 의미에 대해서 개괄적으
로 언급을 하고요, 두 번째는, 저희들이 답사를 통해
서 상당한 문화재들이 방치되고 있는 걸 확인할 수
있었는데요, 그 문제에 대해서 논의를 해 나갈 거고
요, 세 번째로는 연륙교가 만들어지면서 새롭게 나타
난 변화상들이 있을 텐데, 교동도에 살고 있는 주민
들의 목소리도 직접 들어 봐야 할 것 같고, 연륙교가
가설된 이후 어떤 변화들이 있는지에 대해서 논의를
해 보려고 합니다. 네 번째로는 교동도가 역사적 중

요성에 비해서 굉장히 낙후된 원인이 어디에 있는지에 대해서, 그 점과 관련해서는 이곳이 접도구역이라는 데 따른 군사적 의미도 굉장히 큰 것 같아요. 그런 점에 대해서도 점검을 하고, 마지막으로 교동도의 미래적 가치에 대해서, 교동이 살아야 한반도, 서울과 개성이 부흥할 수도 있을 것 같은데, 교동의 활로랄까 대안을 모색하는 방향으로 좌담을 진행해 볼까 합니다. 이런 흐름이긴 합니다만 중간 중간 흐름에 따라서 새로운 문제제기나 질의들이 있을 수 있을 텐데, 이런 경우에는 그때그때 정리를 해 나가는 방향으로 하겠습니다.

먼저 본격적으로 좌담에 들어가기 전에 교동도에서 오랫동안 정착하시고 세거하시면서 교동도 연구에 매진하고 계시는 교동도 향토사학자이신 한기출 선생님부터 교동도의 문화·역사적 의미를 들어보는 것으로 이 좌담을 시작했으면 합니다.

한기출 교동에 대해서 관심을 가진 사람들이 사실 그간에 없었어요. 관심이 없으니까 환경적으로나 정치적으로도 소외된 지역으로 남아 있었죠. 교동은 굉장한 자부심을 갖고 있는 섬입니다. 교동의 역사는 숨어 있었죠. 교동을 삼국시대 고구려의 남침에 의해서 무너진 백제의 교두보, 관미성으로 보고 있거든요. 관미성에 교동이 묻혀 있다, 이것이 삼국시대의 시작이죠. 392년에 광개토대왕이 백제를 공략하기 위해 남하를 했잖습니까? 그 시대를 보면, 황해도 해주까지가 백제의 영토였습니다. 교동이 연백과 거의 붙어 있고, 대동여지도에도 나와 있죠? 여기서 '며녀'라고도 하고, 대동여지도에는 지명이 응암鷹巖으로 나와 있습니다. 그 응암과 삼산이 맞닿아 있었습니다. 『연경지사』에 보면 아주 경천동지驚天動地할 일이 벌어졌는데, 그때 대홍수 때문에 바다가 붙었다 떨어졌다 하는 일이 반복됩니다. 관미성이라고 하는 것이 실질적인 뜻을 찾아보면 빗장이거든요. 외양간에 소가 못 나오도록 빗장을 치지 않습니까? 이런 의미를 가지고 있는 성인데, 혹자는 관미성이라고 하기엔 교동이 너무 작다고 해서 다른 곳들을 거론하기도 합니다. 그러나 제가 여러 문헌들이나 이 지역 지형의 변화 같은 걸 살펴본 결과 교동은 틀림없이 관미성이라고 봅니다.

교동의 역사성은 지명에서도 나타납니다. 교동의 지명이 달을신達乙新, 달을참達乙斬이라고도 하죠. 고목근현高木根縣, 대운도戴雲島, 교동喬洞 이런 이름이 있거든요. 달을신은 백제의 이름입니다. 백제의 성으로서 존재했던 관미산성關彌山城이 달을신이 되겠죠. 저쪽 한강에서 서해 쪽으로 나오는 관문이 교동인데, 교동은 새을 자로 돌아나오는 곳이라는 뜻입니다. 그 다음에 고목근현은 고구려가 백제를 쳐서 교동이 함락된 뒤 475년 장수왕 63년에 이 이름으로 교동에 현을 설치했어요. 그 현청이 여기 고읍입니다.

관미성이라는 게 그럼 왜 없어졌을까를 생각해보면, 시대적 배경이 그랬습니다. 고구려가 백제를 침공할 때 관미성이 무너졌는데, 관미성이 고목근현으로 바뀌었단 말이에요. 관미성이라는 건 전쟁을 위한 성인데, 392년에 고구려 광개토대왕이 관미성을 무너뜨리고 이걸 교두보로 삼아서 인천을 점령했거든요. 그러니까 이 관미산성의 입지적인 필요성이 없어진 거죠. 그래서 이게 사장돼 버린 거죠.

그 다음에 대운도라는 이름도 있지 않습니까? 이건 이을 대戴 자에 구름 운雲 자를 써서 대운도거든요. 교동은 양경인후兩京咽喉라고 했거든요. 개성과 한양의 목구멍과 같은 곳이라는 거죠. 그때는 기선이 없잖아요, 전부 풍선이죠. 강화는 물살이 너무 세서 배가 접근을 못했어요. 그렇기 때문에 모든 물류 이동은 교동에서 정착해서 검열을 받았죠. 세관이나 마찬가지였어요. 그런 뒤에 고려 때는 개성으로, 조선 때는 한양으로 올라가는 겁니다. 그런 배들이나 외국 사신들이 들어오면서 보면 구름 위에 뜬 섬 같다고 해서 대운도라고 불렀던 겁니다. 그리고 주산인 화개산의 이름도 대운도라는 이름과 같이 붙인 겁니다. 그게 빛날 화華자에 뚜껑 개盖자를 쓰거든요. 솥뚜껑처럼 생겼다는 거죠. 마지막으로 교동이라는 이름은 757년 통일신라 경순왕 때 붙여진 이름이에요. 요컨대 교동은 많은 외세의 접근성에 의해서 이름이 붙여졌다는 겁니다.

그때 처음 교동이라는 이름을 얻었고, 그 뒤 조선시대인 1506년에 연산군이 유배됐거든요. 교동은 왕의 친족들이 유배되는 곳이었어요. 왕위를 노릴 수 있는 사람인 경우에 한양에서 멀지 않아 감시가 용이했던 거죠. 정확한 유배지가 기록에 남아 있지 않아서 이런 저런 추측이 많은데, 제가 연산군이 받은 형벌인 위리안치圍籬安置와 여러 자료들을 토대로 살펴보니 고목근현이 맞다고 봅니다.

이세기 교동도의 이름과 관련된 역사적 의미에 대해서 말씀해 주셨습니다. 그럼 교동도의 대표적인 문화재라고 하면 어떤 것들이 있을까요?

한기출 순서를 정할 수는 없지만 경기수영이 있고요, 삼도수군통어영이 있고요. 그건 사실 교동읍성과 같이 개발돼야 하는 그런 세 개의 통합된 문화재입니다. 그리고 관미산성이 있죠. 화개산성 말이에요. 그리고 연산군 위리안치지, 또 고목군현, 그리고 포구, 포구가 굉장히 중요합니다. 남산포, 동진나루, 빈장포, 죽산포 그리고 저쪽에 신망산,

또 봉수대, 그리고 경원전지가 희종의 전각이거든요. 뭐 수도 없죠. 셀 수도 없어요. 옛날 사람들의 시들이라든가 기행시죠. 그런 게 굉장히 많거든요. 특히 목은 이색 선생이 지은 여러 시가 있고요.

2. 방치된 문화 유물들

이세기 말씀해주신 것처럼 교동도 자체가 하나의 문화재라고 해도 지나치지 않을 만큼 곳곳에 문화재가 널려 있다시피 한데, 일전에 저희들이 인천섬연구모임에서 교동도 1차 답사(2012년 12월 8일~9일)를 할 때 놀랐던 게, 섬 곳곳의 많은 문화재들이 방치되고 있다는 느낌을 지울 수가 없었습니다. 가령 연산군 위리안치 위치라든지 남산포 돌계단이라든지 삼도수군통어영, 교동읍성이나 어정 등이 폐허라고 해도 과언이 아닐 정도로 방치됐다는 느낌이었죠. 굉장히 안타까웠어요.

최중기 읍성 같은 곳은 이미 사유화됐기 때문에 어려운데, 제가 통어영 자리 위에 가서 보니까 폐가가 좀 있어요. 그 폐가를 보니까 이게 일제시대 때 지은 건물이 그대로 남아 있어요. 제가 보기에는 일제시대 때 그 일대가 다 일본인들이 와서 거기를 사유화 했던 게 아닌가 싶은데요.

한기출 일제시대 때 그랬으면 적산지인데, 적산지로 남아 있는 곳도 있어요. 그런데 아마 대부분은 개인 소유일 겁니다. 근본적으로 역사성을 얘기하자면 1910년에 한일합방이 됐잖아요? 그리고 동양척식회사가 생겼잖습니까? 미곡을 실어나르기 위한 창구였잖아요? 교동에도 일본사람들이 농장을 만들었어요. 그러면서 교동의 간척에는 일제가 일조했다고 해도 과언이 아니죠. 두 번째가 6 · 25입니다. 전쟁을 겪으면서 북쪽 사람들이 피난을 왔거든요. 그쪽 분들이 와서 먹을 거 없고 이러니까, 미국에서 들어오는 밀가루, 옥수수 가루 이런 걸로 노동의 대가로 지불하면서 간척을 한 거죠. 간척지마다 사연이 다 있죠.

최중기 일제시대 때 적산지로 돼 있던 곳을 그 후에 일제가 물러가면서 사람들이 거기에 들어와서 살면서 개인소유로 등기를 내고 그랬던 게 아닌가 싶어요. 일제시대 때 훼손이 심했고, 저는 일제가 계획적으로 교동도를 훼손시키지 않았나 생각해요. 응암이라는 좋은 이름이 있고 그런데 상여바위라는 이름으로 바뀌었단 말이에요.

한기출 그건 일제 때 바뀐 게 아니고 아마 전부터 내려왔던 이름이에요. 응암을 중간에 폭파했잖습니까? 그러고 거기다 철탑을 세운 거란 말이에요. 그 철탑 세우기 전에는 그 바위 모양이 상여랑 비슷했어요. 그래서 상여바위라고 불렀습니다.

최중기 그런데 아까 그 '매녀'라고 하는 게 실은 응암의 우리말이었던 거 아닌가요?

한기출 그게 매가 사는 여, '여'는 돌곶이죠. 매가 사는 여라고 해서 매여라고 부르다가 그게 매녀가 된 거죠.

최중기 그럼 지명이 상여바위라는 이름하고 매녀라는 이름이 양립해서 있었나요?

한기출 그렇죠. 그런데 다들 상여바위라고 불렀어요.

이세기 최근에 연륙교가 만들어지면서 외부로 유출되는 문화재 유실과 관련해서 많은 문제의식을 가지고 계실 것 같은데요.

한기출 그런데 그에 대해서 제가 두어 가지만 먼저 말씀 드리자면, 우선은 근래 들어서 문화재 지정을 잘못했어요. 교동에 있는 문화재가 뭐 있습니까? 강화군에 군문화재로도 교동은 저 뒤쪽이에요. 실제로 향교 같은 경우도, 향교가 대한민국의 순례자들이 다 오잖습니까? 최초의 향교라고 해서. 그런데 강화군 문화재로서는 교동향교는 저 뒤쪽이 에요. 화개산성도 그렇고 모든 것이. 행정기관에서 중요시하지 않으면 사장돼 버리는 거죠. 뭐 한증막이나 연산군 유배지나 화개산이나 이런 데 설명서 같은 것도 다 제가 만들어 놓은 거지, 옛날엔 하나도 없었어요. 행정기관에서 그런 데 대한 관심이 적은 거죠. 두 번째는 분단 문제도 있어요. 이게 군사시설 보호지역이 돼 있기 때문에 여기 있는 문화재 같은 데 더 관심이 없었던 거죠.

이세기 그런데 아까 전에 최중기 교수님께서 말씀하신 것처럼 6·25 전에 일제강점기 때 일부러 파괴한 것도 있지 않나요?

한기출 그렇기도 하죠. 이를테면 읍성은 의도적으로 훼손한 게 틀림없거든요. 아마 대한민국에 그런 읍성은 없었을 거예요. 민치읍성이 아니라 군치읍성이었으니까, 그런 걸 의도적으로 없애고 거기다가 통치시설을 만든 거죠. 주재소라든가. 그래서 읍성 안에 있는 모든 문화재는 일본에서 훼손했다고 봐야 합니다.

최중기 그런 과정이, 이게 사유지니까, 사실 복원을 하려고 하면 법적인 절차를 확인해 볼 필요가 있고, 사유지를 국가에서 매입을 해서 복원을 해야죠. 교동도는 행정적으로도 강화군에 속하고, 또 강화도 중심의 역사보존에 치우쳐서 교동도가 소외된 거죠. 경기도

나 또는 인천시에서도 강화도에만 신경을 썼지 교동도까지는 신경을 쓰지 않은 거죠. 또 한 가지 이유는 교동도가 민통선 안에 있으니까 문화재의 훼손이 덜할 거라고 생각하고 그래서 오히려 소외된 측면도 있었을 거라고 보입니다. 그런데 지금 다리가 놓임으로 해서 민통선 개념이 희미해지니까 좀 달라질 수도 있을 거라고 보는데, 그걸 강화군이나 인천시 차원에서 교동도를 바라보면 상당히 제한적일 수밖에 없을 거고, 문화재청이나 국가적인 차원에서 교동도를 봐야 어떤 계획이 나올 수 있을 거라고 보는데요, 그걸 강화군에서 그런 문제를 제기할 수 있을 건지, 아니면 교동도 자체에서 그럴 수 있을 것인지, 그렇지 않으면 외부, 이를테면 민간단체 같은 데서 교동도의 중요성 문제를 제기해서 교동도의 역사·문화를 다시 복원할 수 있는, 또는 강조할 수 있는 방향을 모색해 봐야 할 거 같습니다. 제가 문화재청 관계자하고 교동도 관련 대담을 나눈 적이 있습니다. 연륙교가 개통되면서 상당한 훼손이 있을 걸로 보이니까 문화재청에서 빨리 대책을 강구했으면 좋겠다고 했더니, 지역에서 먼저 그런 의견이 나오면 좋겠다고 하더군요. 그런데 제가 알기로는 강화군에서는 그런 부분에 대해서 그다지 적극적이진 않은 것 같아요. 그래서 민간 차원에서라도 행동을 했으면 좋겠다는 생각이 들어요.

한기출 벌써 한 7년 전부터 저희는 지역에서 준비를 하고 있었죠. 여러 사람들의 공청회를 거쳐서 이래선 안 되겠다 해서 문화보존위원회도 탄생시키고 해서 계속 진행을 하고 있었는데요, 저는 답답한 것이 우리가 준비한 것과 행정기관에서 생각한 것과는 굉장히 모순이 많아요. 행정기관의 생각은 문화재의 복원이라든가 영속성이라든가 하는 데 대해서는 그다지 생각하지 않는 것 같은 느낌을 받아요, 솔직하게 말씀드리면. 그 예산을 어디다 써야 하느냐, 이 예산에 맞춰서 뭘 해야 하느냐 이런 것만 생각하지 그 문화재의 중요성은 뒷전이에요. 그리고 자꾸 문제가 생겼던 게, 저기 한증막 같은 것도, 실제로 아주 중요한 문화재거든요. 그런데 이걸 복원한다고 해 놨는데 보니까 이걸 완전히 현대식 사우나로 만들어 놨어요. 당장 헐라고 했어요. 그리고 현재 상태로 그냥 놔 둬라……

이세기 문화재 관리에 관한 문제를 제기해주셨는데, 주민들은 어떤 생각이신가요?

한기출 주민들은 생각이 없다고 봐도 돼요. 우리 고향 거니까 지켜야 한다는 식으로 생각하는 사람들은 별로 없죠. 실제적으로 이득이 내 몸에 닿는 게 없으니까요. 문화재가 어디 있는지, 뭘 복원해야 되는지도 모르죠. 강화도 같은 경우는 문화재 지정을 여러

군데 하면서, 주민들이 피해 의식이 있습니다. 정부에서 문화재 지정이나 천연기념물 지정을 하면 피해를 본다는 이 피해 의식 때문에 오히려 이런 데 대해서 반대를 하고 있고 그래요. 연산군 위리안치지 하나를 두고도 지정문제로 원래 있던 지역 사람들이 난리가 난 거죠. 왜 여기 있던 걸 거기로 가져가느냐 하고요.

3. 연륙교로 인한 변화상

이세기 연륙교가 교동에 활력소를 불어넣는 동시에 또 한편으로는 문화재 유실이라고 하는 문제를 유발할 수도 있다는 생각이 듭니다.

최중기 특히 제가 궁금한 점이 이런 거예요. 예를 들면 문화재 복원이 돼서 또, 문화재 보존지역으로 지정이 될 경우에 주민들한테 피해가 있는 반면에, 또 한편에는 외지에서 사람들이 그걸 보려고 많이 와서 지역 경제에 도움이 될 수가 있는데 교동도의 분위기가 그런 부정적인 인식이 있는 것인지 그렇지 않으면 그런 걸 통해서 교동도의 역사성도 좀 살리고 외지에서 관광객이나 찾는 사람들이 오는 것이 교동도를 위해서 바람직하다 하는 그런 인식이 있는지.

한기출 현재 상태를 봐서는 고무적입니다. 해야 한다는 의식은 있어요. 그리고 교동에 어르신네들 중에도 학자들이 많거든요. 그 분들이 이래선 안 되겠다, 당신이 주축이 돼서 교동역사발전위원회를 발족시키자 그래서 이 위원회가 구성된 거거든요. 그리고 향교에 유림회관이 없어요, 교동에는. 교동향교는 그렇게 역사가 깊은데도 관심이 없어서 발전이 없었던 거죠. 다른 지방에 유림회관 없는 향교는 없어요. 교동이 유일하죠. 그리고 타 지방은 1군 1향교지 1군 2향교는 없어요.

이세기 저희들이 일전에 1차 답사 때 박두성선생 생가 답사를 갔어요. 거기 교동교회도 있었던 것 같은데, 거기서 저희들이 목격했던 건, 박두성 생가 바로 앞에 석재나 석물이 굉장히 많이 쌓여 있었거든요. 그런데 최근에 연륙교가 만들어진 다음에 다 치워졌다고 하는 것 같아요.

구본선 그게 아마도 집을 헐고 그러면서 거기가 다 농지가 돼 버렸거든요. 그러면서 사라진 걸로 알고 있어요.

이세기 그게 사라지면서 다른 데로 옮겼나요?

한기출 옮겼다고 볼 수는 없을 거예요. 어디 갔는지는 모르겠습니다. 그런데 그렇게 원인이 그 간척지, 거기 수도사업으로 사용해야 되니까 우물을 파야 되잖아요. 우물을 파다가 온천이 나온 거란 말이에요. 그게. 그 집터 위에 온천이 있어요. 거기서 온천이 나온다니까 거기서 목욕하고 그런 시설로 처음에 시작을 했죠. 그랬다가 집주인이 그걸 하다 보니까 자꾸 옆에서 목욕탕으로 해가지고 상업적인 시설로 해 보자, 주차장도 있어야죠, 여러 가지 있어야 되지 않습니까, 그러면서 그때 당시 자기 터도 아닌데 석물을 다 써버린 거예요. 그걸 어디다 가져다가 묻었는지, 대개 묻었을 거예요. 그런데 그 분이 돌아가셨어요. 그래서 뭐 알 수가 없죠. 그런데 공원화 사업을 위해서는 우선은 문화원에서도 준비하고 있지만 거기 있는 여러 가지를 조사해야 될 겁니다. 어디선가 나오겠죠.

이세기 석물들이 많았었는데요. 어디로 갔는지 교동 분들도 모르시는군요.

최중기 금년 초에 와서 보니까 없어졌어요.

한기출 개발이라는 게 자연을 파괴하고 역사를 묻어버리고 문화를 훼손하는 근거가 되죠.

이세기 한동안은 수도권 정비 사업의 일환으로 교동도가 쓰레기 매립장으로도 거론된 적이 있었죠?

한기출 안 되죠. 이제는 다 들어간 얘기고요. 아주 잘못된 것이죠.

최중기 동진나루, 읍성의 동쪽에 있는, 그 나루, 부두석이 아주 자유자재로 있거든요. 거기에 보면 선착장이 있죠. 현대식 선착장. 그게 언제 조성된 건지 알 수 있을까요?

한기출 선착장은 6·25 후예요. 왜냐면 그때 휴전선이 생겼잖습니까? 그쪽은 갈 수가 없어요. 호두포에서 떠야 되는데, 호두포가 조선시대까지 교동의 주 관문이었잖아요. 내륙으로 들어가는 것은 호두포이고, 외에서 들어오는 것은 해빈창이고, 지금의 남산포, 그렇게 된 거란 말이에요. 그런데 동진포는 해군기지, 해군만 통하는 읍성의 선창이에요, 옛날에는. 그런데 지금 그걸 만들어놓은 건, 어촌이 있었어요. 거기서 요청해서 만들어 놓은 거죠.

최중기 일제 시대 때 기록을 보면 인천에서부터 배가 와서 동진나루를 들렀다가 빙 돌아서 북진나루로 가고, 동진나루가 송가도松家島 가는 편하고 인천에서 오는 편하고가 굉장히 중요하게 여겼던 것으로 알고 있는데…

한기출 동진나루의 중요성은, 어쨌든 조선시대에 대표적인 게 교동은 교동읍성 아닙니까? 교동읍성 때문에 그건 군사용, 그리고 행정용, 동진나루에서 일단 세곡선이 검문을 받았으니까요.

최중기 제가 궁금한 건 6·25 이후에는 주로 월선포 쪽으로, 주로 강화도 쪽으로 통행을 하지 않았나요?

한기출 월선포는 사용을 안 했어요. 그건 그냥 곳이에요.

최중기 그럼 언제부터 월선포를 사용한 건가요?

한기출 그건 지금 운행하는 카페리 때문에 사용하기 시작했죠.

최중기 그럼 동진나루를 통해서 주로 강화도로 다녔나요?

한기출 호구포로 다녔죠. 저 외쪽에서 오는 건 그것도 근세예요. 일제시대 후지, 일제 시대 때 기선이 다니면서 동진나루 닿고 북진나루 닿고 그런 거란 말이에요. 그런데 그 전에는 배다리 선창이라는 데가 있어요. 거기서 강화로 건너갔어요. 그게 어디냐면 지금 다리에서 박두성 선생 생가터 가운데쯤 거기 가면 지금 뭐가 있냐면 새우 단지가 있어요. 왕새우 판매장. 거기에 수문이 있거든요. 거기가 배다리 선창이에요. 민간인들은 다 거기서 건너갔죠. 거시서 돼지, 소 등을 실고 나갔죠.

최중기 동진나루에 부두석 건설하는 걸 보셨습니까?

한기출 봤죠. 그게 제가 중학교 때 한 거예요. 읍성 남문 밖에 지금도 아주 큰 기와집이 있는데, 그게 중학교였어요. 그 앞에 어장이 있고 그 앞이 우리 운동장이었어요. 그때 건설한 거예요. 54~5년 밖에 안 됐죠.

최중기 현재 그러면 교동도 주변에 옛 포구로 남아 있는 건 거의 없다고 봐도 되겠네요?

한기출 남아 있고 안 남아 있고가 문제가 되지 않는다고 생각하는데, 왜냐면 포구로 인위적으로 만들어 놓은 건 없었어요. 배가 들어오니까 거기가 포구가 된 거죠. 동진나루도 마찬가집니다. 예를 든다면 옛 사신들이 들어오던 남산포 돌계단 같은 것도 지금 보면 별로 큰 구조물이 아닙니다. 그냥 올라올 수 있는 계단 좀 해 놓은 것뿐이죠. 그런데 동진나루에다가 뭘 해놨겠어요?

이세기 어쨌거나 통어영과 가장 가까운 곳에 선착장이 있었을 거 아닙니까?

한기출 선착장이 있었죠. 그때는 무조건 동진나루예요.

이세기 동진나루에 그 석축을 쌓기 이전에 길이 있었을 텐데. 그럼 묻혔다는 건가요?

한기출 다 묻혔죠. 해빈창처럼, 사신들 올라오는 그게 묻힌 것처럼. 거기 있어요. 똑같이 거기처럼. 거기도 단애斷崖가 졌었는데, 이 단애가 파도에 많은 변화가 있어요. 그래서 덮은 거예요 지금은 모래나 뭐 그런 게. 그 옆에 바위가 삐죽 나와 있지 않습니까? 그게 아주 큰 암석덩어리라고 봐야죠.

4. 분단이라는 민통선 접경이 미치는 교동도

이세기 조금 전에 마침 동진나루 선착장 건설 얘기를 하면서 분단 얘기가 잠깐 나오기도 했는데요, 교동은 민통선 접경이라는 점에서 분단문제와도 밀접한 관련이 있을 것 같습니다. 이 문제와 관련해서는 교동에 어떤 의미가 있을까요?

한기출 아까 타 지방은 1군 1향곤데 여기는 유일하게 1군 2향교라고 말씀드렸는데, 그게 왜 그러냐면 교동은 교동군이었기 때문에 그렇거든요. 강화하고는 별개예요. 현지에 사는 60대 정도라면 강화와는 이질감이 있죠. 문화적, 언어적으로요. 생활상으로도 그렇고요. 왜냐하면 강화는 옛 백제의 문화를 이어왔고 교동은 옛 고구려의 문화가 이어져 왔거든요. 그게 이어져 왔던 게, 6·25전까지 교동에서는 강화도를 한 번도 안 가보고 죽은 사람이 태반이에요. 물류이동이나 물물교환 같은 것도 전부 연안 읍성에 가서 했고요. 어휘도 강화는 좀더 전라도에 가까운데 교동은 완전히 황해도 어휘예요. 예를 든다면 교동은 "그랬심까?"이런 식이에요.

이세기 북방언어가 있네요.

한기출 그렇죠. 짧고 강한 북방언어예요. 오래 전 얘깁니다만 한양대학교 교수님들이 답사를 왔었는데, 보고서는 여기는 완전히 북방계통의 집이라는 겁니다. ㄱ자집이라든가 ㄷ근자 형이라든가 이런 데서 그 지역의 문화가 포괄적으로 전파된 거죠.

최인숙 송영길 시장 때 여기 교동에다가 산업단지를 조성했다는 얘기를 들었거든요?

한기출 그때 제가 가서 발표도 했어요. 여러 교수님들이 다 와서 학회를 했었죠. 교동 주민들도 거기 가 봐야 하는 게 아니겠느냐고 해서 제가 갔었죠. 그런데 그날 나온 얘기 내용을 보면, 개성공업단지는 북쪽에 있기 때문에 타당성이 없다, 골자를 보면 그거예요. 조건이 그쪽보다는 이쪽이 낫고, 교동은 접근성도 좋다. 교동대교가 앞으로 되면 여기서 연백평야나 해주로 다리를 놓으면 그 접근성에 대한 통제는 가능할 것이 아니냐, 그러니까 우리 쪽에다가 공간을 만들어야 한다는 거였죠.

최인숙 제가 궁금한 건, 그쪽 지역에 문화재가 없냐는 거예요?

한기출 문화재는 없습니다. 우선은 그런 게 잘못됐다고 생각하고, 그래서 제가 말씀 드린 건 뭐냐면, 꼭 해야 하는 게 경제성의 문젠데, 우리 경제가 돌아가게 만들기 위해서 그걸 만드느냐, 내 생각에 그게 아닌 것 같다, 내 생각에는 북쪽을 우리의 민주주의와 동화시키는 방법으로 그걸 끌어들이는 게 아니겠느냐, 어떻게 생각하느냐 저는 그렇게 생각하거든요. 그걸 가지고 경제적 이익을 보자는 건 아닐 거라는 거죠. 저 사람들도 바보는 아닐 텐데 저 사람들이 거기에 응하겠느냐는 거죠. 저쪽을 변화시키려고 한다면 저쪽의 문화, 체육, 이런 것에 대한 교류가 더 낫지 않겠느냐, 교동을 특구로 만들어서 남북의 문화 체육 예술의 교류장으로 만들자, 그런 식이라면 저쪽도 받아들이지 않겠느냐, 그러면 대한민국뿐 아니라 외국에서도 관광할 수 있는 특구로 만들 수도 있겠다는 겁니다.

이세기 교동의 미래상을 봤을 때는 교동을 경제특구보다는 역사문화특구로 삼는 편이 더 낫다는 말씀이네요.

한기출 아니면 교동을 농업특구로 해가지고 북쪽의 농업을 지원해 줄 수 있는 전진기지로도 만들 수 있겠고요. 농업이라는 것도 기후와 토질이 비슷해야 그 종자도 거기에 적용할 수 있는 거니까요. 저 남쪽 제주도에서 개발한 걸 북쪽으로 옮겨 심을 수는 없는 노릇 아닙니까? 접근성도 북쪽으로는 교동이 가장 나을 거고요.

또 그 계획의 주요 골자가 이백만평이 공업단집니다. 그렇다면 제일 문제 삼아야 할 건 교동 주민의 문제예요. 교동 주민은 생업을 잃고 어딜 가야 하느냐는 거죠. 농사나 짓던 사람이 나가서 다 망하죠. 보상을 받는다고 해도. 교동 사람들이 현재의 생업을 유지할 수 있는 그런 공간을 조성해 줘야지 보상이나 조금 준다고 나가서 뭘 하겠어요, 우리는 문화를 잃고 생활을 잃게 되는 거죠.

5. '문화교동'이라는 미래 가치와 활로

이세기 시간이 많이 지체됐는데 정리를 좀 해야 할 것 같거든요. 목사님께서 지금까지 논의들을 쭉 지켜보셨는데, 오랫동안 목회활동도 하시고, 주민의 입장에서 최근에 연륙교가 만들어진 이후에 여러 가지 문제점들을 보아 오셨을 텐데 어떤가요? 주민들과 접촉하면서 얘기도 들어보셨을 테고, 그런 걸 정리 좀 해 주세요.

구본선 일단은 다리가 생기면서 편해진 점이 많아요. 누가 온다고 그래도 신경 쓸 일이 없으니까. 누가 온다고 하면 날씨가 좋아야 하는데, 군부대 검문에 걸려서 못 들어오면 안 되는데, 이런 생각을 했는데 굉장히 편해졌다는 건 좋은 건데, 외지인에 대한 경계는 좀 아무래도 높아지죠. 강화만 해도, 어느 교회 마이크가 없어졌다더라 이런 얘기가 있었는데, 이제 교동도에도 그럴 날이 얼마 남지 않았고, 하다 못해 예배 드리기 전에도 문을 잠가야 될지도 모르는, 외부인에 대한 경계가 높아진 건 단점이에요. 하지만 그래도 얻는 것도 많으니까요. 그만큼 편해지고, 교통이 편리해진 건 고맙죠. 일단은 교동에 오신 분들이 불편함을 많이 느껴요. 네비게이션 같은 게 안 되니까 교동 향교 외에는 아는 게 전혀 없어요. 여기서 아무리 교동읍성을 얘기하고 연산군 적거지를 얘기해도 찾을 수가 없어요. 하다못해 계류석이 어디 있는지도 알 수도 없고, 그러니까 전혀, 사실은 문화재 손실이 있을 거다 걱정하기 전에, 사람들이 그게 어디 있는지를 몰라요.

모르니까 훔쳐갈 수도 없죠. 더 큰 문제는 교동 사람들 가운데에도 한기출 선생님처럼 교동에 대해서 관심이 있는 분들이 많지 않고요, 연세 드신 분들 중에 좀 있어도 이제 몇 분 안 남으셨을 겁니다. 거의 돌아가신 걸로 알고 있습니다. 제가 처음 왔을 때 교동 안내해 줬던 이강성 선생님이라고, 그분도 교장선생님 출신이거든요. 그분이 저한테 많은 정보를 주셨는데 그분도 돌아가셨거든요. 그러면 사실 교동 내에서도 교동의 역사나 문화를 보존해줄 사람이 적다는 것이고, 그렇다면 방법은 없어요. 그나마 있는 분들, 관심 있는 분들은 교동에 대해서 발벗고 나서야 되는 거고, 사실 교동은 좀 피동적입니다. 당장 사람들이 석모도하고 교동도를 비교하는데, 하다못해 배 문제 때문에 화가 나도 석모도 사람들은 경운기 끌고 가서 막아 버린대요. 그런데 교동 사람들은 절대 그런 거 안 하거든요. 교동 사람들이 상당히 거친 것 같으면서도 소극적인 면이 있어요. 거기다가 교동의 역사와 문화에 대해서 지식 있는 분들이 점점 줄어들고 있다는 게 문제고요. 그러니까 여긴 여기대로 노력을 해야 되는 거고, 외부에서도 이런 활동들이 있어서 결합이 돼야겠죠. 혼자 힘으로는 안 될 겁니다. 밖에서 와서 이런 얘기하면 교동 사람들이 싫어해요. 배타성이 있으니까, 자기들이 뭔데, 이런 생각을 할 거고, 또 교동에 있는 분들은 너무 숫자가 미미하기 때문에 대외적인 영향력이 부족하고요. 이 둘이 좀 합쳐졌을 때 뭔가 되지 않을까 생각되고, 또 교동에 알려진 이야기들이 참 많습니다. 그런게 그 외에도 알려지지 않은 이야기들도 좀 개발해 내는 게 좋죠. 교동에 많은 전설이 있거든요. 부시미산 전설, 우물에서 말이 나온 이야기, 말이 날아가다가 부시미산 이야기입니다, 청주골이 갑자기 마을이었는데 바다가 된 이야기, 이런 것들은 분명히 외부인들은 모르는 이야기들입니다. 그리고 각 마을마다 재미있는 이야기거리가 많아요. 마을 이름의 유래 같은 거, 이런 이야기들이 많은데 소개할 방법이 없다는 거죠. 사람들이 나들길을 걸을 때에도 어느 마을을 조금만 걸어가면 뚱구지다, 그러면 과부가 바람 핀 마을, 이렇게 써 놓으면 '이게 뭐지?' 하면서 읽어 볼 거고, 법장이다 그러면 이게 손님이 짚고 다니는 지팡이거든요? 그 마을에 대추나무가 많아서 대추나무로 그걸 만들었어요. 이런 것들도 마을마다 안내를 해 놓으면 걷는 분들도 지나다니면서 '야 여기 역시 이 동네가 작지만 참 재미있는 이야기가 많겠구나', 교동의 특색이라고 이야기한다면, 재미있는 게, 교동은 아까 집 얘기 했지만 여섯 간 짜리 큰 집입니다. 다른 지역에 비해서 집이 커요. 방이 넓습니다. 그리고 떡도 아주 크다고 해요. 강화도 떡보다 인절미나 이런 것들이, 교동 떡이 굉장히 크거든요. 그런 것들을, 좀 볼거리를 좀, 옛날 집 하나 만들어놓고, 거기에서 옛날 큰 인절미떡을 파는 방법이 있죠. 그럼 교동의 옛날 집도 보고, 교동의 전통적인 떡을 먹어볼 수 있는 기회도 제공할 수 있을 것이고, 그 다음에 교동이라면 이름이 오동나무니까 오동나무를 길가에 좀 심든지, 하다못해 이런 방법으로라도 교동이 어떤 곳인지 알리면 좋겠고, 그 다음에 박두성도 아주 중요한 인물 이고, 김통정이란 인물이 삼별초 지휘관이고 제주도에서 죽거든요. 그런데 진도 문화 홈페이지에 들어가면 교동 사람으로 나와요. 사실 엄밀하게 따지면 연개소문은 논란의 소지가 많아요. 강화하고 교동하고 싸울 소지가 많은데, 김통정 같은 경우는 교동 사람 으로 진도에서도 이야기하고 있거든요. 이런 사람 이야기도 좀 개발해 내고 그 다음에 고온백이란 사람이 임진왜란 때 우리나라 사령관이었습니다. 이분이 교동사람이고 교동 에 묻혔거든요. 임해군하고 광해군이 귀양 왔던 장소도 교동입니다. 그러니까 연산군 이야기만 부각시킬 것이 아니라 기록은 돼 있지만 널리 알려져 있지 않은 이야기들을 개발해 내는 방법도 있지 않을까, 그래서 단순히 있는 이야기만이 아니라 알려지지 않았 던 이야기들을 개발해 내고, 교동과 관련된 오동나무라든가 여섯 간 짜리 큰 집이라든가 이래서 교동이구나 하는 걸 좀 만들어 놓고, 마을마다 이름의 유래나 이야기들을 적은 작은 팻말 같은 것도 좀 만들어 놓으면, 테마 순례 같은 것도 좋을 것 같습니다. 그리고 종교와 관련해서도 교동이 중요합니다. 다리가 놓인다면 강화에서 교동을 통해서, 또 교동에서 황해도 연백으로 이어지거든요. 교동에 교회가 세워진 건 다른 게 아닙니다. 황해도 전도 때문에 세워졌어요. 인천을 통해서 강화도로 들어오고 강화를 기점으로 해서 교동도와 황해도 연백에 1899년도 같은 시기에 교회가 세워져요. 쉽게 말해서 강화 와 교동은 황해도로 연결되는 선교의 루트였던 겁니다. 단순히 경제적인 문제만이 아니 라 우리 교회에서도 중요한 지역이 되거든요. 그래서 테마를 만들 때 종교적으로, 역사 적으로 이렇게 구분을 하는 것도 괜찮지 않을까 그런 생각도 해 봤습니다.

이세기 우리나라에 기독교 감리교가 최초로 아펜젤러가 내리교회를 세우면서 되었다 고 하는데, 섬 목회활동을 한 감리교 목사 한분이 확보한 구술자료에 의하면 한 15년 앞서서 교동도가 첫 기독교 감리교의 전파지였다고 하는 말도 있더라고요. 그게 사실이 라면 교동도가 그럴 이유가 충분히 있긴 해요. 한양으로 들어가는 주요 항로이자 관문에 위치하였다는 점이 하나 있고, 또 하나는 당시 기독교 감리교가 황해도 전역은 물론이고 교동도와 강화도, 덕적도까지 선교 대상으로 놓았던 것 같아요. 이게 뱃길과 관련이 깊지 않나요?

구본선 그게 어떤 이야기냐면 초기에 우리나라에 들어왔던 개신교 선교사가 둘이 있는데 하나는 개신교 선교사 귀츨라프라는 사람, 1830년대에 이분이 고대도에 머물면서 교동과 접촉을 해요. 그래서 경기도 황해도 쪽을 답사를 합니다. 그 와중에 교동도를 지나갔어요. 그런데 지나가면서 들른 건 아니고, 그 다음에 토마스 얘기가 나옵니다. 토마스가 1차 답사를 하고 2차 답사를 왔다가 대동강에서 죽었는데, 1차 답사 코스가 아마 요쪽을 지나가긴 지나갔을 거예요. 문제는 뭐냐 하면 1865년도에 토마스가 지나갔는지 확인할 방법이 없다는 거, 말도 안 통하는 판국이고 1865년이면 쇄국정책론이 시퍼런 때거든요. 토마스가 교동을 배를 타고 지나갔는지는 모르겠지만 교동에 내렸는지에 대해서는 아무도 우리 감리교 내에서는 아무도 확인해 주는 분이 없어요. 구전이기 때문에, 한 집안의 구전을 가지고 교회사 역사를 쓸 수는 없는 거죠. 더구나 항해일지에도 기록이 없고, 저희 교회사 전공하시는 분도 그것까지는 모르겠답니다. 확인할 방법이 없다고 해요. 그리고 그 집안에서는 1865년도에 자기 조상들이 풍랑을 만나서 교동에 온 토마스를 건져 줬다고 그러는데, 말이 안 통하잖아요.

이세기 1866년도가, 병인양요가 있었죠.

구본선 그렇죠. 또 제너럴 셔먼 호 사건이 그때 동시에 터지는 거 아닙니까? 그런 상황이니까 토마스인지 알 수가 없고, 그 당시에 이양선이며 미국배인지 영국배인지 무지하게 많이 들어와요. 미국 밴지 영국 밴지 러시아 밴지 구별할 수도 없고, 토마스라고 말한 적이 없을 겁니다. 알 수가 없어요. 그걸 단순히 어느 외국인을 혹시 구해줬을 수도 있는데 그걸 토마스라고 우기면 할 말이 없죠. 그냥 한 집안의 구전입니다.

이세기 그럼 논의를 정리해 봤으면 좋겠어요. 저희가 교동도에 연륙교가 세워진 후의 변화상을 살펴보려고 이 자리를 만들었습니다. 그런데 얘기를 쭉 들어보면서 한편으로는 문화 예술성도 굉장히 중요한 것 같고, 연륙교가 이어지면서 난개발의 징후도 앞으로 보이는 것 같아요.

한기출 문화와 역사, 경제는 지금 양면성을 가진 게 아니고 동일성을 가져야 돼요. 개발도 거기에 맞물려 있어야 되고, 조금 전에 목사님 말씀하신 게 참 중요하거든요. 그런데 그런 걸 우리가 알고 있어요. 그런데 문제는 이게 요식행위로 끝난다는 거죠.

예를 들어서 우리 목사님이 말씀하신, 문화적인 거죠. 떡 얘기라든가, 이쪽의 결혼식의 관습 관행이라든가, 이런 건 전부 다르죠. 떡만 해도 강화떡은 송편이 요만합니다. 그런데 교동 떡은 이만해요. 엄청 커요. 결혼식 문화도 그래요. 여기는 달떡이라고 해서, 쌀 한 말을 떡 하나로 해요. 그런 걸 살리려는 노력, 이런 걸 역사성과 연계해야겠죠. 예를 들면 연산군 안치지 같은 것도 그걸로 끝나는 게 아니거든요. 그걸 공원화시켜서 관광객들이 와서 먹을거리가 있게 하려면 교동의 특이성을 가진 먹거리를 조성한다거나 거기서 외부로 이동할 때 예를 들면 북진나루까지는 마차를 타고 연산군이 호송돼 올 때 탔던 달구지를 만들어서 이동을 하게 한다든가 또 연산군은 왜 이쪽을 왔는지를 파노라마 형식으로 해서 붙여놓고 볼 수 있게 하는 게 중요하다는 거죠. 이런 걸 한 군데 모아놓아야지 볼거리가 되고, 또 거기서 경제적인 가치를 창출할 수 있게 하고, 또 남산포까지는 돛단배를 타고 이동할 수 있게 하고, 그런 식으로 테마화하자는 얘기죠. 이런 걸 다 만들어놓고 공청회도 갖고 발표회도 갖고 그랬는데 이게 군수 갈리면 끝나고, 시장 갈리면 끝나고, 지쳐버렸어요, 이제. 우리 힘으로 뭔갈 해야 되겠다. 그리고 얼마 전에는 조력발전 얘기도 나왔는데, 조력발전이 된다면 환경파괴요인이 되지 않을 정도라면, 삼산지역 이쪽 내륙을 일체 기선이 움직일 수 없는 그런 지역으로, 자연적으로, 그래서 돛대를 단 그런 목선을 가지고 관광을 하는, 그리고 통어영 쪽에서는 옛날 그 사람들이 훈련하던 과정도 어느 정도 재생해서 함성도 지르고 할 수 있는 그런 볼거리, 밀납 인형도 만들어놓고 그런 게 있어야 된다는 거죠. 연산군 유배안치지라고 해서 울타리나 만들어놓고 하면 그게 무슨 볼거리가 되겠어요?

이세기 말씀을 들어보면 교동의 미래라는 생각이 들어요. 문화와 역사가 다 어우러진 지속가능한 교동의 건설이 중요하다, 이런 말로 이 자리를 이어가고 싶다는 생각이 듭니다. 굉장히 장시간 논의가 진행되고 있으니까 이 논의는 이제 정리를 하고요, 다만 달리 추가 논의해야 할 내용이 있다고 한다면 한두 분 정도 얘기하고 논의를 정리했으면 합니다.

김현석 큰 구도를 저희가 얘기를 하는 거니까, 모두에 말씀하셨을 때 교동을 통해서 인천이나 내륙 지역하고 연결이 된다 말씀하셨잖아요. 그럼 이 사람들이 위에서 내려오는 게 교동은 아무래도 황해도 연백 쪽에서 내려오는 사람들이 많을 테고, 강화도 쪽으로 연결이 돼가지고 넘어가는 사람들이 많지 않겠습니까?

한기출 그런데 강화도는 기선이 아니면, 풍선으로는 접근이 힘들단 얘기죠. 풍선은 강화를 갈 수 있는 조건이 아니었어요. 물살이라든가 이런 게, 그래서 강화로 천도한 게 아닙니까?

김현석 교동하고 강화는 과거에도 계속 뱃길로 연결은 돼 있었던 거잖아요?

한기출 그런데 그게 생활을 위한 민간의 연결만 있었지, 고려 때 무신란 때 건너와서 강도를 도읍을 정하기 전이나 그 후에는 별로 중요성이 없었죠.

김현석 그러면 어쨌든 구분이 돼 있긴 한데, 지금 교동이라고 하는 곳이 대룡리 쪽하고 난정리 쪽하고 사실은 교동 내에서도 생활권이, 이 위쪽 분들이 시장을 가실 때 황해도 연백쪽으로 가신다면 이 아래쪽 분들은 강화로 가신다거나 하는 그런 건 없나요?

한기출 그런 건 없어요. 교동은 생활권이나 문화로는 나눠지는 게 없습니다.

김현석 제가 생각하는 건, 내부에서의 교류 문젠데요, 북동쪽에 형성된 나루하고 남서쪽에 형성된 나루하고, 이 둘 간의 교류가, 전통시대를 본다면 요 떨어져 있는 주민들이 교류가 적진 않았을까 하는 거죠.

한기출 그게 시대적으로 구분해야 할 거예요. 그게 옛 교동의 토질을 통해서 알 수 있고, 그 후에 계사년 후에 경천동지해서 이게 갈라진 거거든요. 한 개의 섬으로. 그런데 그쪽의 문화와 우리 문화는 동질성을 가져요. 조선시대서부터 향교는 하나거든요. 향교의 훈장으로 계시던 분들도, 다 그쪽 계시던 분들도 같이, 동질성을 갖는 거죠. 그런데 단지 이동의 자유가 크질 않았던 시대, 경제적으로 활발히 이루어지지 않았던 그런 시대였기 때문에, 이쪽을 세 개의 산권으로 봐야 할 거예요. 동면의 화개산권 북면의 율두산권, 인사리, 지석리, 그리고 서면의 수정산권. 서한리, 동산리, 양갑리 이렇게 봐야 겠죠. 이 세 개의 산권은 항상 거리가 좀 있었죠. 이 세 산권 사이에 격차가 좀 있었어요. 화개산권에는 하천이 흐르고 해서 농사가 특히 잘 됐었고 이런 차이가 있었던 거죠. 그런데 그게 간척사업 이후로는 물꽝 문화가 발달하고 그러면서 차이가 없어진 거죠. 물꽝은 일제 강점기때부터예요. 지금은 그게 없죠. 물꽝이 교동에 보통 많았던 게 아닙니다. 자기 논이 3천 평이라면 4백 평 정도될거예요. 그러다 저수지가 생기면서 72년부터 시작해서 76년도까지, 남아 있던 일부도 82년도엔 다 없어졌죠.

이세기 물꽝에서 저수지로 바뀌면서 오늘날 교동도가 상전벽해를 이루었군요. 말씀을 듣다보니 교동의 오늘과 문화교동을 위하여 앞으로의 과제들이 떠오르는군요. 아쉽지만 좌담은 이것으로 마치도록 하겠습니다. 감사합니다.

찾아보기